政治哲学の起源■ハイデガー研究の視角から

小野紀明

ハイデガー研究の視角から

政治哲学の起源

岩波書店

目　次

序 章 「起源」の問題

西洋の政治哲学はその出発点から起源の問題に憑かれている。ここで起源とは、無時間的な理想的ユートピアと区別されなければならない。起源は、成程歴史を遡ることはるか彼方ではあるが、しかし歴史的に実在したと考えられている一つの時代である。厳密に言うならば、歴史的な過去と神話的なそれとは区別されるべきであろうが、その点は不問に付す。ここで重要なことは、時間軸において考えられているかどうかという点である。その上で、過去のこの時代は、その後いつの時代にも参照されるべき原理を実現していた起源(archē)として特権的な位置を占めているのである。その意味では、プラトンの『国家』における理想国家はユートピアであり、それを補強するために「エルの物語」という神話が語られていると言うべきである。「それはおそらく理想的な範型(paradeigma)として、天上に捧げられて存在するだろう」(『国家』592B ――藤沢令夫訳)。他方、『法律』においても将来の国家像を構想するにあたって確かに「では言葉(logos)の上で、まず国家を建設するようにしてみましょう」(『法律』702E ――森進一他訳)と断られており、また実際に神話的なクロノスの時代やデウカリオンの大洪水前後の生活が参照されている。しかし、にもかかわらずそれは「時間の無限の長さと、そこで起こるさまざまの変化」(676B)として、歴史的実在と見なされているのである。本書で一貫して考察されているのは、歴史的にしろ神話的にしろ、こうした「範型としての過去」[1]が西洋政治哲学において演じた役割と、それが範型である所以である。

周知のように、『法律』では法(nomos)の支配が主張されている。法は、クロノス時代の「人間よりすぐれた種族ダイモーン」の生活を模倣するために導入される。「わたしたちは、手段のかぎりをつくして、いわゆるクロノスの時代の生活を模倣(mimēsis)すべきであり、そして知性(nous)の行う規制(dianomē)を法律と名付けて、公的にも私的にも、わたしたちの内部にあって不死につながる〔その知性という〕ものに服しながら、国家と家をととのえなければならない」(713E-714A)。ここには、そして第一〇巻ではより明示的に語られているように、プロタゴラスの人間尺度説に代表される当時の時代精神、つまり神々の秩序である自然と人間の法との乖離という状況とそれを是認する風潮に抗して、両者が一致していた本来の世界へと回帰しようとする、プラトンの著作に共通する主張が顕著である。彼にとって神話的な過去であれソロンの時代であれ、およそ過去が起源として範型の位置を占めているのは、そこにおいては事物が正しい尺度(metron)の下に配置されていた、換言すれば自然(physis)と法(nomos)が幸福な調和(harmonia)をなしていたからにほかならない。[2] とりわけ『法律』(909A)では、神々の秩序を模倣する法律に従わない者は「矯正所」に収容すべきことまで説かれているのである。[3]

では、両者の調和は何故に重要なのであろうか。イデア界と仮象界という厳格な二元論を保持している『国家』の第一〇巻では芸術に極めて否定的な評価が与えられているが、その理由は、芸術の本質である模倣(mimēsis)が真の存在(alētheia)ではなく、その見かけ(phantasma)を模倣しているにすぎない点に求められていた(598B)。しかし、『法律』ではこの否定的評価は緩和されており、芸術の教育的、政治的効果すら論じられている。但し、その場合、芸術は正しい模倣に基づいていなければならない。「模倣の正しさは、模倣された原像本来の量と質がそのまま再現されたとき、そこに成り立つ」(668B)。換言すれば、模倣はその対象の本質にかなった正しい位置を再現していることが求められるのである。「では、それらの模写において模倣されている物体がそれぞれ何であるかをひとが知らないとしたら、どうなるでしょうか。はたしてそのひとは、それらの模写のうちで、正しくつくられているものを認識できるでしょうか。わたしの言おうとしていることは、たとえばこういうことなのです。その作品は、物体諸部分の数や位置に関し、事実あるだけの数を保っているかどうか、またしかじかの部分がしかじかの部分の傍らに置かれることによって、その物体はしかるべき秩序を――さらには色と形を――獲得しているか、そういう秩序をその作品は保っているかどうか」(668D-E――傍点、小野)。起源に置かれた黄金時代にあっては事物は、神々の秩序或いは自然の中で在るべき位置を占めることによってその本質が現前していたが、芸術作品はその在り方を模倣することによって再び事物を現前させる。要するに、プラトンの政治哲学において起源の問題と存在論は密接に結びついている。つまり一と多という存在論的問題構制は、歴史哲学としては神々の秩序の下に存在物の

存在が現前していた起源であるべき時代とそれが失われたその後の時代という形をとっているのである。(4)

その上、『政治家』に一層鮮やかに主張されているように、そして『法律』第三巻では大洪水の神話をもって語られているところであるが、プラトンの歴史哲学は、秩序が攪乱されている時代を劇的に変革するために神々が介入する可能性を認めている。「さあ、このようなこと〔宇宙の破滅という危機〕になったために、宇宙にむかし秩序を与えたもうた神は、このたびもまた介入に乗り出してこられるのだ。つまり神は、宇宙が苦境にあえいでいるのを眺めたもうたとき、これが〝混乱〟という嵐に激しくもまれて分解され、ついには〝無限定〟という水をたたえていて〝類似性完全剝奪〟という作用力を持っている大海、そういう大海のなかへ沈没するのではないか、と憂慮したまい、ご自分の舵を握るための座へあらためてご着席になるわけなのだ。そして宇宙がこれに先立つ時期に独力で周行を続けていたさいに病変し解体していたそれの諸部分にも、その状態を改善するための回転をおこなわせることにより、全宇宙に新しく秩序を与えたまい、さらにこのようにして宇宙をふたたび正しく立て直すことによって、これを不老不死の状態に変えたまうことになるのだ」(『政治家』273D-E——水野有庸訳)。神の介入がもたらす破局はいわば神からの贈り物であって、(5)こうしてプラトンの歴史哲学は、存在の現前とその喪失という問題意識に対応して、あるべき存在の秩序が実在していた起源の時代、そこからの堕落、そして破局を媒介とする起源の回復という構図をもっていることが明らかになる。

存在論と密接に結びついたこのような歴史 - 政治哲学が、そのままキリスト教世界に受け継がれたことは、言うまでもない。キリスト教的歴史観にとって起源にあたる、神によって創造されたままの世界、或いはエデンの園について、アウグスティヌスはこう書いている。「すべての自然本性は、それらが存在し、それゆえにそれ自身の様態と形相とそれら自身のうちにおける一種の平和をもっているがゆえに、明らかに善きものである。それらのものは、自然本性の秩序(naturae ordo)にしたがって存在すべきところで存在するとき、受け取ったかぎりのみずからの存在を維持するのである」(『神の国』第一二巻第五章――服部英次郎訳)。極めて粗雑な言い方が許されるならば、キリスト教的歴史哲学は、楽園追放以後の堕落した、換言すれば存在を喪失し無秩序に陥った人間の歴史が、やがて最後の審判のラッパが鳴り響くとともに再び創造の秩序へと回収されると考える点で、プラトンのそれをほぼ忠実になぞっているのである。

しかしながら、近代における実体主義的思考から機能主義的なそれへの革命的な転換は、伝統的な起源への信頼を掘り崩すものであった。なぜならば、起源とは、存在物全てが実体として各々の本質に基づいて織りなす理想的な秩序の実在を前提にしているからである。各存在物は、この秩序の中で自らが本来位置すべき場所を占めている時に、有意味なものとして本質が現前する、つまり真に存在するのである。アリストテレス以来の目的論的世界観は、こうした秩序に基づく世界の説明として最も洗練されたものであった。ところが、デカルト以降、思考する実体としてのコギトを除く存在物の全ては、延長する実体へと一様化された上でこの認識主観による機能主義的な説明に服することになる。そこでは、それは何であるかではなく、それは如何にあるかが重要である。その時、本質の現前を保証していた客観的な存在の秩序も、それが実在していた起源としての過去も、もはや問題とはならない。それでもまだ一九世紀までは、自然法的思考の残滓とキリスト教的人間中心主義に根ざした人格という理念が、或る種の存在の秩序としての市民社会的秩序の存続を可能にしていた。しかし、機能主義の徹底化が認識主観であり道徳的主体でもある人格という実体までをも解体した時、理想的秩序と起源という観念は完全に存立の基盤を奪われることになろう(6)。他方、それ故にこそ、起源への郷愁は二〇世紀になると狂信的なまでに人々の心を捉え、それは遂にファシズムの一つの原動力とすらなった。たとえブルジョアのひとときの慰藉にすぎないとニーチェに罵られようと、ルソーの後継者であるロマン主義者たちのブルジョア社会批判の背後には、無垢な人間と自然との一体性が実現していたと彼らが見なしたギリシア時代への情熱的な憧憬が脈打っていることは間違いないし、当のニーチェにも、そして彼の衣鉢を継いだ二〇世紀のラディカルな思想家、芸術家にも止みがたい起源への郷愁が存在することは、歴然たる事実である。確かに、彼らは肥大化した近代的主観性の申し子であり、彼らの依拠する秩序が前近代のそれのように客観的に実在するものではなく、彼らが内面においていわば捏造した秩序の世界への投射にすぎないとしても、また程度の差こそあれその認識が他者との共有を阻害する、極めて主観性の濃厚な神秘的性質を帯びていようとも、彼らの意図が何らかの存在の秩序を再発見することによって、自らの存在と世界や他者との共同性を回復しようとするところにあったことは、否めないであろう(7)。

このように考えるならば、ポストモダニズムの革新性は明らかである。それは、実体主義から機能主義への移行を忠実に推し進め、存在の秩序はもとよりのこと実体としての自我までをも解体しつつ、(8)ファシズムという歴史的事件の反省を踏まえて遂に起源への郷愁を最終的に払拭しようとする運動である。本書は、こうした精神史的趨勢を背景にしてポストモダニズムを考察することを企てるものではない。(9)本書はただ、一方で起源としての古代ギリシアへの強い郷愁を抱懐しつつ、他方でポストモダニズムに対して圧倒的な影響を及ぼしているハイデガーを取り上げ、この一見すると矛盾している彼の政治哲学の性格を解明することを目的にしている。それは、ギリシア的諸観念に対して彼が加えた独特の解釈、所謂脱構築的解釈に焦点を絞ることを意味しているが、そのためにも本書の各章の記述は概ね政治思想史上重要な幾つかの概念を取り上げ、まずそのギリシア本来の意味を確認した上で、それにハイデガーが加えた解釈を紹介するという体裁になっている。

しかし、本論に入る前にハイデガーのかつての師であったフッサールの歴史観を簡単に見ておきたい。誰の目にも近代の危機が明らかになった二〇世紀にあって、あくまでも理性の普遍的妥当性と厳密な学としての哲学に対する信頼を放棄することのなかったこの哲学者に残る起源への郷愁を剔出することによって、彼から離反せざるをえなかったハイデガーの独自性が一層浮き彫りになると考えられるからである。

(1) 「過去は、倫理的行為、政治的実践、そして何よりも国家的共同体とその構造について考察する政治哲学にとって範型(Paradeigma)として役立つのである」(Wilke, B., *Vergangenheit als Norm in der platonischen Staatsphilosophie*, Franz Steiner, 1997, S. 12)。プラトンの政治哲学における起源の問題に関しては本書に負うところ大である。なお、『国家』で提示される理想国家と『法律』で構想される国家マグネシアの相違については、『プラトン全集』第一三巻(岩波書店、一九七六年)の訳者解説でも触れられている。

(2) 「正しい尺度を高く評価する点で、プラトンは広くギリシアの伝統の下に立っている。というのも、尺度にかなっているという思想(metrion-Gedanke)は、ギリシア的思考に広く受け入れられ、しっかりとそこに根付いたものであるからである」(*ibid.*, S. 145)。

(3) 「収容所(sōphronisterion)における矯正という発想は、プラトン以前には唱道した者はおらず、まさしく彼の発見によるものである。『法律』におけるこの主張をもって、正しい尺度と〔尺度にかなった〕思慮深い態度の重要性は、この上なく明白に表現されているのである」(*ibid.*, S. 146)。

(4) 「二つの隣り合う時代の中に二つの原理が対比されている。一方の時代は、秩序を樹立し生を維持する神的な原理によって支配され、他方の時代は、混沌と破滅へと向かう身体的 - 物質的契機によって規定されている。秩序と無秩序、精神と物質、統一性と多様性が対比されているのである」(*ibid.*, S. 227)。

(5) 「コスモスと人類が神々の導きの下にない時代には、人間はさしあたり自然の無秩序と危険の中に助けもなく遺棄されている。しかしながら、神の配慮による贈り物である火や諸々の技術(technai)や植物の種子、そして神を失い自力で生きねばならない困難な時代にふさわしい導きによって、人間は時代を画する破局を乗り越えたのである」(*ibid.*, S. 226)。

(6) 実体主義から機能主義への転換という観点に関しては、cf. Kondylis, P., *Der Niedergang der bürgerlichen Denk- und Lebensform : Die liberale Moderne und die massendemokratische Postmoderne*, VCH, 1991. コンディリス

によれば、一九世紀的市民はまだ〝綜合し調和させる思考形態〟を保持していた。「そこでブルジョア的思考は、物質に関して実体と機能の間を、〔実体はないという〕存在論的現実と〔にもかかわらず〕その規範的可能性の間を調和させ媒介することを欲した」(S. 36)。しかし、世紀末からの言語における統辞法の混乱、つまり意味秩序の解体は、この調和的世界の最終的崩壊を告知したのである。「個々の語の自立化によって統辞法のくびきはついに解かれる。……もはや意味相互の関係は問題ではなく、何よりも語と語の間の関係が重要である。言語、論理、そして世界内部の対象間の秩序は、互いに対応していない。従ってまた詩を構成する語の集積は、論理的秩序や事物の秩序との相即性によって担保されるべき規則に従って秩序づけられる必要はない。つまりテキストの統一性が世界の統一性に取って代わったのである」(S. 75)。実体的秩序の解体は、それによって保証されていた実体的自我の解体を招来するであろう。「人格が確固とした実体を所有せず、諸関係から構成されるものであれば、それは間断なくその都度他者との関係の性格とありように従って変容する。人格はその都度様々な仮面を付けて、それに同一化する。人格が単に自らが付ける仮面の集積にすぎないとすれば、それはもはや統一的なものでもなければ、他者に対して自らの固有性を主張することもできないであろう」(S. 83)。

(7) 確かにルソー以降二〇世紀のアヴァンギャルドに至るまでのロマン主義的思想運動には、テイラーの所謂〝表出主義〟の概念が妥当するであろう。しかし、にもかかわらず二〇世紀の思想家たちに残る存在の秩序の模索に関しては、拙著『現象学と政治――二十世紀ドイツ精神史研究』(行人社、一九九四年)参照。

(8) 「所謂ポストモダーンはけっして新しい始まりではなく、寧ろ既に一〇〇年前に巨大なうねりとして開始され、市民的綜合の解体をもたらした発展の帰結である」(Kondylis, *op. cit.*, S. 238)。

(9) 二〇世紀の思想における起源の問題が孕む政治的含蓄については、邦語文献としては次の書が重要である。小林康夫『起源と根源——カフカ・ベンヤミン・ハイデガー』(未来社、一九九一年)、また鏑木政彦「根源とユートピア——初期パウル・ティリッヒの政治思想」(『思想』八三一号、一九九三年九月)も啓発的である。

一

政治思想史ならびに政治理論の立場から眺めるならば、フッサールの重要性はなんといっても第三期になって彼が強調し始める生活世界の概念に存する。近代的認識主観によって数学的に構成された世界像、所謂客観主義の支配がもたらした意味喪失という危機を前にして、フッサールはこの世界像の下に隠蔽された、しかしその意味基底として作用している生活世界の回復を主張する。この歴史的に形成された世界の中で人間は互いに他者と共同存在であり、共同存在としての超越論的間主観性によって構成されたアプリオリな自明的秩序が、この世界を貫いているのである。(1) 生活世界の概念は、政治理論的には近代の自律的個人がいわば歴史超越的に構成する合理的な共同体像に対抗して、個人の共同体への帰属性を強調して、それ故に個人を規定する歴史的エートスや慣習的秩序を重視する立場に決定的な影響を及ぼし続けている。(2) しかしながら、生活世界概念の圧倒的重要性に目を奪われて政治理論家がともすれば忘れがちなのは、『ヨーロッパ諸学の危機と超越論的現象学』におけるフッサールの最終的な意図はけっして生活世界と間主観性の重要性を説くところに存していたわけではないという点である。[3] フッサールその人の社会、政治思想を考察する上で看過すべきでないのは、彼にとって生活世界への回帰は、現象学が発見する真の超越論的自我、超越論的主観性、即ち根源的自我(Ur-Ich)と、それに対応する地盤(Boden)としての〝普遍的〟世界に至る里程標でしかなかったという事実である。共同存在の構成する生活世界は、フッサールの見るところあくまでも特殊であって、根源的自我こそが真の理性の担い手として普遍の立場に立ちうるのである。そして生活世界という特殊世界における知は、如何に日常的な実践的生を円滑に進める上で不可欠であり、人々の共同性を保証しているとしても、所詮はドクサにとどまり、けっして普遍的なエピステーメーを与えてはくれないのである。後者の獲得こそが、厳密な学としての哲学の最終的課題である。[4]「まさしくこれ(現象学)とともに、自己自身に到来する絶対的理性の担い手としての哲学する我(ego)……の最も内奥の、そして最も普遍的な自己理解の哲学が始まる。これは、とりもなおさず絶対的な間主観性の(全人類としての世界のうちに客観化された)発見であるが、この絶対的な間主観性において理性は、曇ったり明るくなったりしながら明々白々な自己理解をめざして無限に進行する運動のうちにあるのである」。[5] 人類の立場に立つ普遍的理性を所有する根源的自我は、歴史的な共同体である、それ故にあくまでも特殊世界にとどまる生活世界に優位する普遍的世界をわがものとすることができる。寧ろ根源的自我こそが、生活世界を構成する超越論的間主観性の基礎になっている。その意味では、近代を批判する道程でまず生活世界の重要性を論じた危機書の論述そのものが、本末転倒であったのである。そして事実、その結果、危機書の価値が殆ど専ら生活世界に求められるというフッサールの予期せぬ事態が生じたわけである。「直ちに超越論的間主観性の中に飛び込んで、私の判断中止の自我である根源的自我を跳び越えてしまったという、この方法的手続きは逆であった。……常に単独者である(einzige)〔根源的〕自我が、自らのうちで経過する起源的な(originalen)構成的生において最初の対象領域である〝根源的(primordiale)〟領域を構成するのであるが、自我はまたそこから出発して、動機づけられて、ある構成的能作を遂行し、それによって自己自身と自己の根源的領域の志向的変容が行われ、それが〝他我知覚〟と呼ばれるもの……に存在妥当性を付与するのである」[6]。要するに、超越論的主観性或いは根源的自我は、生活世界に住まう共同存在としての経験的人間を構成する超越論的間主観性の更に根底に横たわる単独者として、文字通り〝根源〟としての位置を占めているのである。そして危機書の最終目的とは、結語である第七三節の表題が示しているように、「人類の自己省察としての、理性の自己実現としての哲学」に到達することなのである[7]。

一方に科学的世界の物象化を免れているとはいえ、いまだドクサに囚われている生活世界、他方に科学的知とは異質な、しかし普遍的なエピステーメーに基づく世界という対照に関して、以下の二点に注意を喚起しておきたい。まず第一に、そこには特殊と普遍という二項対立が残存していることである。現象学的態度は、日常的意識が自覚していない認識の地平被拘束性を意識化して地平の制約を脱し、普遍的地平に立つことを可能にする。「リアルで実在する対象は、まさにそこに存在するものとその特殊性において認識されている時には、相対的な把握、現れ方、妥当様態の変化の下に意識されているのであるが、それらの普遍的な定在、普遍的な地平が恒常的意識にどのように現れて来るのか〔を現象学は明らかにする〕[8]」。普遍的な地平という表現そのものがいわば形容矛盾であるが、要するに超越論的主観性は生活世界の特殊的認識、その意味でドクサにとどまる認識を越えてエピステーメーという普遍的認識を可能にするのである[9]。第二に、世界は超越論的主観性或いは根源的自我に対しては現前している、とフッサールが考えている点が重要である。勿論人称的認識と存在物としての認識によって現前はたちどころに不可能になるのであるが、超越論的認識のその瞬間においては世界は現前しているはずである。「流れつつ恒常的に現前している現実の自我(das aktuelle Ich, das strömende ständig gegenwärtige)は、自己を時間化することによって〝自らの〟過去性を貫いて持続するものとして自己を構成する……同様に、持続する根源的領域(die dauernden Primordialsphäre)に属する持続的な現実の自我は、自己のうちに他者を他者として構成する。いわば過去の想起という脱現前化(Ent-Gegenwärtigung)を通して自己を時間化するのと類似のやり方で、他者が構成される(Ent-Fremdung)のであるが、それはより高次の脱現前化としての感情移入であり、その結果、私の根源的現在(Urpräsenz)は単に現在と化した根源的現在へと変容してしまうのである。こうして私の中で〝他の〟自我は、共現在的なもの(kompräsent)として存在妥当性を獲得するのである[10]」。敷衍するならば、生活世界における共同存在としての我と汝は、両者共に共現在的なものとして、換言すれば過去や未来との関係性の下に規定された単なる現在における存在物として、もはや現前してはいない。しかし、逆に言えば脱現前化に伴う自己と他者の構成に先立つ超越論的主観性の段階では、〝生き生きとした現在〟という根源的領域の中で世界は現前しているとフッサールは考えているのである(11)。

ここで、超越論的間主観性ならびに生活世界と根源的自我ならびに普遍的世界の両者の関係を見るための手がかりを、倫理学と共同体論の関連の中に探ってみよう。とはいえ、とりわけ彼が倫理学について語ったものは驚くほど少ない。厖大な草稿群を詳細に検討する道を回避するとすれば、手がかりになるのは一九二〇年代前半に書かれた所謂「改造論文」、即ち「革新と学問」と「個人倫理的問題としての革新」の二編と、危機書と問題意識を同じくする三五年の講演「ヨーロッパ的人間性の危機と哲学」(所謂「ウィーン講演」)が、そのすべてである。前者は、文化の危機に臨んで真に人間的な共同体を実現する可能性を探る試みであるが(12)、両論文はいずれもまさにカント的な人格と共同体の理念に訴えることを結論にしている。成程、一方でフッサールは、生活世界という言葉こそ用いてはいないが、この世界の中で培われる性格(Charakter)や習慣(Habitus)を人間の倫理的生及び共同体にとって重要な要素として承認する。「人間は自ら善悪や価値・無価値といった判断を下す。その際に彼は、自らの行為、動機、手段と目的といったものを究極的な目的との関連で評価する。彼は、実際の行為のみならず、可能的な行為、動機、目標といったもの、つまり実践的可能性の全てを視野に入れて評価する。要するに彼は、彼に固有の実践的〝性格〟とその特殊な性格特性……を、その可能な実践のあり方と方向性を規定している限りで評価するのである。その上、それは、全ての活動の根源的な心情の習慣として根底に横たわっており、行為の実践或いは訓練を通して成長するのである(13)」。こうしたいわばエートスに根ざした文化共同体は、〝共同体的主観性〟を形成し、これが個々人の主観性を基底において支えることになる。「およそ共同体としての共同体は意識を有する。しかし、共同体が本質的な意味で自己意識を有するると、それは自らを評価することが可能となり、自らに向けられた意志、つまり自己形成の意志を持つにいたる[14]」。

しかしながら、人間は、この共同体的主観性を越えて、換言すれば生活世界に住まう共同存在としてのあり方を克服して、単独者に備わる人格を獲得しなければならない。「人格の理念。それは、絶対的理性へと高められた全ての能力を所有する主体である。——人格とは、全てをなしうる〝全能の〟存在と考えるならば、あらゆる神の属性を備えた存在である[15]」。そして人格を我がものとすることによって、人間は〝人間性(Humanität)〟へと高まらねばならない。「各人が自らの内に人間性を所有し、更に自らを越えて善へと規定された倫理的人間という理念のみならず、善を共有する共同体の理念を理想として我がものにした時、そしてこの観念に具体的に形を与える可能性を欲し且つそれが実際に可能であると考えた時、人類は何らかの仕方で人間性へと成長したのである。従って単なる人類に留まっている人類は、まだ本来の自己意識にまで高まっておらず、真に人間的な人間に成長していないのである[16]」。人格の理念は、明らかにカント的な意味で理解されている。「絶対的に理性的な人格は、それが理性的であるという点で自己原因(causa sui)である[17]」「全ての人間は、個人的であり、各人の倫理的理念と方法を有するが故に、各人に固有の、そして具体的な場合に規定された定言命法を有する[18]」。最後に、哲学とは、まさに共同体的特殊性から普遍的人間性へと人間を導くところにその使命があるのである。「哲学するとは、哲学の門外漢の知恵を、ということは〔所与の〕共同体の知恵そのものを客観的に打ち破ることである。哲学の中にこそ正しい共同体の理念が、それ故に共同体自体が哲学することでそこへと形成されるべき目的となる理念が記録されているのである」[19]。哲学が提示する究極的理念とは、普遍的、倫理的な人間性を所有する〝世界市民(Weltvolk)〟から構成される、個々の国民を超越する〝普遍国民(Übervölkern)〟であり、〝世界国家(Weltstaat)〟である。[20]このように、フッサールの倫理学は、生活世界と普遍的世界という区別に対応して、共同存在として共同体的規範に従う態度と単独的人格として普遍的規範に従う態度を区別した上で、後者に最終的な理想を見ているのである。[21]

講演「ヨーロッパ的人間性の危機と哲学」は、ヨーロッパ的人間性を人間性の完成態と見なしている点で露骨なヨーロッパ中心主義の表明として今日批判に曝されることが多いが、ここではその点は措いておく。この講演で注目すべきは、ここでもまず哲学の普遍性と生活世界的知の特殊性が鋭く対比されていることである。「学的な意味での真理という理念は、学以前の生の真理とは際立った対照をなしている。それは無条件な真理を欲する。そこには無限性が内包されており、それがあらゆる経験的な証明と真理に相対的なもの、或いはせいぜい近似的なものという性格を与えている。それらは、真理がいわば無限の彼方において妥当するような無限な地平に結び付けられねばならない。……その意味で哲学を除けば、歴史的な地平の下のある文化形象はすべて理念的文化ではなく、無限な任務も知らなければ、理念的なものという普遍も知らない。普遍こそは、その意味からしても全体的なものとして、そして全ての個別的なものとそれらを生み出す方法の背後にあって、無限性を孕んでいるのである」[22]。勿論のこと、この特殊性を越えて普遍性を獲得する任務は、哲学者に委ねられている。実践的な生に携わることが政治家や市民の天職であるように、観想的態度の下に普遍を認識することは哲学者の天職(Beruf)である、とすらフッサールは述べる。というよりも、普遍の認識こそが哲学者に課せられた実践的任務なのであるから、そのために彼がとる判断停止は、観想的態度と実践的態度の両者を止揚した第三の態度と言うべきであろう[23]。「そこに生まれる新たな形式の実践は、あらゆる生と生の目標を、人間の生から成長したあらゆる文化的所産と体系を批判し、従ってまた人間そのものと人間を明示的黙示的に導く諸価値を批判する」[24]。そして何よりもこの講演で重要な論点は、そこに明白に語られている目的論的な歴史理解である。勿論カントの名前にしばしば言及されているように、そこにはカントの影響があることは否めない。しかしカントの場合、歴史の究極目標はあくまでも歴史を解釈するための規制的理念にとどまっているのに対して、フッサールの目的論的歴史観は、仮に無限の彼方に設定されているとはいえ理性による普遍の認識は現実の歴史過程の内部における実在的動因なのである。「今日〝現実のヨーロッパの危機〟について余りにしばしば語られもするし、生の衰退を示す無数の兆候からもそれは明らかである。しかし、それはけっして暗い運命でもなければ、打破しえない宿命でもなく、ヨーロッパの歴史の目的論という哲学的に発見されるものに照らせば、理解することも洞察することも可能になるであろう。但し、こうした理解の前提として、まず〝ヨーロッパ〟という現象の中心にある本質的な核心が把握されねばならない。眼前にある〝危機〟

の非本質的な部分を把握するためには、ヨーロッパという概念を、無限の理性目標へと向かう歴史という目的論として際立たせなければならないであろう[25]」。

特殊の認識から普遍の認識へと向かう目的論としてヨーロッパの歴史を理解しようとするフッサールの基本的態度は、重要な遺稿「幾何学の起源について」(一九三六年)では一層顕著である。幾何学の、ということは普遍的な理念言語の〝隠された根源的起源〟への回帰を目指す超越論的歴史[26]という構想を提示したこの草稿においては、当然ながら生活世界とそこに孕まれた具体的な歴史的アプリオリは克服の対象でしかない。なぜならば、それは特殊にとどまっているからである。「具体的な歴史的アプリオリとは、全ての存在物を歴史的に生成したあり方とこれからの生成の中で把握するものであり、その本質的な存在を従来の伝統と今後の伝統の下に把握するものである。〔他方〕これまで述べてきたことは、〝歴史的現在一般〟、歴史的時間そのものに関わるものであった。〔従って歴史性そのものを相対化する。〕それ故に、伝統に即して存在し、これからも生き生きと自己を伝統として伝えていく歴史的な一体的存在の中に秩序づけられた諸文化形象は、この〔歴史性そのものも相対化する〕全体性の中にあって、伝統性という単に曖昧な自立性しか持たない、従って非自立的な構成要素しか持たないのである。ということは、歴史性の主体であり、文化形成を遂行し全体性の中で働く人格(Person)、要するに能動的な人格的人間(die leistende personale Menschheit)というものを想定しなければならないのである[27]」。生活世界を満たす意味が結局は特殊にとどまり、その世界にのみ妥当する相対的なものにすぎないのに対して、人格的人間は更にその基底に横たわる〝普遍的な意味基盤(Sinnboden)〟

を構成する。[28] そこに形成される〝不変の或いは絶対的なアプリオリ〟こそが、歴史の彼方に予定される普遍的共同体を支えることになるであろう。「このアプリオリの露呈 (die Enthüllung dieses Apriori) によってのみ、全ての歴史的事実性、全ての歴史的環境、民族、時代、人間を越えたアプリオリな学問もありうるのであり、そうであってのみ〝永遠の真理 (aeterna veritas)〟としての学も出現しうるのである。……ここで我々は、まだきわめて未開なすべての人間のうちにも〝理性的動物 (animal rationale)〟として働いている理性の広大で奥行きの深い問題地平の前に立たされているのではないだろうか」[29]。歴史とは、現象学的認識が成就していくプロセスである。換言すれば超越論的自我或いは根源的自我が、近代の客観主義的認識から生活世界へと回帰し、更にその特殊性を越えて普遍的な認識を獲得していく歩みである。[30] 重要なことは、フッサールにとって普遍的な認識こそが、客観主義的認識によっても生活世界の歴史的アプリオリによってもヴェールを被せられていた、自我と世界との生き生きとした現前的関係を可能にするのである。[31]

では、この目的論的歴史の起源はどこに求められるのであろうか。言うまでもなく、それは古代ギリシアにある。なぜならば、古代ギリシアにおいてまさに超越論的主観性と世界との関係を問い、普遍的アプリオリを探求することを任務とする学としての哲学が誕生したからである。危機書では、この点は、以下のような問いの設定によって示唆されている。そして真実が後者にあることは、勿論である。「潜在的な理性をそれのもつ可能性の自己理解に到達させようとし、それとともに形而上学の可能性を真の可能性として洞察させようとすること——これこそが形而上学ないし普遍的哲学を労苦に満ちた歩みによって実現する唯一の道なのである。次の二つのいずれが真実であるかは、この課題が果たされるか否かによってのみ決定される。即ち、ギリシア哲学の誕生とともにヨーロッパ人にとって固有なものになった目標（Telos）——理性が潜在的な状態から明白に露わになる無限の運動において、そしてこの自己のもつ人間的真理と純正さによって自己を規制しようとする限りない努力によって、哲学的理性に基づく人間であろうとし、それ以外のものにはなるまいとする目標——が単に一個の歴史的事実としての妄想にすぎないのか、従って多くの他の人間性と歴史性のうちの、ただ一つの偶然的人間性を偶然的に獲得したものにすぎないのか、それとも人間性そのもののうちに完成態(Entelechie)として本質的に含まれていたものが、ギリシア的人間性においてはじめて発現するに至ったのではないか、が決定されるのである」[32]。同様の主張は、フッサールなりの哲学史の試みである一九二三／二四年講義『第一哲学』においては一層明瞭な形で述べられている。「ターレスから始まるギリシアの学の根本的特質は、それが〝哲学〟、即ち所与の状況から生まれるあらゆる目的志向性から解放され、純粋に真理としての真理を探究する観想的関心の体系的働きであるという点に存する」[33]。「こうした人間の歴史にとって意義深い信念の最初の萌芽とその後の成長は、ギリシア哲学の発展の跡に辿ることができる。一般に哲学の歴史とは……人間の最も偉大な働きという観点、換言すれば人間の普遍的で徹頭徹尾理性的な自己意識を生み出すという必然的な使命という観点の足跡の下に考察することができるのである。人間は、こうした自己意識によって真正な人間に至る道へともたらされねばならない」[34]。更に注目すべきことに、フッサールは真の哲学の一つの頂点をプラトンに見出しているのである。数学と哲学との密接な連関を説いたプラトンは、普遍的な学の礎石を築いたと言える。同様に最も普遍的な知を求める現象学とは、その意味でいわばプラトン哲学の復活でもあるのである。「ここで注意すべきは、諸学の歴史、そして何よりも最も厳密な意味での悟性に基づく精密な学〔数学〕の歴史は、プラトンの時代をはるかに遡ることはまったくその通りであるとしても、プラトン以前に形成された学の性格として、それはまだ萌芽形態にとどまっていたことが、承認されねばならない。従って就中数学が学的刻印を獲得したのは、何と言ってもプラトンの弁証法に顕著な主観性重視の方法論の開拓という業績に負っているのである」(35)。

本節を終えるにあたって、以上の考察から帰結するフッサールにおける起源への郷愁を確認しておこう。フッサールにとって歴史とは、まったき普遍性の認識を可能にする、その意味で世界を現前させる超越論的主観性或いは根源的自我が、自らを自覚していくプロセスである。超越論的主観性による世界の認識こそが哲学であるとすれば、歴史とは即ち哲学が自己実現していくプロセスでもある。このプロセスは、哲学の誕生した古代ギリシアに起源を有し、その後様々な障害を克服しつつ哲学が十全に実現されるという最終的目的をめざして進んでいく。その意味で、歴史は明瞭な目的論的性格を帯びている。こうして古代ギリシアは、ヘルトの言葉を借用するならば〝世界史の基礎づけ行為(Gründungsakt)(36)〟を遂行した時代として特権的な地位を獲得しており、畢竟それは世界史の起源(archē)と同時に目的(telos)を設定した特別な時代であるということになる。こうした基礎づけ主義的で目的論的な歴史観が、今日厳しい批判に曝されていることは言うまでもないが、更にそこにはへルトがアレントを参照しつつ指摘するように、実践の意義の看過という政治哲学的に極めて重大な問題が孕まれているのである。フッサールの考える真の哲学の範型がプラトンにあり、現象学とはその復活に他ならないとすれば、実践哲学の復権以降声高に叫ばれるようになってきたプラトン哲学の問題性は、そのままフッサール現象学にも妥当するはずである。プラトンの信念とは、エピステーメーとは個物を越えたイデア的普遍の認識であり、観想的哲学こそはそれを任務にした崇高な知的営みであるのに対して、仮象界、換言すれば日常世界或いは生活世界における実践的な知は所詮は最終的な根拠になりえないドクサにすぎないというものであった。同様に、フッサールにおいても現象学は、超越論的意識野に降り立ち、そこに現れる普遍的、理念的なものを明らかにすることを使命とすると考えられている。そうであるとすれば、プラトンに対して浴びせられる批判、即ち観想的理性の専制、他者の不在、特殊的地平相互の対話もしくは闘技としての政治の否定といった問題は、まさにフッサールにも妥当するということになろう。フッサール自身は政治について語ることは余りにも少なかった。しかし、そこにはまぎれもなくプラトン以来の形而上学的政治の困難が隠されていたのである。[37]

（1）『ヨーロッパ諸学の危機と超越論的現象学』から特徴的な文章を幾つか引用しておこう。「この世界は、我々すべてに自然にあらかじめ与えられている。すなわち、共同人間（Mitmenschheit）という地平のうちにある人格（Person）としての我々、従って他者とのあらゆる現実的結合の中にある人間としての我々に、まさに世界として、普遍的なものとして与えられているのである。そこでこの世界は……恒常的に妥当している土壌(der ständige Geltungsboden)であった、我々が実践的人間であろうと科学者であろうと直ちに要求する自明性の常に用意されている源泉なのである」(Husserl, E., *Die Krisis der europäischen Wissenschafen und die transzendentalen Phänomenologie*, Husserliana Bd. 6, S. 124. 細谷恒夫・木田元訳『ヨーロッパ諸学の危機と超越論的現象学』中央公論社、一九七四年、一七一頁――フッセルリアーナについては以下巻数のみ記す。また、引用は邦訳に依るが、適宜変えてある)。「生活世界としての世界は、既に学に先立って、客観的諸科学が前提にしている構造と〝等しい〟構造をもっている。この構造は、〝それ自体で〟存在し、〝真理それ自体〟において規定されている世界の基礎構造(それは数百年の伝統によって自明性にまでなっているが)と一つのものとなったアプリオリな構造である」(S. 142. 一九四頁)。「人間が本質的に歴史的であるが故に作り出す〔家族、民族、民族共同体といった〕本質構造は、ここでは還元されることによって絶対的歴史性の本質構造、つまり超越論的な主観共同体の歴史性の本質構造を示すことになるのだが、この主観共同体とは、こうした最も一般的且つ特殊的なアプリオリな諸形態において志向的に共同化されていきながら、自らのうちに志向的な妥当の相関者としての世界をもち、文化世界のたえず新たに生じる諸形態と諸段階という形でその世界をたえず作り続けていく共同体である」(S. 262f. 三六五頁)。

(2) 但し、ダルマイヤーによれば、生活世界の概念には強い解釈と弱い解釈が区別され、前者にはフッサールそのひとやシュッツなどが、後者にはハイデガーやガーダマーなどが含まれる。「前者の生活世界が潜在的な或いは萌芽形態の主観相互の網の目であるとすれば、後者のそれは一層断固として伝統的な主観―客観(そして自我―他我)という両項の区別に訣別しようとする」(Dallmayr, F. R., *Polis and Praxis: Exercises in Contemporary Political Theory*, The MIT Press, 1984, p. 243)。この相違は、生活世界を援用する政治思想の間にもニュアンスの違いを生み出すことになる。周知のガーダマーとハーバーマスの両者の論争も、基本的に両者の生活世界概念の違いに起因していると言えよう。

（3） 例えば、Dallmayr, F. R., *Twilight of Subjectivity : Contributions to a Post-Individualist Theory of Politics*, The University of Massachusetts Press, 1981は、二〇世紀の間主観的な政治理論に関する非常に優れた研究であるが、フッサール自身の政治理論については力点に偏りが見られる。ダルマイヤーは、正当にもフッサールにおける自我論的立場の残滓を指摘しながら、結局は次のように生活世界の重要性を強調することに終わっているのである。「さしあたって我々の目的にとって後期フッサールの著作が有する主たる意義は、間主観性の様々な類型を緻密に描いた点に、とりわけモナド相互の超越論的共同体と生活世界ないしは日常的経験の世界の分析に存するのである」(p. 46)。前掲拙著『現象学と政治――二十世紀ドイツ精神史研究』第一章におけるフッサールに関する記述も、同様の弊に陥っていることを認めねばならない。

（4） 生活世界と普遍的世界の関係をドクサとエピステーメーから捉え直す視点は、以下の優れた研究に教えられた。クラウス・ヘルト、小川侃編訳『現象学の最前線――古代ギリシア哲学・政治・世界と文化』（晃洋書房、一九九四年）。

（5） Husserl, E., *Die Krisis*, S. 275.（前掲『ヨーロッパ諸学の危機と超越論的現象学』三八〇―三八一頁）

（6） *Ibid.*, S. 188f.（同右、二六五頁）

（7） 「哲学者が自らに課した課題、彼が哲学者としての自らの生の目標として課した課題は、世界についての普遍学、世界、つまり世界それ自体（Welt an sich）についての普遍的で究極的な知、真理それ自体の総体を実現することである」(*ibid.*, S. 269. 同右、三七四頁)。

（8） *Ibid.*, S. 147.（同右、二〇二頁）

（9） 前述のヘルトは、特殊的な各地平の不断の融合というガーダマー的な考え方に立って、普遍的地平を説明しようとしている。「或るもの－についての－どの体験においても諸地平が開示されるが、これらの諸地平は孤立して併存しているのではなく、具体的な体験連関の中で指示関係によって互いに関係づけられることが可能である。あらゆる地平相互を関連づけうる唯一の比類なき包括的連関も、それ自身地平の性格を持つ。この普遍地平が世界に他ならない」(前掲『現象学の最前線』二六九頁)。しかしながら、〝唯一の比類なき包括的連関〟とは、結局は特殊を免れた普遍ではないであろうか。フッサールは、地平の融合において普遍を前提にしてはいないガーダマーとはやはり異なる、と言わざるを得ないのである。ただ、それにしても特殊的な生活世界と普遍的な世界という対比が、フッサールに明確に適用しうるかという問題は、微妙である。フッサール自身の記述に、曖昧なところがあるからである。我々は敢えて二項対立的に理解するが、フッサール研究者の間に議論があることは付言しておきたい。

(10)　Husserl, E., *Die Krisis*, S. 189.(前掲『ヨーロッパ諸学の危機と超越論的現象学』二六六頁――傍点、小野)

(11)　『声と現象――フッサール現象学における記号の問題への序論』(一九六七年)においてデリダが遂行した、フッサールに残る現前の神話に対する周知の批判については、ここでは触れない。ここでは、フランスの文脈とはさしあたっては無関係にドイツで展開された、フッサールにおける現前の問題の分析を簡単に紹介しておきたい。先鞭をつけたヘルトの画期的研究によれば、〝生き生きとした現在〟即ち根源的現在(Urgegenwart)という主題は、後期フッサールの思索において要諦の位置を占めている。「フッサールは晩年に、すべての超越論的な対象構成を時間化として、即ち様々な段階の時間的存在者を〝意識の中で〟志向的に告示することを可能にすることとして理解するようになる。この時間化の根源的様態(Urmodus)は、〔対象の〕〝現前化(Gegenwärtigung)〟、即ち〝現在(Gegenwart)〟という様態で〔対象に〕出会わせる(Begegnen lassen)ことである。また、時間化の根源的段階(Urstufe)は、超越論的自我の自己現前化および自己時間化(die Selbstgegenwärtigung und -zeitigung)である。この過程の〝場(Ort)〟が、〝生き生きとした現在〟に他ならない」(Held, K., *Lebendige Gegenwart: Die Frage nach der Seinsweise des transzendentalen Ich bei Edmund Husserl, entwickelt am Leitfaden der Zeitproblematik*, Martinus Nijhoff, 1966. 新田義弘他訳『生き生きとした現在――時間と自己の現象学』北斗出版、一九九七年、二頁――原則として引用は邦訳によるが、適宜変えてある)。超越論的意識と世界とのこの直接的な出会いの瞬間、世界がまさに意識に現前する瞬間は、既に一九〇五年の『内的時間意識の現象学』において根源的印象(Urimpression)と呼ばれて彼の時間論の要諦をなしているが、その後三〇年代の草稿でも根源的現前(Urpräsenz)、本来的現在の核(Kern eigentlicher Gegenwart)等といった概念の下に粘り強く思考され続けている(S. 19. 同前、三三頁)。しかし、ヘルトによるとこうした現前の瞬間は、フッサール現象学の基本的立場に照らして不可能であり矛盾である。なぜならば、それは不断に〝流れつつ‐留まる(strömend-stehend)〟という特性をもっている体験流に〝留まる今(nunc stans)〟を持ち込むことを意味するからである。にもかかわらずフッサールは、一九三一年の草稿に書かれた次の言葉が示すように、この瞬間に現れる〝根源的現象(Urphänomen)〟を追い求めた。「全ての超越論的自己了解が、その無限に上昇していく解釈作業を通して立ち戻っていかねばならないもの、それがこの具体的な根源的実在性(die konkrete *Urwirklichkeit*)なのである」(S. 68. 同前、九六頁)。それというのも、根源的実在性が露わになる瞬間、そこには透明な現前、〝絶対的全一性(Alleinheit)〟が実現され、そこに世界は普遍性をもって立ち現れるからである。たとえそれが崇高な理念にすぎないとしても、フッサールの見るところ歴史はこの無限の彼方に設定された目標に向かって進んでいるのである。「反省する自我〔超越論的自我〕は、単に彼自身の生の過程の全体性(Allheit)を俯瞰し、それをその統一性において包括的に捉えることができるだけではない。反省する自我はまた、あらゆる共現在(Mitgegenwart)〔他の超越論的自我の現前〕が常により広範な様々の共現在を内包しているということを意識することによって、無限性のうちにある絶対的なモナドの全体性を先取りすることもできる。こうして反省する自我は、次のような最も包括的な可能的理念を獲得することになる。即ち、唯一の間モナド的普遍という理念、そしてそれに関連してこうしたモナド的全体性によって経験される唯一の世界という理念であり、要するに全ての目的論の絶対的、究極的理念の必当然的な先取りである」(S. 176f. 同前、二四三頁)。フッサールにおける現前の神話と、それは抑も彼の理論的前提から見て矛盾であるという点は、他の論者によっても指摘されている。例えば、フックスは、(一)表象に対する現前の優先、(二)外的表現に対する内的体験の先行、(三)距離をおいた象徴に対する直接的直観の優位、(四)言語とエクリチュールに対する意識と意味の重視の四点に、フッサールにおける現前の神話を認め、彼の時間論そのものからしてそれが不可能であることに注意を促している。「時間の記述からまさに次のことが示されている。即ち、現在、過去、未来は等根源的であり、ということは不在は現在〔現前〕と等根源的に与えられているのである。現在〔現前〕と不在は実在つまり存在を等しく構成するのであり、生き生きとした現在という直観は、同時に不在の直観なしには与えられないのである」(Fucks, W. W., *Phenomenology and the Metaphysics of Presence : An Essay in the Philosophy of Edmund Husserl*, Martinus Nijhoff, 1976, p. 70)。デリダの一層の影響を窺わせるゾンマーもまた、次のように指摘している。「〔知覚と知覚されるものとの〕同時性が可能になる条件を分析すればするほど、同時的な現前が崩壊するという苦しい結果になる。……意識の内部そのものにおいて現前が失われるのである。一つの志向性が、客観化と過去把持を同時に行う。それ故に、対象と知覚との間には〝垂直的な〟差異〔デリダ的な意味での差延〔直観→記号〕〕が忍び込み、意識行為の感覚的内容は絶対的な今の点から〝水平的な〟距離〔デリダ的な意味での間化(瞬間→知覚)〕をとることになる。このことは単純にこう理解することができる。即ち、あらゆる知覚は想起である、と」(Sommer, M., *Lebenswelt und Zeitbewußtsein*, Suhrkamp, 1990, S. 160)。

(12) Husserl, E., *Erneuerung und Wissenschaft*, Bd. 27, S. 43f.

(13) Husserl, E., *Erneuerung als individualethisches Problem*, Bd. 27, S. 23.

(14) Husserl, E., *Erneuerung und Wissenschaft*, S. 49.

(15) Husserl, E., *Erneuerung als individualethisches Problem*, S. 33. 要するに、世界が存在する〝絶対的根拠〟は超越論的自我であるということである。しかし、この昂揚した調子に接すると、フッサールの現象学は偽装した神学ではないか、という疑念が生じるのも首肯しうるところである。この問題に関して差し当たっては、cf. Held, K., *Lebendige Gegenwart*, Teil 3, E(前掲『生き生きとした現在』第三部第五章)。なお、ここでフッサールが人格(Person)と呼んでいるものは、間主観性概念の重要性を認識し始めた彼が、純粋自我に代わって用いるようになる人格的自我(personales od. persönliches Ich)とは差し当たって区別されねばならない。『イデーン』第一巻において採用されていた純粋自我の概念と後期になって彼が使用する人格的自我の概念の関係については、マルバッハの以下の詳細な研究が参照されるべきである。Marbach, E., *Das Problem des Ich in der Phänomenologie Husserls*, Martinus Nijhoff, 1974. マルバッハによるならば、人格的自我の概念は、純粋自我の無世界性を反省し、超越論的主観性が身体性をもって世界と交渉しているという側面を明確にするために採用されたと考えられる。従って「純粋自我は単なる空虚な極ではなく、コギタチオ〔という世界との関わり〕の担い手であるという点で思考が決定的に深まった結果、フッサールは習慣(*Habitualitäten*)と純粋自我の関係に関する教説に到達する。この考えが、人格的自我の概念に、そしてやがてはモナド〔的自我〕という考えに結びつくのである」(S. 305)。Lembeck, K. -H., *Gegenstand Geschichte : Geschichtswissenschaftstheorie in Husserls Phänomenologie*, Kluwer Academic Publishers, 1988 は、人格的自我は超越論的自我と経験的自我を媒介する中間項として案出されたと論じている(S. 79ff.)。注(9)で述べたように、生活世界と普遍的世界を二項対立的に理解してよいかどうかは大いに問題のあるところであるが、人格的自我と純粋自我或いは超越論的自我の関係もこの点に関連して微妙な問題である。しかし、この問題の詳細な検討は我々の能力を超える。ただ、人格的自我と人格の相違は理解されたことと思う。

(16) Husserl, E., *Erneuerung und Wissenschaft*, S. 51.

(17) Husserl, E., *Erneuerung als individualethisches Problem*, S. 36.

(18) *Ibid.*, S. 41. 定言命法は、以下のように彼が原罪と呼ぶ観念によって基礎づけられている。「生共同体が、それが〝絶対的に価値のある〟共同体であるという可能性の条件として、理想的且つ絶対的な規範の下に服しているとすれば、この共同体の本質には何が属しているのであろうか。全ての個々人が定言命法という絶対的な規範に服しているということである(もっともこのカントの言葉は、我々がカントの定式、カントの基礎づけ、要するにカントの理論を採用したということを意味してはいない。それはただ、個々の人間は彼の恣意的な生を送っているわけではなく、各人は一つの価値を有しているということを言っているにすぎない)。更に、省察することなく漫然と生きていくことは、罪に帰着する。人間は人間として原罪に与っている。それは人間の本質的形態に属する」(Husserl, E., *Erneuerung und Wissenschaft*, S. 44)。

(19) *Ibid.*, S. 54.

(20) *Ibid.*, S. 59.

（21）　一九二〇年と二四年に行われたフッサールの倫理学に関する講義を詳細に検討したロートによれば (Roth, A., *Edmund Husserls ethische Untersuchungen : Dargestellt anhand seiner Vorlesungsmanuskripte*, Martinus Nijhoff, 1960)、フッサールはホッブズの利己主義的な人間観を経験主義を標榜しながら実は観念論に陥っていると批判し、超越論的主観性に基づく純粋倫理学の必要性を説いている(S. 18f.)。その意味で彼はカントを高く評価するのであるが、しかし厳格な形式主義に立つが故に感性を倫理的考察から排除している点には同意しない。フッサールもまたアプリオリな倫理学を構想するが、それはカントのそれのように合理主義的なアプリオリではなく、情緒的なもの (das Emotionale) のアプリオリを重視したものでなければならない (S. 41ff.)。フッサールがヒュームに言及していることからも判るように、情緒的なもののアプリオリとは生活世界的な意味秩序の先理解と見なしても間違いないであろう。しかし、にもかかわらずフッサールは、この情緒的なもののアプリオリを普遍的な理性のアプリオリへと包摂してしまう。「倫理的主体は、まさにその意識行為全てにおいて主体であり、その活動も、それが人格的環境世界の内部にもつ対応物も、徹頭徹尾理性的一貫性に支配されており、同時に正不正の規範に服している。この一貫性が情緒的領域を知的領域に、そして感性と意志とを結び付けている。このことは以下のことを意味している。即ち、正しい行為が為される時はいつも情緒的領域における価値が意志行為のための基礎を提供しているのであり、〔こうして〕諸価値の中から摑み取られた価値が意志を動機づけているのである」(S. 143)。この説明を聞いても、情緒的なものの領域と理性によって普遍性が担保された領域の関係は、依然として曖昧である。それは、繰り返し指摘してきたように、生活世界と普遍的世界の関係が曖昧であることに対応しているように思われる。ロートは、同様にカントの形式主義を批判して実質的価値倫理学を唱えながら、最終的には普遍的な人格的共同体の理念を提示したマックス・シェーラーとフッサールとの類似性を指摘する。そしてカトリックの現象学者シェーラーにおいて歴史的、特殊的なエートス共同体の上位に普遍的な人格が構成する共同体を位置づけるために神と神によって担保される秘奥人格が要請されたように、一見矛盾したフッサールの倫理思想を整合的に解釈するためには、最終的根拠に基づく目的論的な価値秩序を前提にしなければならないことを指摘している。「結局、フッサールの倫理学は一つの形而上学へと至り着く。それは、行為の最終的規定根拠として〝最高善〟の理念を要請する点で、哲学的な神学を志向する目的論なのである」(S. 168)。この目的論という問題は以下で触れられる。

ここで、国家に関するフッサールの見解も簡単にみておきたい。とはいえ、政治について殆ど語らないフッサールの国家論を抽出することは至難の技である。間主観性に関する厖大な草稿群を丹念に検討したシューマンの研究が、わずかに参考になるだけである(Schuhmann, K., *Husserls Staatsphilosophie*, Karl Alber, 1988)。既に我々も確認したように、シューマンもまたフッサールの共同体論が単独の超越論的主観性を基礎単位にしていることを指摘する。アリストテレスに代表される、ポリスの如き全体を個に優先させる立場は、彼には承服できなかった(S. 48ff.)。超越論的自我が構成する理想的共同体は、草稿の中では愛の共同体(Liebesgemeinschaft)と呼ばれている。「それは、モナド的生の最高の〝精神的な愛と愛の共同体〟である。この愛は単なる内的な〝他者への思いやり(Gesinnung)〟ではなく、愛する者相互の実在的且つ現実的な共同体である。〝今は切り離されている者が共同体的人格性へと愛しつつ貫入していくこと〟は、モナドの進化の最終目標である。……愛の共同体は人格的モナドの相互貫入(Ineinander)である。〝愛する者たちは互いに側にいる(Nebeneinander)のでもなければ、共にいる(Miteinander)のでもない。彼らは互いに貫入しつつ生きているのである〟」(S. 78f.)。そしてこの愛の共同体は、目的論的秩序の最終目的である。「愛の共同体は間主観性の凌駕するものなき目的(Telos)を提示し、実際それは超越論的考察の頂点を形作っている」(S. 83f.)。問題は、愛の共同体と国家の関係である。国家の目的は衝突する諸目的の調整にある。しかし、言うまでもなくこれは最終目的ではありえない。従って国家は、最終目的である愛の共同体を実現するための手段でしかないのである。「フッサールにとって国家は、自己目的或いは絶対的なものではない。それればかりか、国家はモナド的世界という究極目的を促進する積極的な手段ですら断じてない。そうではなく、国家はこの目的が損なわれることを阻止するという消極的な任務しか帯びていないのである」(S. 116)。抑も愛の共同体が現象学的立場から導き出された共同体であるのに対して、国家は単なる世界観の共有に基づく、換言すれば生活世界的なエートスに根ざした共同体にすぎない。「世界観哲学と学的哲学〔現象学〕は、或る意味では相互に結びついた二つの立場ではあるが、けっして理念を同じくするわけではない。確かに両者の積極的関係は、共に同じものを目指しているという点にある。しかし、学的哲学つまり超越論的現象学のみが、〔この目的を達成するために〕十分な実効性をもっているのである。何故ならば、それはこの目的を絶対的に実現することを自らに課しているからである。それは、人間的文化という無条件的で放棄しえない重要な問題に対して当たり障りのない関心を抱いているのでも、お祭り気分のようないささか昂揚した関心を抱いているのでもなく、まさに最高の関心をもっている。この問題は厳密に学的な哲学の構築を要請しているのである」(S. 153f.)。このように理想的共同体を構想する任務を哲学者に委ねることは、理想国家の統治を哲学者に求めたプラトンを想起させるであろう。しかし、固有の意味での政治的国家を愛の共同体の下位に位置づけている限りは、プラトン的な哲人政治が孕む危険性は回避しうるであろう。だが、狭義の政治家ではないからといって、そこに本当に危険はないのであろうか。「フッサールに従えば、現象学者は国家の運営ではなく、人類の訓導のために召喚される。彼は指導者(Archonten)であって、王になることを願われるべきではない。しかし、現象学にこのように一国民を越えた使命を与えることは、単に私的に哲学するという営みを排除することを同時に意味する。それ故に、哲学者と王を兼ね備えた人物としてフッサールが、ロレンツォ・ディ・メディチ(新たにフィレンツェに設立されたマルシリオ・フィチーノのプラトン・アカデミーの庇護者)やフリードリヒ大王(フランスの啓蒙主義者の友)と並んで、ブッダのような偉大な人類の知恵の教師を挙げるからといって、驚くには及ばないのである」(S. 164f.)。仮に狭義の政治に関しては一定の防波堤が設けられているとしても、共同体論として見た場合、普遍的理性に過度の信頼を寄せるが故に彼が実践の重要性を看過していることに疑問の余地はない。「確かにフッサールは、党派論争の如き久しく忌み嫌われてきた決疑論争から身を避けた点で見事であった。しかし、それだけにまた彼は、実践(prakton)としての政治というアリストテレス的観念、換言すれば政治においてはあらゆる行為は切迫した状況下で制約されているという思想とも無縁であった。それ故に歴史的 - 社会的な経験世界の繊細な現実に通じる道は、彼には遮断されているか、少なくとも極めて困難だったのである」(S. 186)。このフッサールにおける哲学と政治、もしくは観想と実践という重要な論点に関しては、後に再度論じられる。

(22) Husserl, E., *Die Krisis der europäischen Menschentum und die Philosophie*, Bd. 6, S. 324.
(23) *Ibid.*, S. 328f.
(24) *Ibid.*, S. 329.
(25) *Ibid.*, S. 347. フッサールにおける目的論的歴史観とそこに秘められた理性の暴力に関して差し当たっては、高橋哲哉『逆光のロゴス――現代哲学のコンテクスト』(未来社、一九九二年)参照。
(26) Husserl, E., Beilage, zu *Die Krisis* §9a, Bd. 6, S. 366.(前掲『ヨーロッパ諸学の危機と超越論的現象学』三八七頁――引用は邦訳によるが、適宜変えてある)

(27) *Ibid.*, S. 380f.(同右、四〇六頁)
(28) *Ibid.*, S. 380.(同右、四〇五頁)
(29) *Ibid.*, S. 385.(同右、四一二頁)
(30) Cf. Janssen, P., *Geschichte und Lebenswelt : Ein Beitrage zur Diskussion von Husserls Spätwerk*, Martinus Nijhoff, 1970, S. 74f. 但し、ここでも生活世界における自然主義的認識——それは近代の客観主義的認識の自然主義的態度と区別されているのであるが——と超越論的主観性による世界認識を二項対立的に捉えてよいかという問題が、再び浮上する。ヤンセンは、生活世界への回帰が超越論的認識の前提であるという意味で、両者の連続性を指摘している。「世界は、前学問的な日常的、感覚的経験の中に主観的-相対的に与えられている。このことは、客観的な諸科学を判断停止することを通して、生活世界的なものの根源的所与性に到来する。こうした事態は、消極的には客観的-科学的な〝存在性格〟の遮断であり、同時に積極的には純粋な経験世界をもたらす方法を発見することなのである」(S. 192)。こうした連続性を強調することは、歴史の究極的目標は生活世界の克服ではなく、寧ろその更なる展開であるというヤンセンの見解も可能にすることにつながるであろう。世界を現前させるという目的は、既に生活世界への回帰によって果たされていることになる。「客観的な科学から生活世界へのフッサールの回帰は、第一義的には客観的で科学的な存在概念の本質を説明することではなく、生の直接的で隠されたあり方を、この生を自然のままに把握された生として捉えることを通して解放すること(Durchbrechung)である」(S. 48)。
(31) 周知のデリダによる「幾何学の起源について」の厖大な注解は、まさにこの問題を指摘することを主眼にしていた。デリダは、超越論的認識が可能にする普遍的で理念的なものこそが世界の現前であるというフッサールの思想に、現前の神話或いはエクリチュールに対するパロールの優位を見るのである。例えば「理念的対象とは対象一般の絶対的範型である。それは常に実在的対象よりも、自然的存在者よりも、客観的である」(田島節夫他訳『エドムント・フッサール「幾何学の起源」』青土社、一九九二年、九一頁)。「フッサールの反省を方向付けているものは、まさしく完全に解放された意味の理念性と意味の絶対的客観性――数学はこれらすべてのものの範型である――であるから、ひとはこの主題に関しては物体としての記号による本質的崩壊の脅威を遠ざけることができる。真理がそのうちに沈殿することができた事実的な文書は、すべて、それ自身においてはまったく感性的な〝標本〟、空間と時間のなかでの個体的な出来事にすぎないだろう」(同前、一四〇頁)。

(32) Husserl, E., *Die Krisis*, S. 13.(前掲『ヨーロッパ諸学の危機と超越論的現象学』二九―三〇頁)

(33) Husserl, E., *Erste Philosophie (1923/24)*, Bd. 7, S. 203.

(34) *Ibid.*, S. 205f.

(35) *Ibid.*, S. 34.

(36) クラウス・ヘルト「フッサールとギリシア人」(前掲『現象学の最前線』三頁)。引用をもう一つ。「私の第一のテーゼは次のようになる。即ち、哲学と科学の始原の解釈に向かうフッサールのアプローチの中にこそまさに、この原創建(Urstiftung)を今までよりもよく理解する可能性がある、というものである。それに私は次に第二のテーゼを結び付ける。即ち、フッサールにはギリシアの原創建において、彼自身の解釈が示すように、はるか以前から既に彼自身の哲学である超越論的現象学のプログラムが準備されているので、フッサールの精神から生まれる現象学は、哲学の最も古い理念の再生として理解されねばならないと言える、というものである」(同前、四頁)。

(37) 以下のヘルトの卓抜な解釈を参照。「最終的に根拠づける弁明において、私〔超越論的自我〕が自分に開く唯一の世界という単数性に対応するのは、ひとりだけで、つまり傾向として独我論的に自分に対してのみ責任をとる弁明者の単数性である。この非政治化された形態においてフッサールは、プラトンの自己責任を負う弁明という契機を受け入れるのである。〝最終責任〟、即ちフッサールが強調して述べる〝最終的な(letzte)〟根拠についての弁明の中に、私は自分の〝唯一性(Einzigkeit)〟――例えば、Hua 6, 188, 190, 260〔危機書〕を参照――を見出すことになる。そしてこの〝唯一性〟は、私が哲学的態度への移行によって初めて主題にする世界の唯一性――例えば、Hua 6, 146〔危機書〕を参照――に相応しているのである。もはや複数の弁明者の裁きの場を必要としない弁明即ちロゴスは、その傾向に従ってまた言語を必要としない。それ故、フッサールの『論理学研究』の中の「表現と意味」の問題系にもかかわらず、その体系性の全体から見れば、言語が下位の意味をもつというのも偶然ではないのである。……プラトンの国家の精神は、新しい種類の人類‐〝国家〟というフッサールの遠い将来の目標の中に保持されており、この人類‐国家のためをはかって哲学的な〝執政官(archon)〟の指導の下に、これまでの国家制度の有限性が乗り越えられることになる。……政治的なものという現象に対するプラトンの盲目性は、フッサールがギリシアの原創建を再生する際に、その負い目が問題であることに全く気付かずに一緒に引き受けている負い目なのである」(同右、一六一一七頁)。

二

二〇世紀の危機的状況を前にして近代合理主義によって疎外された実在的世界を取り戻す可能性を現象学に託した点では、フッサールもハイデガーも同様である。合理的主観によって一方的に構成された科学的世界は、両者のいずれの眼にも生を欠如した冷たい無機的世界と映る。その上、科学的世界によって隠蔽された日常的世界へと回帰するだけでは問題は解決しないと考える点でも、両者は一致する。日常的世界もまた一定の意味的秩序によって構成されていることには変わりはないからである。勿論ハイデガーにとっては現象学は、存在への問いを解明するための方法論として受け止められているのであるが、それにしても最終的に超越論的意識へと降り立つことによって知的な操作を加えられる以前の存在の顕現に接し、世界の実在性を回復しようとする点において、初期ハイデガーはフッサールから本質的な影響を蒙ったと考えられるのである。[1] では、何故にハイデガーは師のフッサールと袂を分かたねばならなかったのか。

一九二五年夏学期講義『時間概念の歴史への序説』や二七年夏学期講義『現象学の根本諸問題』、更に後期の『哲学の終焉と思索の任務』(一九六四年)において明示的に語られているフッサールへの批判について、ここで詳述することは控える。[2] 結論だけを述べるならば、ハイデガーはフッサールの現象学における超越論的自我の概念に見られる伝統的な自我論の残滓、そしてその超越論的自我の観想的性格や存在論的問いの欠如を問題視しているのである。両者は相俟って、一切の意味を剝奪され端的に存在する何かとの出会いを不可能にしてしまうであろう。フッサールにとっては生とは、「一切の〝根源(Ursprung)〟を内蔵し、原的に(originär)構成する行為[3]」を行う超越論的自我の生である。

この超越論的自我の行為によって世界はありありと現前する、換言すれば「何かをそのもの自身として眼前に提示するのである」。[4] 問題は、こうした根源としての超越論的自我の特権性にとどまらない。フッサールにとっては超越論的意識野に現れる現象に最終的に形相的還元を施し、その本質即ちイデア的なものを明らかにすることが目標である。つまり彼にとっては意識野に現れる個物は、永遠の普遍的イデアを表現することによってのみ現前するのである。科学に特徴的な客観主義的認識や生活世界における実践的認識は、このイデア的なものを隠蔽するが故にそれだけ実在から遠ざからざるを得ない。それらを斥けてただ観想という現象学的態度をとることによってのみ、世界は現前するのである。しかしながら、世界内存在として人間存在の事実性と有限性を徹底的に強調するハイデガーにとっては、現存在はけっして世界を超越して観想的にそれと対峙しているわけではない。現存在は、関心をもって世界を見回し、それと交渉しつつ、絶えざる運動の下に置かれているのである。そして存在の現れである実在は、フッサールのように本質の把握によって獲得されるどころか、寧ろそのことによって隠蔽されてしまう。従って実在は、意味を剝奪すること、換言すれば本質を解体し脱構築することによって真に現れるはずである。「〔フッサールの〕還元は更に何を遂行するのか。還元は〔自然的態度の措定する外界の〕実在性(Realität)を度外視するのみならず、その体験が一回限りのものであることから目をそらしている。……／従っていくら純粋意識を考察し整理したところで、浮かび上がって来るのは単にそれが何か〔本質〕(Wasgehalt)だけであり、実存という意味での行為の存在に関しては問われてはいないのである。この問いは、超越論的還元においても形相的還元においても措定されていないのみならず、還元によってまさに失われてしまう。それが何か(Was)からは、〔端的に何かが存在するという〕事実(Daß)の意味や様態について何も経験されないのである」[5]。生活世界において付与される意味を剝奪しようとする点では、フッサールとハイデガーは軌を一にしている。しかし、フッサールが、形相的還元によって生活世界の特殊的意味から普遍的意味へと、即ち前者の基盤(Boden)へと遡行しようとするのに対して、ハイデガーは、前者のみならずおよそ一切の意味を剝奪する方途を現象学に託する。彼には、普遍的な意味の層が実在であるとは如何にしても考えられなかったのである[6]。

既成の意味を剝奪され意味秩序から解放された単独者のあり方を、つまり普遍に対して寧ろ特殊を実存と見なし称揚する態度は、ハイデガーに限らずキルケゴールの影響を受けた一九二〇、三〇年代の思想に広く見られた特質である。しかしながら、ハイデガーの場合、事態はそれほど単純ではない。彼の実存概念は、普遍と特殊という二項対立そのものを免れているからである。彼の存在論の中心に位置する両義性についてもここでは詳述しない[7]。要点だけを確認するならば、人間の認識にとって言語は不可欠な役割を果たしているが故に、換言すれば認識は必然的に特定の意味地平に拘束されているが故に、存在は常に一定の意味を有する存在物として現れざるを得ないのである。存在／存在物、或いはDaß／Wasというこの両義性は、我々の見るところでは、存在と存在物の存在論的差異を放棄し、存在は現前するとともに自らを覆蔵するという事態を表す性起(Ereignis)の観念を強調し始める第三期のハイデガーにとどまらず、実は初期の頃から変わることなく彼の哲学を貫く要諦である。

その結果、本書第三章で論じられるように生活世界の中で頽落したダス・マンは、断じてこの世界を外部へと〃突破(Durchbruch)〃して単独者として屹立することはできない。実存は、常に意味を剝奪された単独者の在り方と、生活世界の中で他者から意味を付与された、その意味で共同存在としての在り方という両義的な在り方を余儀なくされるのである(単独者/共同存在[8])。このことが起源の問題を探求することを意図した本書において有するとりわけ重要な意義は、以下の点に存する。即ち、認識論においては意味を創出する超越論的自我に相当するような基体、空間的には意味に満ちた世界の基礎に横たわる意味創出以前の根源、時間的には基体や根源が露呈する瞬間、そして歴史的にはそれらが可能であった起源の時代、こういった観念はハイデガーにあっては抑もその可能性を断たれている。デリダ的に言うならば、基体、根源、瞬間、そして起源といったものはすべて、そこから派生するものによって根本的に汚染されているのであって、まったき現前は望み得ないのである。では、ハイデガーの政治関与の背景としてしばしば指摘されるところのハイデガーにおける現前の神話を、そして現前が可能であったギリシアという歴史的起源に寄せる彼の郷愁を、我々は如何に解釈すべきなのか。

　ハイデガーが明白に古代ギリシアの特権的地位を語り始めるのは、三〇年代に入ってからである。それは、まさに彼がナチズムへの関与を強めた時に重なっている。例えば、一九三三年のフライブルク大学総長就任演説『ドイツ大学の自己主張』では、次のように情熱的に語られている。「〔学問が我々にとって、そして我々によって真に存在するようになる〕その時、我々は再び自らの精神的-歴史的現存在の起源(*Anfang*)の力の下に置かれるのである。この起源とはギリシア哲学の覚醒(Aufbruch)である。そこにおいてこそ、西洋的人間がその民族性(Volkstum)の下に現れ、初めて言語の力によって全体としての存在物に対抗して、それをあるがままの存在物として問い、把握する。認識し且つ意志するという点に照らして、あらゆる学問は哲学か否かが決定される。あらゆる学問は、あの哲学の起源に依然として結びついているのである。一般に学問はなおこの起源から成長しているとすれば、学問の本質的力はそこから生み出されるのである」(9)「起源は依然として存在している。但し、それは我々の背後に遠い過去として存在するのではなく、我々の前方に存在するのだ」(10)。ここには、前節で見たフッサールのギリシア憧憬にも等しい態度を看取しうるかもしれない。従って以下のような解釈が提出されるのも当然である。即ち、ハイデガーにとってギリシアが起源としての位置を占めているのは、ギリシア人が形而上学が誕生する以前に生きていたが故に存在忘却を免れ、存在の現前を体験していたからであり、彼らが存在そのものを問う哲学を創始したからである。それ故に今日求められるべきは、この起源へと回帰することであり、それは同時に歴史の目的を成就することを意味している。ハイデガーは、この企てをドイツ民族と国家社会主義に託したのである。こうして不幸なことに、ハイデガー哲学に本質的な起源への郷愁は、過激な政治的態度へとつながってしまったのである(11)。しかしながら、ハイデガーの存在論と形而上学批判における現前の神話と、彼の歴史哲学における起源の神話を組み合わせたこうした解釈には、いささか首を傾げざるを得ないところがある。なぜならば、仮に本書第二章で論じられるように彼が国家社会主義にポリス再生の夢を託したことが事実であるとしても、抑も初期の頃から彼の存在論は、存在のまったき現前の可能性というよりは却ってその不可能性を、つまり存在の現前と不在の両義性或いは両者の戯れを本質としていたと考えられるからである。たとえ前ソクラテス期の哲学といえども、この点では例外ではない(12)。従って第二章で我々が結論を下すように、ポリスもまた存在が現前する場所というよりも、寧ろ存在と不在の戯れの場所と言うべきであろう。その意味では、およそハイデガーに現前の神話はないし、それ故に現前の可能性をもって起源として特権的な位置を占める時代もないはずである。にもかかわらず、三〇年代前半のハイデガーが起源という言葉に愛着を示し、またそれをギリシアに見ていることも否定し得ない事実であるとすれば、我々は彼の起源の観念を今少し詳細に検討してみる必要がある。

この問題を解くためにここでは、一九四三年度夏学期講義『西洋的思索の起源 ヘラクレイトス』、そしてハイデガーの第二の主著とも目されている『哲学への寄与――性起について』(一九三六―三八年)を主な手がかりとする。いずれも彼が政治への関与から身を引いた第三期に属しており、その意味ではそこで論じられている起源の観念と三〇年代前半のそれとの間には齟齬があるのではないか、という疑念が生じる。しかしながら、現前の可能性は初期ハイデガーにおいても否定されていたという我々の解釈に立つならば、存在論的差異の放棄、換言すれば存在と存在物という二項対立の棄却は、なんら初期の立場からの劇的なケーレではなく、いわばその延長線上にあると考えるべきであろう(13)。それ故にこれらの著作で語られている起源の観念もまた、ニュアンスの相違はあっても彼の生涯に一貫するものと見なしても差し支えないのである。

ハイデガーにおける起源の問題を考察する上で、アリストテレスによって整理された起源(archē)の概念を見ておくことは必要不可欠である。[14] 周知のように彼の起源概念は、或るものの運動の時間的な出発点であると同時にその運動の原因(aition)、即ちその原理でもあり、また彼の目的論的世界観に照らして言うならばその運動の成就によって実現される目的(telos)をも意味している。[15] しかしながら、ハイデガーの考えによるならば前ソクラテス期の哲学は、ということは本来のギリシア的思考は、このような原因や目的といった原理(archē)をめぐる思考、換言すれば何らかの存在根拠を措定する形而上学をまだ知らなかった。例えば、存在をめぐる思考に関してハイデガーはこう言う。「しかし、〔プラトン、アリストテレス〕より以後の哲学者は、起源にある哲学者がまだ思考していないことを思考しているからといって進歩しているのか、という疑問が残る。確かに、彼らは実際に進歩した者なのかもしれない。しかし、この進歩は起源的なものからの逸脱ではないのか、という疑問は残るのである[16]」。西洋的思考における本来の起源である前ソクラテス期の哲学は、存在を何らかの本質的なものの恒常的現前ではなく、その都度の現われと見なしていた。換言すれば、存在するものに関して、けっして「……である」と言明することはできず、常に「……であり且つない」という言明しかありえないということである。「自分から現れ、人間に対して〝現前する(an-west)〟ものは、ギリシア人にとって本来的な存在物である。なぜならば、彼らは……現前という意味で存在を経験したからである。自分から立ち現われ、従って現われるもの、そしてそれらすべてに現前するものは、ピュシスに即して存在するもの(ta physei onta)或いはピュシス的なもの(ta physika)と名付けられる。それは、その都度あそこにあの時、或いはここに今滞留するもの(das Verweilende)であり——即ち、その都度のもの(das Jeweilige)である」[17]。第一章で考察されるように、この議論は存在を現前そのものではなく、その都度人間と存在物の間に現れるものと考える点で、第三期のハイデガーに特徴的な伝統的自然概念の脱構築である[18]。問題は、こうした自然概念の脱構築が起源概念の脱構築と如何に連関しているかである。

注意すべきは、アリストテレスの起源(archē)と同じく、ハイデガーの起源(Anfang)もまた、時間的な出発点であるとともに、運動の原理つまり存在の根拠を意味する言葉であるという点である。彼が自然概念に加えた脱構築の作業から、我々は存在の根拠とは、とりもなおさず根拠(Grund)と無根拠(Abgrund)の両義性であることを確認した。従って『哲学への寄与』の中で繰り返し語られる起源的思索(das anfängliche Denken)とは、まさにこうした両義的な思考様式を指しており、つまりは彼の所謂〝哲学〟を意味している。「起源的思考とは、存在(Seyn)の真理の思索(Er-denken)であり、それ故に根拠の根拠づけ(Ergründung)である。根拠の上に休らう中でこの思索は、唯一はじめて根拠づけ取り集め滞留させる力を示すのである」[19]。勿論ここでの根拠とは、根拠と無根拠の両義的一体性、後期の表現によれば性起(Ereignis)と脱性起(Enteignis)の両義的一体性としての性起のことである。「起源とは、性起としての存在そのもの(das *Seyn selbst*)であり、存在物そのものの真理の根源(Ursprung)がもつ隠された力である。存在は起源の性起として存在する」[20]。他方で、時間的出発点としての起源にも、同様の両義性を見なければならない。つまり起源と起源の不在の両義性である。起源／起源の不在と、それ故にまた終末／終末の不在にはさまれた歴史、それこそが後期になってハイデガーが強調し始めた存在史或いは性起の歴史である。「性起としての存在(Seyn)の企投とともにはじめて、歴史の根拠が、従って歴史の本質と本質空間とが予感される。歴史とは人間の専権事項ではなく、存在そのものの本質である。歴史は、神々の逃走と、世界と大地の闘争の根拠としての人間の間にのみ戯れる(spielt)。歴史とはこの間の性起(die Ereignung dieses Zwischen)以外の何物でもない。それ故に歴史学(Historie)は、歴史になりえない[21]」。確かなことは、ハイデガーの歴史観は、それが性起の歴史である限りは、断じて起源と終焉を有する目的論的なそれではないという点である。歴史に必然的な歩みは認められず、ただ偶然的な性起の連鎖があるのみである。その意味で、彼は歴史をも脱構築したと言いうるのである。

　では、『哲学への寄与』で語られている第一の起源と別の起源とは何を意味しているのか。第一の起源は、前ソクラテス期における存在論の誕生を指している。別の起源は、存在のまったき現前の到来を指している。「第一の起源は、真理それ自体を問うことなく存在物の真理を経験し措定する。というのも、真理の中に覆蔵されているものが、存在物としての存在物のすべてを必然的に支配しているからであり、その覆蔵されているものが無を含み、〝無〟という対立者として自らの内部に巣くい、自らを無化するからである。／別の起源は、存在(Seyn)の真理を経験し、存在の現成(Wesung)をはじめて基礎づけ、あの根源的な真理の庇護者としての存在物を躍り出させるために、真理の存在を問う[22]」。注意すべきは、第一の起源は存在の真理ではなく存在物の真理を問うという点である。つまり第一の起源を画する存在論は、存在の現前ではなく、存在の現前と不在の両義性を問題にしていたのである。従ってそこでは存在は一方で隠蔽されているが故に、それは存在忘却に陥った形而上学としての性格も有しているのである。その意味では、前ソクラテス期の哲学と明白に形而上学を開始したプラトン以降の哲学には違いがない。「第一の起源とその終焉は、アナクシマンドロスからニーチェまでの根本的問いの歴史全てを包摂している」[23]。では、歴史とは、第一の起源である前ソクラテス期に存在への問いが発せられながら、その後その問いが忘れられ、ついに別の起源の到来によって再び存在への問いが提示されるまでの目的論的プロセスなのか。無論、そうではない。先ず第一に、既に述べたように起源はけっして目的論的にも因果論的にも捉えられてはいない。その上、第一の起源と別の起源とは直線的歴史の出発点と到達点として理解されてはいないのである。両者は〝相互対向(Auseinandersetzung)〟の関係にあり、いわば〝戯れ(Zuspiel)〟を演じているのである。「別の起源へと躍り出ること(Einsprung)は第一の起源へと回帰すること(Rückgang)であり、逆も然りである。しかし、第一の起源への回帰――〝取り戻し(Wieder-holung)〟――は、過ぎ去ったものを再び〝現実のもの〟にするという通常の意味でそれをもたらすということではけっしてない。寧ろ第一の起源への回帰とは、起源において起源として開始されたものを経験するために必要な距離をとることであり、過ぎ去ったものからまさに遠ざかることなのである」[24]。第一の起源と別の起源との戯れは、『存在と時間』の時間論における過去の取り戻しと未来への先駆に、そして現存在の条件である被投的企投という在り方に対応していると考えるべきである[25]。被投的企投という観念は、人間が自らが所属する世界から完全に超越しえないことを意味している。人間は、世界から超越することで世界へと還帰しそこに所属する存在であり、畢竟世界から超越し且つ世界に内在する両義的存在なのである。それ故にまた、人間には歴史に終止符を打ちその彼方へと超出することも不可能なのである。過去の取り戻しと未来への企投は瞬間において出会う。同様に、第一の起源と別の起源は、形而上学の極まった困窮の中で存在が現成する瞬間に、しかしあくまでも存在の現前と不在の両義性の瞬間に邂逅する。「この困窮は、あの〔存在の〕目配せ(Winken)の支配を呼び求めることに属していなければならない。このように耳をそばだてる時に聞こえるものと広がるものは、何よりも大地と世界の闘争であり、現(Da)の真理である。そのことによって存在物の中に決断の瞬間 - 場所(die Augenblicksstätte der Entscheidung)が、〔現前と不在の〕争いとそれ故に〔存在の〕隠蔽が準備されるのである」[26]。

要約するならば、存在論の観点からハイデガーの考える歴史とは、第一の起源と別の起源によって画された一定の秩序づけられた時間の進行ではなく、起源も終末も知らずただ偶然に到来する性起の瞬間が無秩序に点滅するだけのものである。それというのも、ハイデガーの存在論の基本的立場が、存在の現前の不可能性、存在の現前と不在の両義性にあるからである。その結果、現前が可能であった時代を起源として設定して、その後の歴史をそこからの堕落と理解し、歴史の終末に再び現前が可能となった黄金時代を見るという、西洋の歴史哲学の根強い伝統が、解体されることになる。前ソクラテス期は、いわば起源であり且つないのである[27]。

（1）「フッサールにとって〝生活世界〟における日常的存在も科学の世界も共に、人間存在の真の超越論的本性に対して盲目である。両者の相違は、前者が〝非独断的な〟盲目、後者が〝独断的な〟盲目と呼ばれうる点にあるにすぎない。……世間的な素朴な生も科学的な世界観も、内在的であって現象学的ではなく、それ故にいずれのタイプの〝生〟にあっても人間の主観性の超越論的本性は隠されているのである。／ハイデガーがしばしば〝日常性〟を非本来性から区別するのも、同様の考えからであることは間違いない。現存在の日常的な無関心は非本来的であるが、これは自己認識という次元を含まない非本来性である。しかしながら、強烈な自己の意識を主張する非本来性もあるのだ。だが、このような自我の意識は真のそれではない。それは〝存在物〟の次元での自己の意識であり、〝時間の内部に住まう〟存在物として自己を認識しているにすぎない。ここでもまた、非独断的非本来性と独断的非本来性の区別が見られるのである」(Buckley, R. P., *Husserl, Heidegger, and the Crisis of Philosophical Responsibility*, Kluwer Academic Publishers, 1992, p. 200f.)。

（2）ハイデガーのフッサール批判に関して差し当たっては、拙著『美と政治――ロマン主義からポストモダニズムへ』(岩波書店、一九九九年)、第四章第一節参照。詳しくは、次の二冊の優れた邦語文献を参照。細川亮一『意味・真理・場所――ハイデガーの思惟の道』(創文社、一九九二年)、第二章第五節；小野真『ハイデッガー研究――死と言葉の思索』(京都大学学術出版会、二〇〇二年)、第二章第二節。

（3）Husserl, E., *Zur Phänomenologie des inneren Zeitbewußtsein*, Bd. 10, S. 41.（立松弘孝訳『内的時間意識の現象学』みすず書房、一九六七年、五六頁）

（4）*Ibid.*, S. 41.(同右、五六頁)

（5）Heidegger, M., *Prolegomena zur Geschichte des Zeitbegriffs*, Gesamtausgabe Bd. 20, S. 151f. ――以下、全集

からの引用は巻数のみ示す。なお、「実存という意味での行為」に付された傍点は小野による。

(6)　「フッサールにとって現象学は本質的に形相的である。それは、我々にとって偶然的に存在するものを必然的構造を認識するための出発点となる基礎として利用する。この構造に従って、偶然的に存在するものは、それが意味(Was)を持つものとして存在するべく秩序づけられるのである。事実的に与えられるものは、形相を観想する眼差しにとっては本質的形式への移行のための〝範例的土台〟として役立つのである。単独のもの(das Einzelne)に注ぐ〝眼差し(Hinblick)〟の中で、その本質への〝洞察(Einsicht)〟が獲得される。本質或いは形相とは、多様な差異を有するものが、にもかかわらず等しく名付けられるために必要な同一的なもののことである。……存在論とは、これらすべての形相的事態、必然的形式、本質的構造からなる、体系的に秩序づけられた理論である。／ハイデガーにおいては事態は全く異なる。存在論は、事実的なものをその事実性において、単独のものをその単独性において、偶然的なものをその偶然性において記述しなければならない。無数の偶然に存在する単独のものの中でこの存在論がことさらに注目するもの、それは最も移ろいゆくもの、即ち現存在そのものである」(Sommer, M., *Lebenswelt und Zeitbewußtsein, S.* 200)。

(7)　前掲拙著『美と政治』序論及び第四章ならびに拙稿「初期ハイデガーにおけるアリストテレスの受容——実践概念の脱構築的解釈」(『思想』第九二〇・九二一号、二〇〇一年)参照。更に邦語文献として以下の優れた研究を参照。中田光雄『抗争と遊戯——ハイデガー論攷』(勁草書房、一九八七年)。我々と同じくハイデガーにおける両義性や闘争の概念を重視する本研究からは、本書の全体を通して多大の恩恵を蒙っている。

(8)　「フッサールとハイデガーの両者にとって真の自我、危機に陥っていない自我とは、大衆の中への散逸を免れている自我、自ら選択するのであって、単に伝統の側から選択されているのではない自我である。しかし、両者の相違は以下の点にある。即ち、フッサールにとってそうした真の自我は、或る程度まで〝大衆を超越した〟自我であり、真の自我の目標はいわばダス・マンの内部で営む受動的な生から逃れることである。言ってみれば、フッサールの真の自我が獲得されるのは、自我を伝統に対する受動性とそれがもつ〝自然的な〟偏見から身をふりほどくことによってである。ハイデガーにとって伝統はけっして背後に置き忘れられてはならないものであり、受動性は断じて完全には克服されないものであり、覚悟性はまったくダス・マンに対して判断停止を遂行することに存しているわけではないのである」(Buckley, R., *Husserl and Heidegger and the Crisis of Philosophical Responsibility*, p. 200f.)。

(9) Heidegger, M., *Die Selbstbehauptung der deutschen Universität*, Bd. 16, S. 108f.

(10) *Ibid.*, S. 110.

(11) 「忘れてはならないことは、ハイデガーが西洋の始まりを唯一の〝起源〟——起源(Anfang)と根源(Ursprung)——つまりユダヤ人やキリスト教徒による汚染(contamination)を免れた純粋なギリシア人にまで遡って見出し、西洋の未来をドイツの未来に、存在を思索し問う能力を備えたドイツ人に結び付けたのは、国家社会主義者が政権を掌握するという文脈においてであったという事実である。存在の神話の第一の形態は、頑健で好戦的なギリシアの神々とそのドイツの末裔によって完全武装した地獄の如きイデオロギーを伴う政治的神話である」(Caputo, J., *Demythologizing Heidegger*, Indiana University Press, 1993, p. 4)。但し、著者のカプートは、我々も後述するように、実はハイデガーは初期の頃から存在のまったき現前が不可能でもあることを承知していたという点を強調している。彼の存在論の要諦は、寧ろデリダにも受け継がれる存在と不在の両義性、或いは両者の汚染にこそあるのである。それ故にこそ、ハイデガー哲学を脱神話化せねばならないのである。同じ著者による次の著作も参照。Caputo, J., *Radical Hermeneutics: Repetition, Deconstruction, and the Hermeneutic Project*, Indiana University Press, 1987.

(12) 例えば、マールブルク大学における一九二六年夏学期講義『古代哲学の根本諸概念』では既に一九四三年の『ヘラクレイトス』や五五／五六年の『根拠律』を充分に予想させる形で、ヘラクレイトスにおける存在と不在の対立即ち〝戯れ〟について語られている。「対立という問題こそがヘラクレイトスの導きの糸である。対立の中には否定性が、非存在が、従ってまさに存在物ならざるものがある。彼は、非存在を存在物的に(ontisch)に受け取ってはいるが、しかしこの存在物的な規定性を存在論的に理解していたのである」(Heidegger, M., *Die Grundbegriffe der antiken Philosophie*, Bd. 22, S. 61)。

(13) それにしてもハイデガー自身が、一九二九／三〇年講義『形而上学の根本諸概念』の開始を前にして「まったく新しい始まり」を報告し(前掲、小野真『ハイデッガー研究』二六二頁)、同じ頃にニーチェによる神の死の宣告に大きな衝撃を受けて『哲学への寄与』に結実する新しい思索へと向かったとすれば(同前、二七九頁以下)、それは何を意味しているのか。小野真氏によれば、それは人間による存在の忘却(Seinsvergessenheit)の思想から人間が存在に見棄てられること(Seinsverlassenheit)の思想へのケーレである。換言すれば、『存在と時間』における現存在中心主義から後期の存在中心主義へのケーレである。「[ハイデガーは]早くから存在の歴史を存在忘却の歴史としてとらえる歴史観をもっていた。とはいえ、それはあくまでも人間の頽落であり、人間による存在の問いの忘却であり、責めは人間にあった。しかし、現存在の被投性の根源性に気付き、存在自身が無と相即していることへの理解が深まっていた『形而上学とは何か』直後に、この存在の歴史が、ニーチェの指示により〝歴史の法則性〟(『哲学への寄与』)に支配されているという洞察が生じたのではないだろうか。すなわち、人間の存在忘却自体が、存在の本質である存在の自己覆蔵に基づくものであり、それゆえ人間が存在と関わる限り、存在の直中に被投されている限り、存在の自己覆蔵から逃れることはできない、という洞察である。存在が存在者の開性を贈り授けつつも、自己自身は存在者から奪去し覆蔵するという存在の棄却性こそが、ハイデッガーにとってニヒリズムの根源的本質であり、この存在の本質と人間の関わりの変遷が〝存在の歴運(Seinsgeschick)〟なのである」(同前、二九二頁)。しかしながら、哲学的にはフォン・ヘルマンの解釈に、政治思想的にはライナー・シュールマンの解釈に主に負いつつ拙著で簡潔に論じたように、後期ハイデガーの中心的概念である性起(Ereignis)、つまり帰属(Zugehören)と必需(Brauchen)という存在と人間の間の対向振動(Gegenschwung)(『哲学への寄与』第一三三節)は、実は初期からハイデガーの考えていたことであるとすれば、そこに決定的なケーレを認めることは妥当とは言えない。ハイデガー自身が何か決定的な転換が生じたように語っているにもかかわらず、所謂ケーレとは、『ヒューマニズム書簡』における言明に忠実に、帰属に力点を置いた考察から必需に力点を置いた考察への思索の方向の転換(Kehre)を指していると考えるべきなのである。確かにその結果、現存在の主体的決断を強調する前期思想から存在の贈与を静寂主義的に待ち望む後期思想への劇的転回があったかのような印象を与えることは事実である。しかしながら、両者は対向振動の二つの方向性に対応しており、両者とも主意主義的能動性を否定する点では同じなのである。無論、小野氏もそのことを承知している。にもかかわらず、氏は前期ハイデガーの現存在概念に残る超越論的自我の痕跡と後期におけるその払拭を重視する。我々と同様に両義性は初期から一貫していると解釈する中田光雄氏も、『存在と時間』と後期思想との間にはやはり力点の変化があると考えている。「だが、既述の解釈に大過ないとすれば、『存在と時間』においてはやはり何といっても、後期の思想と比べる場合、〝非‐真理〟や〝閉〟は〝開〟や〝真理〟と同等の比重をもちえていないように思われる」(前掲、中田光雄『抗争と遊戯』六五頁)。そのためにケーレ以前には開示への現存在による主体的な努力が、どうしても前面に出てくることになるのである。実はこの点では我々にも異存はないのである。敢えて拙著から引用することを許されたい。「しかし、『哲学への寄与』によって改めてこの〔存在と人間との間の〕〝戯れ〟を確認したことが、やはり彼の思想に決定的なケーレをもたらしたことは、間違いない。なぜならば、帰属の方向性が現存在中心主義と、必需のそれが存在中心主義と各々結びつくとすれば、対向振動という観念は、抑も現存在と存在、つまり存在物と存在という二項対立そのものを廃棄へともたらすからである。その結果、現存在の能動的決断をもって忘却されていた存在を回復しようとする第一期の立場(たとえそれが誤解であったとしても)も、作品の制作をもって存在を現前させようとする第二期の立場も、ともに清算されることになるであろう。その時はじめて、人間は存在の命運を前にして放下という静寂主義的態度をとるための準備が整うのである」(前掲拙著『美と政治』二六二頁)。

(14) Schürmann, R., *Heidegger on Being and Acting: From Principles to Anarchy*, tred. from the French by Christian-Marie Gros in Collaboration with the author, Indiana University Press, 1990, p. 95f. なお、以下の記述はこの著作に多くを負っている。ここでは、archē 概念のラテン世界における後継者である principium の概念については触れない。要するに、ハイデガーの解釈に従うならば存在の根拠は、感性的実体から神的実体に、そして人間的意識へと変遷していくのである。その意味で、フッサールの超越論的自我への固執は形而上学の圏内に留まっていると言える。

(15)「さて、これらでみると、これらすべての意味のアルケーに共通しているのは、それらがいずれも当の〝第一のそれから〟であること、すなわちその事物の存在または生成または認識が〝それから始まる第一のそれ〟であることである。しかし、これらのうち、その或るものはその当の事物に内在しており、他の或るものはそれらの外にある。さて、それゆえに、事物のピュシス〔自然〕も原理であり、ストイケイオン〔元素、構成要素〕もそうであり、思考や意志もそうであり、実体もそうであり、またそれのためにであるそれ〔目的〕も同様である、というのは、善や美は多くの物事の認識や運動の始まりだからである」(アリストテレス『形而上学』1013a ——出隆訳)。

(16) Heidegger, M., *Heraklit*, Bd. 55, S. 78.

(17) *Ibid*., S. 57.

(18)「アリストテレスの起源の理解と対照すると前ソクラテス期のそれは、感性的実体の始まり且つ原理である形相を概念的に固定しようという結果に結びつかない。前アッチカ的な思考様式にとって起源とは、単なる現れ、現れるようになることであり、その意味で根拠を欠いている(an-archic)ことであるように思われる。〃現前〃〃出現〃〃生成(genesis)〃が前形而上学的な意味での起源を最も適切に表す言葉であるとすれば、その理由はそれらが、運動するものの根拠(archē)と連関した表象〔再現前〕という意味を完全に免れている点にある。……起源を何か一つの実体の賓辞と考える存在‐神学的、存在‐人間学的教説は、アルケーという言葉として古くから存在していたとしても、概念としてはアリストテレスに始まる新規なものなのである」(Schürmann, R., *op. cit*., p. 104f.)。

(19) Heidegger, M., *Beiträge zur Philosophie*(*Vom Ereignis*), Bd. 65, S. 56f.

(20) *Ibid*., S. 58.

(21) *Ibid*., S. 479.『存在と時間』第七二節以下の歴史に関する記述がここで参照されるべきであることは、言うまでもない。

(22) *Ibid*., S. 179.

(23) *Ibid.*, S. 232.
(24) *Ibid.*, S. 185.
(25) 前掲、小野真『ハイデッガー研究』三一四頁以下、参照。
(26) Heidegger, M., *Beiträge zur Philosophie*, S. 408.
(27) 或る論者は、ハイデガーの歴史観を以下のように要約している。「命運(Geschick)という観点から見ると、起源的なものに関して差し当たって次のように言えるであろう。/一、一般に起源があるということは、如何なる根拠からも性起しない。/二、まずギリシア人の許で起源が生起した(geschah)のであり、第一の起源は歴史的な意味でギリシア人に帰せられるということは、如何なる根拠からも性起しない。/三、別の起源を準備するのはまずドイツの思索家であると主張することは、如何なる根拠からも性起しない」(De Gennaro, I., *Logos : Heidegger liest Heraklit*, Duncker & Humblot, 2001, S. 85)。

『哲学への寄与』においてハイデガーは、別の起源を最後の神(die letzte Gott)と呼んでいる。最後の神の到来は、性起の瞬間であり、存在の現前の実現である。しかし、それはけっして歴史の終焉でもなければ、終末の到来でもない。「最後の神は断じて終焉(Ende)ではなく、起源が自らの内で振動すること(das Insicheinschwingen)であり、つまりは拒絶の最高の形姿である。そこでは起源的なものはあらゆる固定的なものから身を振りほどき、既に起源的なものの中に来るべきものとして表現されており、〔歴史を〕規定する力を与えられていたようなもののすべての上に屹立しつつ現成するのである[1]」。結局のところ最後の神は到来し且つ到来しない、畢竟永遠に到来しないのである。ハイデガーの歴史哲学に濃厚な黙示録的終末論の色彩が看取されることは、疑いない。実際、彼は初期の頃から神の現れ(parousia)に不断に備える原始キリスト教徒の生に、存在忘却の時代の人間にふさわしい生き方を重ね合わせて見ていたし[2]、アリストテレスの実践概念の本質をその都度具体的状況下において具体的行為を選択する知に見出した上で、それを単独者の出現という意味での終末〔極限〕(eschaton)と解釈していた[3]。しかしながら、「解放をもたらす救済(peripoiesis soterias)に備えよ(換言すれば、耐え忍んで待ち望むこと[anamenein]、気を引き締めること、武装せよ！　闘争[Kampf])[4]」という一九二〇／二一年度講義の言葉は、一見極めて能動的で行動主義的な印象を与えるにもかかわらず、存在の側からの性起の前に静寂主義的に頭を垂れることを強調する第三期になって強調され始める、存在から見棄てられていることの〝耐え忍び(Verwindung)[5]〟と実は異ならないのである。要するに、存在の現前と不在の両義的戯れ即ち性起に対しては、人間は主体的には何もなしえず、ただその瞬間を耐え忍びつつ待ち望むしかないという点では、ハイデガーは一貫している。その意味では、彼の歴史観は終末論的ではあっても、けっして終末論そのものではないのである。彼の最晩年のシュピーゲル対談における次の発言は、彼の終生変わらぬ信念の表明であったであろう。「かろうじてただ神のようなものだけが我々を救うことができるのです。我々人間にはただ一つの可能性しか残っていません。即ち、思惟において詩作において、この神の出現のための、或いは没落期におけるこの神の不在のための一種の心構えを準備するという可能性です[6]」。

では、何故に三〇年代前半のハイデガーは、極めて行動主義的で破壊的なナチズムの運動に主体的に関わったのか。世俗的な名声を求めてなのか、一時的に自らの思想を裏切るという迷妄に陥ってしまったのか、それともやはり初期の存在論にかすかに残る主観性の痕跡が決断主義的な政治へと彼を促したのか。(7) あらかじめ述べておくならば、ハイデガーにおける哲学と政治をめぐるこの最大の謎に対しては、本書全体を通しても依然として明確な解答は与えられないままである。だが、確かなことが一つある。単純に起源を取り戻すことは不可能であると信じていたにもかかわらず、それでもなお彼は終生ギリシアに郷愁は抱き続けたことである。一九六二年に彼は遂にギリシアの地を踏むことになる。デロス島を訪れた彼は、昔日の起源がヴェールに覆われつつもあらゆるものから語りかけてくるのを感じる。やがてそれらは鮮やかな姿で祝祭を演じ始める。友人のケストナーに書き送っているように、それはまさに「純粋な現前の突然の襲来」(das Überraschende des reinen Anwesens)であった。(8)

(1)　Heidegger, M., *Beiträge zur Philosophie*, S. 416.
(2)　差し当たっては、前掲拙著『美と政治』第四章第二節参照。
(3)　これも差し当たっては、前掲拙稿「初期ハイデガーにおけるアリストテレスの受容」第二節参照。
(4)　Heidegger, M., *Phänomenologie des religiösen Lebens*, Bd. 60, S. 150.
(5)　「形而上学の耐え忍びは、存在忘却の耐え忍びである」(Heidegger, M., *Zur Seinsfrage*, Bd. 9, S. 416).
(6)　マルティン・ハイデガー、川原栄峰訳『形而上学入門 付・シュピーゲル対談』(平凡社ライブラリー、一九九四年、三八九頁)。一九五七年の講演『形而上学の存在 - 神 - 論的把握』では、以下のように語られている。「存在が如何にして自らを与えるかは、存在が如何にして自らに光を当てるかによって規定される。しかしながら、この如何には、命運的な(geschickliche)刻印を、つまりその都度の滞留の(je-epochale)刻印を帯びている。それ故に存在は、ただ我々がそれ本来の現成に身を委ねる時にのみ、現成する。命運的なものの近さへと我々が至りうるのは、専ら回想の突発的瞬間(die Jähe des Augenblickes eines Andenkens)を通してである」(Heidegger, M., *Identität und Differenz*, Neunte Auflage, Neske, 1990, S. 59)。また、一九六二年の『時間と存在』では、以下のように説かれている。「存在物なき存在を思索することは、形而上学を顧慮することなく存在を思索することである。しかしながら、形而上学への顧慮は、形而上学を克服しようとする目論みの中においてすら支配している。従って克服しようとすることを放棄して形而上学に身を委ねてしまうのが、有効である」(Heidegger, M., *Zur Sache des Denkens*, 3. Auflage, 1988, S. 25)。

(7) 前節注(13)で述べたように、前掲拙著『美と政治』では暫定的にこのような解釈が採られている。例えば「しかしながら、不覆蔵態は覆蔵態であり、現前は不在であり、真理は非真理であり、要するに両者の間断なき戯れがすべてであるとすれば、政治もまた間断なく瞬間を取り戻すことを、破局を呼びよせることを強いられるであろう。ハイデガーの政治思想は、不断に国家を非常事態下に置こうとする、その意味で永久革命ともいうべき政治を志向せざるをえない。そこになお残る一抹の主意主義的要素、換言すれば形而上学の痕跡、すなわち国家‐作品として存在の真理を現前させようとする努力が完全に放棄される時、第三期が開始されるのである」(三二六―三二七頁)。

(8) Safranski, R., *Martin Heidegger : Between Good and Evil*, tred. by Edward Osers, Harvard University Press, 1998, p. 402f.

第一章　自然概念と起源

哲学的急進派と称せられたイギリス功利主義者たちによって規範概念としての自然が明快に否定された時、西洋政治思想史は決定的な転換点を迎えることになった。古代ギリシア以来、既存の政治体制を擁護するためであれ、逆にそれを批判するためであれ、常に自らの主張の正当性を保証する超越的根拠として援用されてきた自然概念が有効性を奪われた結果、それに代わる正当性根拠が求められることになったからである。そのために功利主義が提供したものが、最大多数の最大幸福という功利性原理であり、個々の体制や政策がそれに合致することを民主的に承認する理性的合意の存在である。要するに、それは、打算的な妥協の所産としての物質的価値の配分を事後的に正当化することに他ならない。勿論、妥協は一定のルールに基づいて行われなければならないのであるが。ところで、このような合意の名の下に、最終的には物理的強制力によって担保されざるをえない政治的秩序の正当性を真に根拠づけることは可能であろうか。そこには、ウェーバーの合法的支配の正当性という理念型に孕まれた困難が待ち受けているのではないか。ウェーバーの観察によれば、自然法を前提としない法実証主義の下では、支配の正当性根拠は実定法上の合法性に求められることになる。そこでは、手続上の瑕疵の欠如のみが政治的行為の正当性を保証する。しかし、シュミットが指摘したように、合法性すなわち単なる形式上の問題と、正当性すなわち行為もしくは決定された事柄の内容的正しさの問題とは原理上区別されるべきである。法そのものの正当性に対する信頼が稀薄なところでその法を存続させているものは、結果的に人々の不満が許容点を越えていないこと、換言すれば実効的な秩序維持が実際に行われているという事実にすぎない。今日の義務論的リベラリズムが主張する善に対する正義の優先という理念は、まさにこうした功利主義的自由主義の逢着したニヒリスティックな帰結を回避し、政治的秩序に正当性を付与しようとする思想的努力の所産である。現象学や言語学、更には発達心理学の知見を動員して新たな合意理論の構築をめざすハーバーマスのような社会哲学者も、目的は同じである。また、所謂共同体論者をはじめとする多くの政治理論家たちは、解釈学や言語学等に依拠しつつ或る種の自然的秩序の存在を政治的秩序の基底に据えようと企てている。他方、合法性に抵触することなく成立したナチス体制の悲劇を反省した一群の神学者たちは、現代における自然法の可能性を模索し続けている。

本章は、功利主義のもたらした正当性の危機に対処しようとするこれらの多様な努力を検討し評価することを目的としてはいない。本章の意図は、西洋政治思想史における自然概念の古代ギリシアにおける起源とその近代における喪失とを確認した上で、ハイデガーの自然概念が彼の政治哲学において演じた役割を若干考察することに存する。確かに、それは、自由主義の再生どころかそれを掘り崩す方向に働いた。しかし、その評価はともかく、ハイデガーは、政治における物理的強制力の行使を自然の名の下に正当化しようとした、二〇世紀における稀有な思想家なのである。我々としては、そこに西洋精神史における規範概念としての自然の根強い伝統の痕跡を認めることができれば、それで十分なのである。

一

本書で繰り返し確認されるように、古代ギリシア研究の古典ヴェルナー・イェーガーの『パイデイア』以来、ギリシア人にとって宇宙《コスモス》の秩序と国家《ポリス》の秩序との間の一致、相即こそが、法治国家としてのポリスの安泰を支える共通の信念であったと考えるギリシア観が脈々と受け継がれてきた。(1) 現実のポリスにおける正義(dikē)を守るべき法(nomos)は、宇宙の秩序と合致することによってその正当性が保証されていたのであり、それ故にこそ法的、政治的秩序の自明性に疑念が抱かれることはなく、その遵守は当然であると看做されていたのである。(2) 今仮にこの宇宙の秩序をテイラーに倣って存在の秩序(ontic logos)と呼ぶならば、それは、客観的秩序(物質的世界の秩序)―主観的秩序(魂の秩序)、自然法則(事実)―道徳法則(規範)、即物的因果連関―目的論的価値連関といった近代的な区別をまだ知らず、孰れのレヴェルにおいても両項が相即的な関係にある秩序として考えることができよう。(3) 存在の秩序に寄せる暗黙の信頼は、ギリシア世界が神話の時代から哲学の時代へと発展するにつれて明示化され概念化されるようになる。その時、この秩序は、必然(アナクシマンドロス)、理(ヘラクレイトス)、一者(パルメニデス)、そして一般的に自然(physis)と呼ばれるに至る。法は自然と合致する限りで正当性を有していたのであり、合致しない場合にはそもそも法と呼ばれることすらできなかったのである。

しかしながら、アテナイ民主制の道徳的腐敗という時代状況を背景にして、ソフィストたちが存在と外見を区別すべきことを説くに至って、法と自然との一致という理念は懐疑にさらされざるをえなくなった。グラウコンが主張するように、「正しくあることではなく、正しく思われることをこそ望むべきで」(『国家』362A ——藤沢令夫訳)あり、「見かけは真実にも打ち勝つ」以上は、「表向きの外見としては徳に見せかけた影絵を身のまわりにまとい、背後にはしかし、世にも賢いアルキロコスが語った狡猾で抜け目のない狐を引っぱって行かなければならない」(365C)。その時、法は人為的約束事にすぎないことになる。それが強者の利益に奉仕するためのものであれ(トラシュマコス)、逆に弱者が強者に対抗するためのものであれ(カリクレス)、孰れにしても法は、私的利益を実現するための手段以外の何物でもない。その結果、実定法は自然という伝統的な正当性根拠を奪われ、政治は赤裸々な物理的強制力によって担保された物質的利害調整の場へと変じてしまうであろう。西洋政治哲学の祖プラトンの課題とは、まさにこうした状況下で再び政治権力の正当性根拠を提示することにあったのである。

如上の課題に応える上でプラトンが採用した暗黙の前提とは、パルメニデスからピタゴラス学派へと継承された、「真理はあらゆる点において一《ト・ヘン》(Ein, Einheit)と構造的に結合している」[4]のであり、「善とは一であり」[5]「一は最高の尺度である」[6]という思想である。質料と結合した個物は多(多様性)であらざるをえないのであり、それが存在する根拠は、その本質、すなわち差異(多)を免れた絶対的な同一性(一)、換言すればイデア(形相)に求められねばならない。従ってまた、個物相互の間にも、各々のイデアに基づく理想的な存在の秩序があるはずである。プラトンにとっても、それは自然と呼ばれるべきものであった。「事物はそれ自身でそれ自身の固定した有り方〔本質〕を持っているのだということは明らかだ。つまり、事物はわれわれとの関係において〔相対的に〕有るのではなく、またわれわれの表象によって上へでも下へでも引き回されるというふうに、われわれに依存しているのでもなくて、それ自身において、それ自身の固有の有り方に従って、本性的に〔自然に即して〕(kata physin)定まっている仕方で存在するのである」(『クラテュロス』386E――水地宗明訳)。このように、プラトンの政治哲学は、自然にかなったポリスを構想するという点で、伝統的なポリス観の復活でもあった[7]。但し、プラトンの場合、宇宙《コスモス》と国家《ポリス》に加えて、霊魂(psychē)と身体(sōma)とを峻別した上で人間の霊魂もまた自然に即した秩序を備えていることが要求されている点で、明確な倫理学が付加されていた[8]。ここに、宇宙《コスモス》(自然学)―国家《ポリス》(政治学)―霊魂《プシュケー》(倫理学)の三者の秩序の一致、相即が説かれることになるのである。「宇宙が一の多への展開を通して生成する時、秩序が無秩序の中に注入され、カオスからコスモスが生み出される。また、理想的なポリスは、多様な要素が統一され統合され、緊密に結び合わされて、その結果最高度に一体性へとつなぎ合わされることを基礎にして誕生する。そしてこうしたことはすべて、魂の中にポリスの基礎を有しているはずの理想的な市民についても妥当するのである」[9]。こうして、プラトンの政治哲学は、形而上学的な自然概念に基づいて現実の国家の正当性を評価しようとする点で、メタ政治学と呼ばれてしかるべきなのである[10]。

プラトンのイデア論の超越的性格を批判し[11]、また観想と実践とを区別する点でそれに重大な修正を施したアリストテレスではあるが、彼の政治学が自然という存在の秩序を前提としている限りでメタ政治学であることに変わりはない[12]。多義的な意味をもつアリストテレスの自然概念の要諦は、それが個物の存在と運動を規定する内的本質であるという点に存する。「第一の主要な意味で自然と言われるのは、各々の事物のうちに、それ自体として、それの運動の始まり〔始動因（archē）〕を内在させているところの、その当の事物の実体（ousia）のことである」（『形而上学』1015a ── 出隆訳）。成程、観想と実践とを区別したことに伴って、人間的事象におけるアリストテレス的自然はプラトンのそれとは異なり、歴史性を帯びており、その意味で可変的ではあるが[13]、存在の秩序として現実のポリスの正当性を評価するための基準たるべき役割を担っている点では同様である。その上、『クラテュロス』におけるプラトン以上に明確に、存在の秩序は言葉（logos）によって表現されることが強調されている（『政治学』1253a）。それ故にこそ、アリストテレスにとっては、人間はポリス的動物であるということと、人間は言葉を所有する動物であるということとは、同義なのである。「ポリスにおいては共同体を形成する過程が第一の目的である限り、アリストテレスは人間を本性上（physei）ポリス的動物

(zōon politikon)という生き物として語ることができる。……〔同時に〕人間は言葉を所有する動物(zōon logon echon)、つまり言葉と理性によって特徴づけられる生き物である。人間に関する二つの命題は、互いに補い合い説明し合っている。人間のみが言葉を有し、それに伴って目的と価値を措定する能力を有することによって、動物とは異なり人間のみが与かることのできる価値と目的に関わる生活形式の基礎であるポリスを樹立することが可能なのである」[14]。換言すれば、言葉の使用が自然にかなった政治の運営を可能にするのである。

　アリストテレスの政治学は、単なる経験的事実の分析にとどまらない。それは、常に自然に照らしてその事実の正当性を評価しようとする[15]。その意味でそれは、没価値的に支配の正当性の理念型を提示することにとどまろうとするウェーバーの政治学とは異なる[16]。しかし、両者の相違は、方法論の問題を越えて、およそ近代国家の本質に関わっている。学者ウェーバーが禁欲的に診断しているように、政治も含めて生の諸領域から価値が、意味が喪失してきたのが近代であるからである。他方、政治的営為の正当性根拠として古代ギリシアに誕生した自然概念は、ストア主義以降、キリスト教の下での変容を蒙りつつ自然法の伝統として、中世末まで一貫して受け継がれてゆくことになるのである。

（1）　Jaeger, W., *Paideia : Die Forschung des griechischen Menschen*, Erster Band, 3. Auflage, Walter de Gruyter, 1954, S. 144ff.

（2）　Cf. Havelocke, E. A., *The Greek Concept of Justice : From Its Shadow in Homer to Its Substance in Plato*,

Harvard University Press, 1978, p. 256 ; Ostwald, M., *From Popular Sovereignty to the Sovereignty of Law : Law, Society, and Politics in 5th Century Athens*, University of California Press, 1986 ; Farrar, C., *The Origin of Democratic Thinking : The Invention of Politics in Classical Athens*, Cambridge University Press, 1988.

(3) Taylor, Ch., *Sources of the Self : The Making of Modern Identity*, Harvard University Press, 1989, p. 186.

(4) Reale, G., Platons protologische Begründung des Kosmos und idealen Polis, in Rudolph, E. (Hrsg.), *Polis und Kosmos : Naturphilosophie und politische Philosophie bei Platon*, Wissenschaftlichen Buchgesellschaft, 1996, S. 10.

(5) *Ibid.*, S. 11.

(6) *Ibid.*, S. 11. 同様の論点について他に Szlezák, Th., Psyche — Polis — Kosmos, in *ditto*; Gadamer, H.-G., Die Idee des Guten zwischen Plato und Aristoteles (1978), in *Gesammelte Werke*, J. C. B. Mohr, Bd. 7.

(7) Jaeger, W., *op. cit.*, S. 158.

(8) 単なる慣習から明確な当為意識を伴う倫理学への転換については、cf. Havelocke, E. A., *op. cit.*, ch. 11.

(9) Reale, G., *op. cit.*, S. 23. 同様の指摘として、「魂と国家と宇宙は存在論的に基礎づけられた連関の下に置かれており、従ってこれらの諸領域の認識は同一の諸原理から統一的に導き出される、というのがプラトンの確信である」(Szlezák, Th., *op. cit.*, S. 41.)。

(10) 「プラトンの存在論もしくは形而上学は……常に同時にメタ政治学である。形而上学の対象、すなわち〝……は何か〟という問いに対する答えを構成する本質に従って、真に存在するものと常にそう見えるだけの不完全なものとを区別し、自己の行為を認識された実在にかなうべく律するべきである」(Neschke-Hentschke, A., Politischer Platonismus und die Theorie des Naturrechts, in Rudolph, E. (Hrsg.), *op. cit.*, S. 61.)。この論文では、自然法思想の出発点としてプラトンのメタ政治学が位置づけられている。

(11) 『形而上学』第一巻では、ピタゴラス学派とその影響を受けたプラトンのイデア論とが批判されている。

(12) 「メタ政治学とは、実践学としての政治学には由来しない、そしてそれ以外の問題諸領域に属する、或いは政治的議論の範囲を超越するような一群の概念や命題のことである」(Riedel, M., *Metaphysik und Metapolitik : Studien zu Aristoteles und zur politischen Sprache der neuzeitlichen Philosophie*, Suhrkamp, 1975, S. 52.)。

(13) Cf. Ritter, J., *Metaphysik und Politik : Studien zu Aristoteles und Hegel*, Suhrkamp, 1969, S. 159 ; Gadamer, H.-G., *Wahrheit und Methode : Grundzüge einer philosophischen Hermeneutik*, J. C. B. Mohr, 1975, S. 295ff.

(14) Riedel, M., *op. cit.*, S. 59.

(15) *Ibid.*, S. 45ff.

(16) *Ibid.*, S. 50ff.

二

近代になると存在の秩序は消滅する。テイラーによれば、それは以下の三段階を踏んで進行した。第一に、デカルト的コギト、テイラーの所謂傍観的理性による宇宙的秩序の解体(1)。第二に、ロック的な規律ある自我による有意味な秩序の解体(2)。そして第三に、広義のモダニズム芸術、テイラーの所謂表出主義を生み出した内面化し肥大化した自我による自立的な外的世界の解体。[3] 存在の秩序の消滅が近代の政治思想に如何なる形で反映されているかを、ここでは近代の初期にあって既にその末期を洞察していたホッブズの自然概念を手がかりにして若干検討してみよう。

近代自然科学を範として物体論、人間論、市民論からなる学の体系の構築をめざしたホッブズの基礎は、その徹底的な機能主義的認識論に置かれている。[4] ホッブズがガリレイやデカルトから摂取したこの認識論がもたらしたものは、単なる科学的方法論上の転換にとどまらなかった。「自然科学の方法論におけるこの変化は、同時に純粋な〈存在論〉の内部における決定的な変化を含むものであった。つまりそれは、これまで存在の秩序(Ordnung des Seins)を測定してきた尺度を改変してしまったのである」。[5] ホッブズはまず、運動の原因を実体形相の痕跡を残しているような何らかの「内的性質」ではなく、力、すなわち「それによって一定の結果が生じると考えられる諸状況の総計且つ全体」(『物体論』)と考える。[6] このように機能主義的に理解された力概念に基づいて、彼は自然を実体的秩序ではなく、認識主観によって機能主義的に構成された秩序体へと転換させる。[7] このような自然概念は、機能主義的認識論の頂点に位置するカントが、『純粋理性批判』において与えた自然の定義を予告している。[8] 要するに、自然は、存在の秩序としての自然(physis)ではなく、端的に主観が因果法則の下に秩序化する物質界にすぎなくなったのである。機能概念としての自然像を可能にするものは、言語である。ホッブズは完全な言語人為説の立場をとる。つまり、言語とは、事物や観念を指示するために人間が恣意的に案出した記号に他ならない。理性は、外的対象を記号としての言語へと変換した上で、その記号を操作(計算)することによって自由に世界を秩序化してゆくのである。従って、「真理は事物そのものにではなく、名辞に、そして命題という形で作られる諸名辞の比較に関わる問題である。「真理は陳述の中に存するのであり、事物の中には存しない」(9)(『物体論』)。そして重要なことは、カッシーラーが指摘するように、自然を実体的秩序ではなく、機能主義的に構成された、その意味で恣意的な秩序と看做すホッブズの自然像は、彼の国家論と構造的同一性を有している。国家は、もはや存在の秩序に基づく自然的共同体ではなく、物理的強制力によって担保された、主権者の命令としての法を通して恣意的に秩序化された集団なのである。「こうした〔記号としての〕言語の発明者は、事物の、或いは我々の精神の本性(Natur)から発する如何なる制限にも拘束されない。制限を免れた自由な言語の使用を通して諸名辞は恣意的に結合され、その結果思考による恣意的な原理と格率が生み出される。それ故に、論理的、数学的諸法則は、法的な諸規範へと解消されてしまう。換言すれば、我々の諸観念の間の必然的で無効にしえない諸関係に代わって、命名を支配する実践的な諸規範が登場するのである。一見して判るように、ここで彼の論理学の中から遂に姿を現したものこそが、ホッブズの国法学上の理想である。すなわち、絶対的主権者は、単に我々の行為の支配者であるにとどまらず、我々の思考およびその組合せの真偽に関する支配者でもあるのである」(10)。

ホッブズにとって、人間は欲求や意欲の可能な限り最大の充足を求める存在であり、それが人間の本性(nature)である。物体が力によって運動するように、人間は欲望の充足を求めて力に駆られて行動する。人間における力とは、善の獲得すなわち欲望の充足を実現するために有している手段である。

要するに、ホッブズ的人間とは欲望の主体であり、力の担い手である限りは物体と異ならない。それは、デカルト的コギトとも異なって、精神的行為者としての存在論的基礎すら剝奪されているからである。[11] その上、人間は虚栄心を有しているために、欲望そのものが限りなく肥大化してゆく。その結果、人間的共存は万人の万人に対する闘争であらざるをえない。ホッブズは、この自然状態において各人が自らの生命を維持するために欲するままに自らの力を用いる自由を、自然権として規定している。では一体、自然権とは各人に当為を課する規範概念なのであろうか。伝統的な自然概念の有していた規範性は、そこでもなお存続しているのであろうか。周知のように、『リヴァイアサン』第一四章においては権利(jus)と法(lex)との相違について注意が喚起されている。前者は、行為に際して自由であること、換言すれば外的障害が存在しないという事実を指しており、後者は人間に義務を課し、人間を正当に拘束するための根拠である。この区別を前提にするならば、ホッブズ的自然権は、単に事実を説明するだけの存在概念であると考えられるべきであろう。中世の目的論的秩序の解体が、無目的にただ力によって運動するだけの物体という観念を可能にしたように、自然権とは存在の秩序が欠如したところで人間が示す事実としての(de facto)あり様を記述するための概念なのである。[12]

では、自然法に由来する実定法はどうであろうか。ホッブズ的自然法と聖書に記された神の掟との関係をめぐる従来からの議論は、ここでは措いておく。[13] 少なくとも『リヴァイアサン』の前半部では、理性の戒律である自然法に基づいて主権者の命令である実定法が制定される時(「法はけっして理性に反しえないこと」『リヴァイアサン』第二六章)、それが正当な規範として万人に当為を課しうる根拠が、契約締結の意味する合意に求められていることは間違いない。しかし、ここでは敢えて極端な解釈を試みてみよう。ラパチンスキーによれば、ホッブズにおける支配の正当性は、それが事実上の(de facto)実効性を有しているか否かによって測られる。換言すれば、「ホッブズは結果主義者であって、義務論的な政治哲学者ではないのである」[14]。では、契約はどうなるのか。それは、歴史的事実でも仮説でもなく、実効的な支配状態を記述するための比喩《メタファー》にすぎない。「精神分析における原父殺しの範疇やヘーゲルの主‐奴の弁証法と同様に、ホッブズの社会契約という範疇は、現実の非常に複雑な現象に関連する膨大な諸要素を説明するために案出された共時的な表象である」[15]。要するに、それは、事実として存在する実効的秩序を契約に基づくが故に正当であると事後的に弁証するための概念装置なのである。『リヴァイアサン』第二〇章についてのゴールドスミスの指摘を、傍証として挙げてみよう。そこでは、設立による国家つまり契約に基づく国家と、獲得による国家つまり征服もしくは簒奪による国家とが一応区別された上で、両者は実質的には異ならないことが主張されている。その理由は、「孰れの場合でも、すべての臣民は合意したが故に拘束されているのである。彼らは、相互のもしくは主権者に対する信約(covenant)によって義務を課せられている。ホッブズは、獲得による主権における合意の要素を強調している」[16]という点に求められる。従って、正当性を契約によって担保するという論理構成は、既存の政治的秩序を最も合理的に正当化するためのモデルとして提示されているにすぎないのである[17]。内乱という時代状況の下に政治哲学を構想したホッブズには、マキャヴェリと同様に、正当性根拠の探求よりは寧ろ現実に秩序が確保されていることこそが重要であった。彼には事実の規範性で十分だったのである。「政治的権威の合理的で法的な(de jure)正当化という概念を、現実に獲得された権力関係とその事実上の(de facto)正当化の様態から区別するのではなく、寧ろホッブズは、権力と正当性、或いは現実の社会生活と政治的行為の規範の両者を共通に示すものを手に入れることに関心を寄せたのである[18]」。

確かに、ロックを代表とするホッブズ以降の自然権論者たちは、自然法の概念を放棄したわけではない。しかしながら、シュトラウスが批判するように、ロックの自然法とは、要するに自然権として絶対視された生命と私有財産を守るための理性的取り決めでしかなく、しかもそれはけっして快楽主義的道徳と背反するものではない、と考えられている。ホッブズの絶対主義国家に対抗するという目的のために、ロックは言わばホッブズ的な自然法に訴えているのである。換言すれば、生命(そしてロックの場合、私有財産)を守るためにのみ国家を設立しようという合意が、政治権力の正当性を担保しているという点では、両者の間に相違はないのである。何らかの存在の秩序の必要性を主張するシュトラウスから見れば、こうした近代自然法思想は、その本質において道徳的ニヒリズムに陥っている[19]。ここからベンサムの功利主義、そして現代自由主義まではもうあと一歩の距離でしかない。

(1) Taylor, Ch., *op. cit.*, p. 144.
(2) *Ibid.*, p. 161.
(3) *Ibid.*, p. 286ff.

(4) その結果としてホッブズにあっては存在の秩序と認識の秩序が全く切り離されている、という点をとりわけ強調するすぐれた研究として、Zarka, Y. Ch., *La décision métaphysique de Hobbes : Conditions de la Politique*, J. Vrin, 1987.

(5) Cassirer, E., *Die Philosophie der Aufklärung*, J. C. B. Mohr, 1973, S. 50.（中野好之訳『啓蒙主義の哲学』紀伊國屋書店、一九六二年、四六頁）

(6) Cassirer, E., *Das Erkenntnisproblem in der Philosophie und Wissenschaft der neueren Zeit*, Georg Olms Verlag, 1971, S. 47f.

(7) *Ibid.*, S. 53.

(8) 「我々の解する（経験的意味における）自然とは、現象の全体がその現実的存在に関して必然的規則即ち法則に従って統括せられたところのものである」（カント、篠田英雄訳『純粋理性批判』(上)、岩波文庫、二九一頁）。

(9) Cassirer, E., *Das Erkenntnisproblem*, S. 56. 但し、ホッブズの認識論を徹底的に機能主義的に解釈することに対しては、異論もある。例えば、「ホッブズにおける合理主義と経験主義の特異な混合に照らすならば、概念的に樹立された法則はまた世界の中に生じる現実の因果関係と一致していなければならない。〔もっとも〕ホッブズの哲学の中には、因果連関についての我々の概念と、我々の知覚とは独立して実在の世界の中で生じている事柄との間の溝は如何にして埋められるのか、という点に関する明確な解答は見あたらない」(Hoffman, P., *The Quest for Power : Hobbes, Descartes, and the Emergence of Modernity*, Humanities Press, 1996, p. 10)。

(10) Cassirer, E., *Das Erkenntnisproblem*, S. 56f.

(11) Rapaczynski, A., *Nature and Politics : Liberalism in the Philosophies of Hobbes, Locke, and Rousseau*, Cornell University Press, 1987, p. 48f.
(12) *Ibid.*, p. 71.
(13) 両者の関係を肯定的に捉える所謂テーラー＝ウォレンダー・テーゼをめぐる最近の解釈として、Cooke, P. D., *Hobbes and Christianity : Reassessing the Bible in Leviathan*, Rowman & Littlefield Publishers, 1996.
(14) Rapaczynski, A., *op. cit.*, p. 73.
(15) *Ibid.*, p. 101.
(16) Goldsmith, M. M., *Hobbes's Science of Politics*, Columbia University Press, 1966, p. 164.
(17) *Ibid.*, p. 165.
(18) Rapaczynski, A., *op. cit.*, p. 109.
(19) Strauss, L., *Natural Right and History*, 1953, 6th Impression, The University of Chicago Press, 1968, ch. 5. 但し、周知のように、一九六九年に公刊されたジョン・ダンのロック研究(Dunn, J., *The Political Thought of John Locke*, Cambridge University Press, 1969)は、所謂コンテキスト主義の立場からロックの思想体系における伝統的自然法概念の重要性を指摘して、シュトラウスも含めて従来のロック研究に見られる過度に近代的な解釈に対して異議を表明した。ロック解釈におけるダンの神学的パラダイムは、その後ロックのプロパティ概念を検討したタリーの著作(Tully, J., *A Discourse on Property : John Locke and his Adversaries*, Cambridge University Press, 1980)へと受け継がれて、基本的に今日のロック解釈の主流をなしていると思われる。こうした立場からの最近のロック研究として、以下のものを挙げておく。Grant, R. W., *John Locke's Liberalism*, The University of Chicago Press, 1987 ; Marshall, J., *John Locke : Resistance, Religion and*

Responsibility, Cambridge University Press, 1994 ; McClure, K. M., *Judging Right : Lockean Politics and the Limits of Consent*, Cornell University Press, 1996 ; Spellman, W. M., *John Locke*, St. Martin's Press, 1997.

三

ハイデガーにとって自然概念が重要な意味をもち始めるのは、一九三〇年代に入ってから、所謂ケーレ以降のことである。『存在と時間』を中心とするケーレ以前の彼の哲学の中では、自然はあくまでも道具として、つまり現存在の配慮の下にある物質的存在物として扱われているように見える。少なくとも思索の重要な対象にはなっていない。三〇年代になってギリシア的なものが彼の哲学に大きな影を落とすようになってから、とりわけヘラクレイトスへの関心の深まりに伴って、ギリシア的ピュシスは中心的な概念として語られ始めるのである(1)。

ピュシスは近代的な自然概念と根本的に異なる。近代の学における自然とは、主体すなわち自立的な認識主観によって対象化された、換言すれば表象 (Vorstellung) つまり前に - 措定された (Vorgestellt) 存在物に他ならない。「このように対象として形作られたもののみが存在するのであり、存在するものとみなされる。存在物の存在が、こうした対象性の中に求められる時、初めて探求としての学が成立する(2)」。ホッブズ的な機能主義的認識論こそが、このような近代的世界像への転換を可能にし、対象化された自然を樹立したのであるが、ハイデガーによれば同様の構図は、自然を神の被造物と考える中世的な世界観にも見られるものであり、それぱかりかそもそもそれは、存在物の存在物性(Seiendheit)をイデア(形相)に、すなわち理性によって眺められた相貌もしくは姿に求めたプラトンから始まる長大な歴史を有しているのである。[3] しかし、本来ギリシア人が自然と呼んでいたものは、「立ち現われ、自らを開くもの、現前するもの(das Anwesende)として、現前するものとしての人間へと(den Menschen als den Anwesenden)到来するもの」[4]のことであった。それ故に、ギリシア人にとって「存在物は、人間が主観的な知覚という方式ですっかり前に立てるという意味で初めてそれを直観することによって存在物となるのではない。むしろ人間は、存在物から直観されるもの(Angeschaute)、すなわち自らを開くものからそれの許で現前することへと向かって結集せしめられるもの(Versammelte)である」[5]。こうして、ハイデガーは、形而上学成立以前のピュシス概念を解明するために前ソクラテス期へと遡行せねばならなかった。

ハイデガーは、ピュシス概念を解明するための糸口をアリストテレスに見出す。なぜならば、確かに何よりも形相―質料という二分法に立脚するアリストテレスが、形而上学の第二の定礎者であることは否定できないにしても、同時に彼の哲学は、本来のギリシア的思考の集大成でもあるからである。[6] アリストテレスの『自然学』におけるピュシス概念は、以下の三つの意味を有している。第一に、ピュシスとは aition、すなわち原因である。[7] 第二に、ピュシスとは archē、すなわち出発点もしくは起源(Anfang)であり、原理としてそのものを規定する命令(Verfügung)もしくは支配(Herrschaft)でもある。[8] 第三に、ピュシスとはousia、すなわち存在物性(Seiendheit)であり(けっして実体と解してはならない)、換言すれば存在物を出現させ現前させるところの存在そのもののことである。[9] 以上を要するに、「ピュシスはその本質において、そのもの自身からそのもの自身へと動かされるものの運動性(Bewegtheit)の出発点として命令しているものとして捉えられる」。[10] しかしながら、ここでハイデガーは、ヘラクレイトスの断片一二三に注目する。「ピュシスは隠れることを好む」。この言葉は何を意味しているのか。ハイデガーの解釈はこうである。確かに、一方で「ギリシア人たちにとって〝存在〟は、不覆蔵なものの内へ現前することを意味している」[11]。しかし、他方で存在はたちどころに「単なる〝そのように見える〟ということの内へ、つまり〝見せかけ(Schein)〟の内へと逆転する」[12]。従って、正確に言うならば、ピュシスとは存在の現前と隠蔽との絶えざる交代、〝不覆蔵態と見せかけとの相互対向[13](Gegeneinander)〟、両者の戯れ(Spiel)の謂なのである。形而上学を否定して、隠された本質といったものを認めない以上は、存在は常にあるとないとの戯れでなければならないはずである。

ある(現前[Anwesen])とない(不在[Abwesen])との戯れは、ハイデガーにおいては以下の三相において把握されている。[14]

第一に、存在物の根拠(Grund)と無‐根拠(深‐淵[Ab-grund])との間の戯れ。「戯れの本質は、根拠としての存在から適切に規定されるのであろうか、それとも〔逆に〕存在と根拠が、〔換言すれば〕無‐根拠〔深‐淵〕としての存在が、戯れの本質から思索されるべきなのであろうか。〔その場合〕戯れとは、成程死すべき存在としての我々の連れ去られるべき場所ではあるが、〔同時に〕我々は死の近くに住むことによって、存在の明け透き（Lichtung）と存在の真理（Wahrheit）の高みに到達するという現存在の可能性を獲得するのではないか[15]」。確かにここには、あるとないとの戯れの中から断固とした決断をもって存在を確認し確証しようという実存主義的欲求の残響を聞くことができるかもしれない。しかし、他方で、既に生成に存在の刻印を押すことを欲したニーチェを最後の形而上学者と断じたハイデガーは、戯れそのものに身を委ねようとしている。人間の生涯（aiōn）は子供が戯れに将棋の駒を動かしているようなものである、というヘラクレイトスの断片三〇は、世界には意味がないことを、従って我々の行為にも意味がないことを語っているからである。「ヘラクレイトスによってaiōnの中に認められた、世界の戯れ（Weltspiel）に興じる偉大な子供は、何故に戯れるのか。彼は戯れる、何故ならば彼は戯れるからだ。〃何故に〃は戯れの中に沈んでゆく。戯れに〃何故に〃はない。子供は戯れるが故に、戯れるのである。子供はただ戯れであり続ける――最も高く、そして最も深いもの[16]」。

第二に、世界からの超越と世界への還帰との戯れ。一九二九年に発表され、ケーレを画する著作と目されている『根拠の本質について』では、二年前の著作『存在と時間』において強調されていた企投もしくは覚悟性が、けっして世界からの一方的超越を意味してはいないことが明らかにされている。「もし存在物に囚われていること〔世界への還帰〕と同時に世界の突破（Aufbruch）〔世界からの超越〕が……生じなければ、現存在が存在物として〔他の〕存在物によって気分づけられ、従って、例えば存在物によって包み取られ、奪い去られ、揺り動かされるということもありえないであろう。現存在は、総じてそのための戯れの空間(Spielraum)を欠いていることになろう。……現存在は、存在物の真只中に根拠づけられてのみ、世界を根拠づける(gründet)、すなわち世界を創設する(stiftet)[17]」。要するに、人間的自由は、一方で現存在が自らをその都度頽落したダス・マンの巷から跳躍させることと、他方で現存在が自らを存在物の真只中に置くことでダス・マンとして実存・脱自の可能性を奪い去られていることとの、両者の戯れの中にこそ存しているのである。超越することによって自己の本質を見出し、自己を根拠づけることは、形而上学とヒューマニズムを峻拒するハイデガーにとって問題とはなりえない。「自由の多様な根拠づけを解釈する際に何よりも重要なことは、このような跳躍(Überschwung)と奪去(Entzug)の超越論的な戯れの中に現れる……統一を認識することである[18]」。

第三に、大地と世界との戯れ。両者はハイデガーの芸術哲学の中心概念である。ハイデガーにとって美とは主観性の表出ではない。それは存在の現れであり、それが可能となるためには大地の覆いを剝ぎ取って真理(alētheia)が現れるにまかせねばならない。「芸術とは、真理が自らを作品の中に据えることである[19]」。大地とは存在を秘匿し覆蔵するものである。世界とは明け透きの場所であり、そこに存在は現れる。現前と不在との戯れとは、換言すれば世界と大地との戯れであり、争いである。「大地がひたすら世界にくまなく聳え立ち、世界がひたすら大地に基づくのは、真理が明け透きと覆蔵との根源的争い(Urstreit)として生起する間に限られている[20]」。両者の戯れの空間(Spielraum)即ち争いの空間(Streitraum)にこそ、存在つまり真理が生起する。「存在物の不覆蔵態の本質が何らかの仕方で存在それ自体に属しているならば(『存在と時間』第四四節参照)、存在はその本質からして明け空き(Offenheit)という戯れの空間(現(Da)という明け透き)を生起させ、その空間を各存在物がそれぞれの仕方で立ち現われる場所(Stätte)としてもたらすのである」[21]。芸術家の、そして哲学者の使命とは、いわば大地の上に世界を創設することなのであるが、それは存在を隠蔽しようとするピュシスの戯れに対向(Gegeneinander)して存在を現れさせ、それを作品(Werk)として定着することに等しい。作品とは、存在の戯れの断片を〝摘み集め(legein)〟〝一なるもの〟へと集約し、一つの場所へと囲い込んだものである。つまりそれは言葉(logos)である[22]。ところで、争いについて語るハイデガーは、芸術－作品、思考－作品と並んで国家－作品の創設について語っている[23]。争いとはすぐれて政治的な闘争ではないのか。

ハイデガーの政治哲学を見る上で、『形而上学入門』で考察を加えられたギリシア的な闘争(polemos)の概念は大いに示唆を与えてくれる[24]。この著作の中でも、ピュシスは以下のように定義されている。「それは、自から立ち現れるもの(Aufgehende)(例えばバラの開花〔Aufgehen〕)、自己を開示しつつ展開すること、この展開の中で現れ(Erscheinung)へと入り込み、そこで自己を停止し滞在すること、要するに発現し－滞在する支配(Walten)のことである」[25]。とりわけ支配の語に注意しよう。「この支配の中に、根源的な統一を成している静止(Ruhe)と運動(Bewegung)とが秘められ、また開示されている。この支配は思考の内部におけるまだ統御されざる、圧倒的な現前であり、その中で現前するものが存在物として現成する(west)。だが、この支配は、それが自己を世界として戦い取る時に、初めて覆蔵態から歩み出る、つまりギリシア語の所謂 alētheia(真理即ち不覆蔵態)が生起する。世界を通して初めて存在物は存在する」[26]。要するに、支配とはピュシスの戯れに抗して世界を戦い取ること、つまり存在を現れさせることである。しかし、ピュシスが現前と不在の戯れであるからには、支配はピュシスの営みに他ならない。存在物を存在させるものはピュシスなのである。ここでハイデガーは、戦争(polemos)は万物の父であることを教えるヘラクレイトスの名高い断片五三を取り上げる。「ここで言われている polemos は、あらゆる神的なもの及び人間的なもののすべてに先立って支配している争い(Streit)であって、人間的な仕方で行われる戦い(Krieg)ではない。……この相互対向(Aus-einandersetzung)の中で世界が生成する。相互対向は統一を引き裂いたり、破壊したりしない。寧ろそれは統一を形成する。それは集約(logos)である。polemos と logos とは同じである。ここで考えられている闘争は根源的な闘争である」[27]。ピュシスそのものが繰り広げるこの根源的な闘争に、次いで人間も参加する。「次いでこの闘争は、創造者、詩人、思索者、政治家によって担われる。彼らは、〔隠れようとする存在の〕圧倒的な支配に対して作品(Werk)という陣地を築き、その中にこうして開示された世界を封じこめる。この作品とともに初めて、支配すなわち physis が現前するものの内部で存立するに至る。ついに存在物は存在物として存在するようになるのである」[28]。こうして、詩人や哲学者は思索(Denken)において言葉(Sprache)をもって闘争を遂行し、芸術 - 作品や思考 - 作品を創設する。だがしかし、国家 - 作品を創設するために政治家が担うべき闘争とは何か。勿論、それは思索や言葉の次元にとどまりえないはずである。

ハイデガーは、ソポクレスの『アンチゴネー』のコロスの合唱にことさらに注目する。そこでは、

「無気味なものはいろいろあるが／人間以上に無気味に、ぬきんでて活動するものはあるまい」と歌われている。無気味なもの（to deinon）とは、以下の二つの意味を含んでいる。第一に、それは凄まじいものであり、突然の戦慄、真の不安、沈黙せる畏怖を喚起するものである。それは、暴力的なもの（das Gewaltige）、圧倒的なもの（das Überwältigende）として支配の本質をなしており、それ故にピュシスの本質である。[29] しかし、第二に、それは暴力を使用する者という意味で、とりわけ人間の本質をなすものである。「人間は特別の意味で暴力 - 行為的な（gewalt-tätig）者であるが故に deinon である。人間は支配しているものを寄せ集めて（versammelt）、それを開け（Offenbarkeit）へと入らしめる。……人間は自分の暴力 - 行為性に基づき、またその暴力 - 行為性において、圧倒的なもの〔ピュシス〕に対抗して暴力を使用するという意味において専ら暴力 - 行為的な者なのである」[30]。詩人や哲学者は、思索と言葉という暴力を用いて作品を創設する。しかし、政治家の行使する存在論的暴力は、単なる比喩的な意味でのそれではない。それはまぎれもなく存在物の次元では物理的強制力であり、それに基づいて国家 - 作品は創設されるのである。次章で考察されるように、ハイデガーの国家とは端的にポリスである。コロスはこう歌っている。「冒険をするために／存在しないものを存在すると思ってしまうような／そんな人は場所（Stätte）、つまりポリスを失ってしまう」。ポリスとは、存在が現れる場所であり、「人間自身の現存在の根拠と場（Ort）」[31] である。ポリスの創設には政治家だけではなく、詩人も哲学者も参加する。彼らは、各々の暴力を用いてピュシスのそれに対抗し、存在の明け透きの場としてのポリスを確保するのである。その意味で、人間はポリス的 = 政治的（politisch）な動物なのである。ハイデガーがポリス的と言う時、勿論、そこでは言葉に媒介される実践の営みというアリストテレス的な意味は払拭されている。[32]寧ろそこに我々は、保守革命派に共通する言論の府としての議会への不信感と暴力の臭いが漂っていることを感じないわけにはいかない。ハイデガー的政治とは、見せかけの支配する偽善的な市民社会に対する暴力的闘争を通して、存在の現れの場としてのポリスを現代に甦らせようとする企てなのである。しかしながら、存在は常に不在と両義的な関係にあるとすれば、彼の政治概念はより屈折したものにならざるをえないはずである。その点の検討は次章に委ねることにしよう。

（1）　Cf. Haar, M., *The Song of the Earth : Heidegger and the Ground of the History of Being*, Indiana University Press, 1993, Part 1. 以下に述べるように、ハイデガーは一九三九年の『ピュシスの本質と概念について』においてアリストテレスの自然概念の脱構築を試みている。Cf. Schürmann, R., *Heidegger on Being and Acting : From Principles to Anarchy*, Indiana University Press, 1990, p. 98ff. しかしながら、基本的に静態的なアリストテレス的自然を動態的なそれへと脱構築的に解釈していく作業は、初期講義において既に着手されている。この点の解明は別稿を期したい。

（2）　Heidegger, M., *Die Zeit des Weltbildes*, Bd. 5, S. 87.

（3）　*Ibid.*, S. 90f.

（4）　*Ibid.*, S. 90.

（5）　*Ibid.*, S. 90.

(6) Heidegger, M., *Vom Wesen und Begriff der physis, Aristoteles, Physik B. 1*, Bd. 9, S.242. とりわけ初期ハイデガーにおける『ニコマコス倫理学』の重要性については、差し当たっては拙稿「初期ハイデガーにおけるアリストテレスの受容——実践概念の脱構築的解釈」(『思想』九二〇・九二一号)参照。
(7) *Ibid.*, S. 245.
(8) *Ibid.*, S. 247.
(9) *Ibid.*, S. 259f.
(10) *Ibid.*, S. 261.
(11) *Ibid.*, S. 270.
(12) *Ibid.*, S. 270.
(13) *Ibid.*, S. 270.
(14) ハイデガーの戯れという概念についてより詳しくは拙著『美と政治——ロマン主義からポストモダニズムへ』(岩波書店、一九九九年)、序章参照。
(15) Heidegger, M., *Der Satz vom Grund*, Bd. 10, S. 167.
(16) *Ibid.*, S. 169.
(17) Heidegger, M., *Vom Wesen des Grundes*, Bd. 9, S. 166f.
(18) *Ibid.*, S. 167.
(19) Heidegger, M., *Der Ursprung des Kunstwerkes*, Bd. 5, S. 35.
(20) *Ibid.*, S. 42.
(21) *Ibid.*, S. 49.

(22) 前出のアリストテレス論においてハイデガーは、ギリシア語の言葉(logos)がドイツ語のlesenと同様に、語ると摘み集めるの両義をもつ動詞legeinに由来していることに注意を喚起した上で、以下のように述べている。「〝摘み集める〟、集めるとは、多くの散らばっているものを一なるものへと集めもたらすと同時に、この一なるものを傍らに(para)もたらし、立てることを謂うが――それは何処か。現前の不覆蔵態の中である(parousia〔現れ〕＝ousia〔現前〕〔apousia〔不在〕〕)」(Heidegger, M., *Vom Wesen und Begriff der physis*, S. 279.)。「Legein, logosは、人間のギリシア的な本質規定の内では、それを根底にしてはじめて、現前するものが現前するものとしてそれ自身を、人間の廻りに、しかも人間にとって、取り集めるあの関わり合いを語っている」(*ibid.*, S. 279.)。因みに、「多くの散らばっているもの」を「一なるもの」へともたらすというハイデガーの言い回しに、断片化・物象化・代替可能性と全体性・人格的本質・同一性といった対概念の名残りを看取することは不可能ではない。確かに、覆蔵態から存在を現前へともたらすというケーレ以降も保持された感想には実存主義的発想も窺われる。しかし、重要なことは、にもかかわらず全き現前は不可能であるという、初期から一貫する彼の基本的立場である。

(23) Heidegger, M., *Der Ursprung des Kunstwerkes*, S. 49.

(24) 闘争(polemos)という概念に注目してハイデガーの政治哲学を解明したものとして、以下のものを挙げておく。Schwan, A., *Politische Philosophie im Denken Heideggers*, Westdeutscher Verlag, 1965; Schürmann, R., *op. cit.*; Caputo, J., *Demythologizing Heidegger*, Indiana University Press, 1993; Ward, J. F., *Heidegger's Political Thinking*, University of Massachusetts Press, 1995; Fried, G., *Heidegger's Polemos: From Being to Politics*, Yale University Press, 2000; 中田光雄『抗争と遊戯――ハイデガー論攷』(勁草書房、一九八七年)。

(25) Heidegger, M., *Einführung in die Metaphysik*, Bd. 40, S. 16.

(26) *Ibid.*, S. 66.

(27) *Ibid.*, S. 66.

(28) *Ibid.*, S. 66.

(29) *Ibid.*, S. 158f.

(30) *Ibid.*, S. 159.

(31) *Ibid.*, S. 161.

(32) そもそもハイデガーの出発点は、『ニコマコス倫理学』における実践概念に示唆を受けつつ事実性の解釈学を構築し、観想的哲学の支配を打破するところにあったはずである。にもかかわらず彼の哲学における実践の欠如がしばしば指摘されるとすれば、それは如何なる意味においてか。結局、ハイデガーは一貫して存在の問いに答えることを、この問いへの答えとしての真理を獲得することをめざしていた。この真理要求こそが、実践における他者を前提とした慎慮ではなく、哲学者の知恵を彼が選択したと同様の結果をもたらしてしまったと考えられるのである。詳しくは、cf. Taminiaux, J., *Heidegger and the Project of Fundamental Ontology*, State University of New York Press, 1991, p. 129ff. ; Sadler, T., *Heidegger and Aristotle : The Question of Being*, Athlone, 1996, p. 147ff. ; Gethmann, C. F., Heideggers Konzeption des Handeln in 'Sein und Zeit,' in Gethmann-Siefert, A. und Pöggeler, O. (Hrsg.), *Heidegger und die praktische Philosophie*, Suhrkamp, 1988. 他方、こうした解釈を批判的に吟味して、ハイデガーは観想と実践を対立的に考えてはいないと主張するものとして、前掲拙稿「初期ハイデガーにおけるアリストテレスの受容」。

ハイデガーの存在論的政治は、形而上学の解体、脱構築の企て[1]を現実政治へと拡大して、形而上学的政治としての自由主義の破壊をめざすものであった[2]。その時、物理的強制力の行使は不可避であった。なぜならば、存在論的暴力は不可避的に存在物としての物理的暴力として現れるからである。その際にハイデガーは、ピュシスの名においてそれを正当化しようとしたと考えられる。そのことの当否は別として、またナチズムの暴力と政治一般につきまとう暴力とを同列に扱うことができるかという問題はさておいて、ハイデガーの政治哲学は、政治的行為の正当性を弁証するために自然概念を援用した二〇世紀における数少ない事例である。実際、夙にヴェルツェルは、人間に優位する根拠に基づく法を自然法と呼ぶならば、ハイデガーも或る種の自然法論者であると述べている[3]。例えば、『ヒューマニズム書簡』には、次のようなくだりがある。「人間が存在の真理の内へ脱‐存しつつ、存在に属する限りにおいてのみ、存在それ自身から、人間にとっては法 (Gesetz) と規則 (Regel) とにならざるをえない指図 (Weisungen)、そういう指図の配分 (Zuweisung) が出て来うるのである。配分するとは、ギリシア語では nemein と言われる。ノモスとは、単なる法ではなく、より根源的には存在の贈与の中に孕まれている配分の謂である」[4]。しかしながら、すぐに続けてヴェルツェルが指摘するように、ハイデガーの場合、このノモスを認識するものは、理性ではなく言葉である。我々は、既に彼の言葉＝ロゴスの特質を見た。解釈学的な言語観とも異なる彼の言葉は、果たして永続的な秩序を表現することによって普遍的な正当性の根拠を提供しうるであろうか[5]。それは、もはや古代ギリシア以来の伝統的な存在の秩序に対応してはいない。そもそも戯れを本質とする彼のピュシスは、存在の秩

序とは看做しえないのである。(6)

他方で、自然という語を用いないまでも、現代にあって何らかの存在の秩序を模索する試みは確かになされている。ガーダマーが発見した解釈学的意味連関、レヴィ＝ストロースが未開社会に認めた物象化されざる構造、そして近年の共同体論者が伝統や言語の中に見出す役割規定的文脈、孰れも容易に人為的に改変することのできない倫理的な、そしてコスモロジカルな次元をも視野に収める秩序である。しかしながら、ハイデガーの戯れという観念に触発されつつポストモダニズムが一切の根拠を形而上学の科《とが》をもって告発するに至って、存在の秩序は深刻な危機を迎えつつある。ポストモダニズムの立場から見れば、ハイデガー自身も、ピュシスの戯れを強調しながらも、存在の明け透きの空間(近さ)を、存在の現前の瞬間を特権化することによって依然として真理に拘泥し、根拠を探求し、本質の再現前(表象)を待望する形而上学へと陥ってしまった。ポストモダニズムによってハイデガーの形而上学が更に脱構築され、彼に残る郷愁が一掃される時、存在の現前と不在の完全な戯れの前に存在の秩序は解体を余儀なくされるであろう。近代において自然の名を冠して描かれてきた様々な調和的秩序への夢は、ヘルダーリンのヒュペーリオン的憧れも、カントの構想力の自由な戯れも、ニーチェのディオニュソス的陶酔も、ゲオルゲの〝新しい帝国〟も、そしてトラークルの悲嘆と期待も、電子の無秩序な運動がもたらす衝突の前に消えさらねばならないであろう。(7) しかし、それでもなお、もし共約不可能な差異の戯れの中にあってさえ場合によっては人間は共同生活を強いられるとすれば、そしてもしその場合には最小限であってもルールとその遵守を担保する物理的強制力とが要求されるとすれば、政治哲学はその正当性根拠を提示するという課題に答え続けなければならないであろう。その時、例えばリオタールが自然を前にして覚える崇高の感情に手がかりを見出したように(8)、自然概念は再び重要な役割を演じることになるのであろうか。

(1) Heidegger, M., *Grundprobleme der Phänomenologie*, Bd. 24, S. 31.
(2) Janicaud, D., *The Shadow of That Thought : Heidegger and the Question of Politics*, Northwestern University Press, 1996, p. 47.
(3) Welzel, H., *Naturrecht und materiale Gerechtigkeit*, Vandenhoeck & Ruprecht, 1962, S. 217f.
(4) Heidegger, M., *Brief über den »Humanismus«*, Bd. 9, S. 360f.
(5) 「理性に代わって言葉が〝存在の住処〟となり、〝人間存在の住居〟となる。しかし、ハイデガーにとって言葉が重要であればある程、我々は彼自身の次のような言葉を正しいとみなさざるをえない。すなわち、存在の思索は恣意に堕するのではないかという疑念が沸き起こる〔『ヒューマニズム書簡』S. 362〕。存在の命令が正当であると認める上で言葉を参照することが十分に確実である、とは必ずしも言えないのである」(Welzel, H., *op. cit.*, S. 218f.)。
(6) 「プラトンとアリストテレスにとって第一義的な実在性を規定する諸構造は〝永遠〟であり、人間の中の〝永遠の原理《エレメント》〟によって認識された(〔或いはキリスト教の場合には〕それは〝神的〟であり、〝神的な原理〟によって認識された)。プラトン的イデアにしてもアリストテレス的本質にしても、こうした永遠性は、ハイデガーが存在論的に〝恒常的現前〟の観念の下に理解したものである。『存在と時間』を表面的に解釈すれば、ハイデガーの〝実存論〟という表現は永遠的に等しいと思われるかもしれない。実存論的なものは、現存在にとって〝常にそこに〟あるからである。しかし、〝常にそこに〟あるということは厳密にはプラトン‐アリストテレス的構造の〝恒常的現前〟とは全く違うということこそが、まさにハイデガーの言いたいことなのである。実存論的構造〔附託連関〕の普遍性は存在によって最終的に決定されてはいるが、(ハイデガーにとって)後者〔存在〕はけっして恒常的に現前しているわけでもなければ、〔逆に〕全く不在というわけでもなく、現前／不在の構造に先行するものであり、それ故にプラトン‐アリストテレス的な意味での永遠なものに先行するものなのである。要するに、存在の自己‐開示はイデアや本質の自己‐顕現とは完全に別物なのである」(Sadler, T., *op. cit.*, p. 121.)。

(7) Wurzer, W. S., Nancy and the Political Imaginary After Nature, in Sheppard, D. *et al.* (ed.), *On Jean-Luc Nancy: The Sense of Philosophy*, Routledge, 1997, p. 91 and p. 100.

(8) 前掲拙著『美と政治』第三章参照。

第二章　政治概念と起源

今日政治とは何かをめぐって深刻な混乱が生じているように思われる。西洋近代において政治とは一般に物理的暴力を起動力とする権力装置の内部における物質的価値配分をめぐる営みであると考えられてきた。そして政治哲学の任務とは権力行使の正当性根拠を提供することに存したのである。しかしながら、周知のようにフーコーによる権力概念のパラダイム転換を経た今日の政治理論にあっては、知は権力であり(知／権力)、哲学は政治である(哲学／政治)。物理的暴力という存在物的(ontisch)な暴力から名付けるという存在論的(ontologisch)な暴力へと権力概念が転換したのに伴って、従来政治に対する観想的平和を約束してきた哲学そのものに権力性が見出されるに至ったのである。その結果、例えば自由主義のように権力行使を極小化しようとする政治哲学の企て自体が権力を強化し且つ隠蔽するという自家撞着が、明るみに出されることになった。本章は、現代政治哲学が直面しているこのようなアポリアの背景を政治思想史的に解明することを目的としている。

ところで、政治という西洋語がすべて古代ギリシアのポリス(polis)を語源としていることからも明白なように、伝統的に西洋政治哲学においては理想的な政治像をポリスに求めるのが常であった。ポリスはラテン語では civitas もしくは res publica と訳されたが、理想的政体という含意は変わることはなかった。国家をマキャヴェリがスタートと、ホッブズがコモンウェルスと呼んだ時、政治概念は根本的な変化を蒙ることになるのである。(1) 一九六〇年代以降の規範的政治理論がこのような政治の権力性を減殺するために、アリストテレスの政治学への回帰を唱えたり、(2) あるいはポリスに現代の公的空間のあるべき姿を見出したりする(3)のに対して、ポストモダーン的政治理論はまさにその古代ギリシアにおける〝政治的なるもの〟の成立を問題にし、その解体もしくは脱構築を企てる。従って両者の相違を真に理解するためには、我々は古代ギリシアにおけるポリスの成立の思想的要因を確認することから始めなければならない。

(1) シヴィック・ヒューマニズムの概念を導きとしつつ、マキャヴェリを中心にして伝統的な政治観から近代的なそれへの転換をたどった次の優れた研究を参照のこと。Viroli, M., *From Politics to Reason of State: The Acquisition and Transformation of the Language of Politics 1250-1600*, Cambridge University Press, 1992. 因みに、シヴィック・ヒューマニズムと現代のコミュニタリアニズムとの相違について著者は以下のように述べている。「共通善、市民的徳、愛国心といった言葉を用いる点でコミュニタリアンと公民哲学とは類似している。にもかかわらず、公民哲学の国家はコミュニタリアンの共同体とほとんど共通なものをもってはいない。前者は、善や文化や伝統の特定の概念にではなく、正義に基礎づけられているのである。キケロが述べたように、この点で共和国は法の下での正義のうちに共に生きるべく集まった人々の集合体である。その目的は傲慢な人間の横暴な振る舞いから市民の自由を守ることにある。正義こそが共通善である。正しい国家のうちに生きることが善であるのは、我々が奴隷状態を免れているからである。正義が共通善であるのは、それが万人に等しく開かれているからである。国家の基礎は正義あるいは平等な権利(aequum ius)であり、これはコミュニタリアンの哲学者が不適当であると考えるものである」(p. 288)。

(2) 代表的な研究として、Ritter, J., *Metaphysik und Politik : Studien zu Aristoteles und Hegel*, Suhrkamp, 1969 ; Riedel, M., *Metaphysik und Metapolitik : Studien zu Aristoteles und zur politischen Sprache der neuzeitlichen Philosophie*, Suhrkamp, 1975. その他の研究については、第四章参照。

(3) いうまでもなくアレントの代表作が参照されるべきである。Arendt, H., *The Human Condition*, The University of Chicago Press, 1958. なお、アレントの権力概念の革新的な意義を説明したものとして、ユルゲン・ハーバーマス、小牧治・村上隆夫訳『哲学的・政治的プロフィール——現代ヨーロッパの哲学者たち』(上)(未来社、一九八四年)、第一一章「ハンナ・アレント」を参照。

一

何よりもまず我々は、古代ギリシアにおける哲学の誕生とポリスの成立とが時期を同じくしている点に注目せねばならない。紀元前六世紀のターレスから始まる哲学的思索がミレトス学派のヘラクレイトスとエレア学派のパルメニデスによって一つの頂点を迎えたのが紀元前五世紀前半、そしてアテナイ民主制の基礎を築いたソロンの改革が紀元前五九四年、クレイステネスの改革が紀元前五〇八―五〇七年である。自然の秩序化と社会の秩序化とは、或る同一の思惟様式の所産であると考えられるのである。

ギリシア人が森羅万象を包摂するコスモスの秩序を信じていたことは、イェーガーの古典的研究以来よく知られている。それはまた、ホメロスの昔から正義(dikē)や慣習的な法(thesmos)として人間の行為を規範的に拘束してきたのである。(1) この秩序は人間の理解を越えたものであるが故に、それは偶然(tuchē)という、時に人間的生を脅かす圧倒的な力として現れた。後にギリシア悲劇の合唱団がしばしば歌うように、人間は敬虔な態度で慣習的な法を守り静寂主義的な態度を持することによってのみ、秩序の中に位置を定めることが許された。(2) 偶然に抗して秩序を洞察したいという欲求が、自然哲学を、道徳哲学を、そして遂には政治哲学を生み出したのである。(3)

哲学は、絶え間なく変化し、運動し、生成する自然、事物、そして人間の中に不変で静止する存在を認識しようとする企てである。それ故に哲学はその誕生からして存在論であった。「要するに、ここでは存在はそれ自身と同一的なものとして、また変化と両立しえないものとして規定されている。従って、その起源において〝存在するもの〟の存在論は運動の否定へと至る。それ自身と同一的なものという存在の規定に背くが故に、運動は非実在的且つ思考しえないものとして最初から排除されているのである」。(4) 有為転変を繰り返す生成的世界の背後に真に存在するものの本質的秩序が横たわっている。ヘラクレイトスは、それをロゴス(logos)と呼んだ。(5) 生成的世界が感覚によって認識されるのに対して、ロゴスは感覚と峻別された知性によって洞察される。ロゴスはまた、言語(logos)のうちに定着される。そして知性とは言語を操る能力の謂である。アリストテレスが、人間を言語を所有する動物(zōon logon echon)として規定した時、彼は明らかにこうした哲学の伝統に即していたのである。言語は、指示代名詞によって特定されない限りは常に普遍的意味を表現する。そして指示代名詞によって特定された質料的個物といえども、名ざされることによって同一の普遍的本質を有する他の個物と同じ集合の中に括られてしまう。つまり言語的に規定されるやいなや、感覚的差異を有する複数の個物に対して共通の同一性が付与されることになる。言語は、差異ある無数の個物に満ちた世界を貫く本質的且つ実体的な存在の秩序(ontic logos)を表現しているのである。(6) 人間は、言語を所有する動物であるが故にこの秩序を洞察し、それにかなった倫理的存在となり、倫理的共同体であるポリスの一員(zōon politikon)たりうるのである。やがてプラトンが、真に存在するもの(ontōs on)についての真知(epistēmē)を獲得するためには言語ですら不十分であると考え、(7) それを数学に求めた時、(8) ギリシア哲学は完成される。プラトンによって確立された以下のような二項対立は、それ以降の西洋的知の伝統を形作ることになるのである。(9) 即ち、存在―非存在、同一性―差異、普遍―特殊、本質―具体的個物、理性―感覚、霊魂・精神―身体、必然的秩序―偶然的混沌。

　ギリシアの伝統的な共同体は血縁に基づく所謂ゲノス(genos)共同体であった。紀元前六世紀にそれはポリスへと移行する。成立したポリスは以下のような特質を有していた。まず第一に、寡頭制から民主制(dēmokratia)への政体の変化を確保するために、経済的領域であるオイコスとポリスを峻別した上で、特殊なもの(to idion)ではなく共通なもの(to koinon)を追求する後者における二原則を確立した。即ち、法の下の平等(isonomia)と等しく発言する権利(isēgoria)である[10]。第二に、ポリスにおける権力(bia)行使の正当性根拠として善き秩序(eunomia)の観念が導入される。善き秩序は法(nomos)によって保たれるが、法は存在の秩序である自然(physis)と合致していなければ法の名に値しない。第三に、ポリスにおける営み即ち政治(politikē)は、言語を媒介とする相互行為(lexis)としてすぐれて実践(praxis)の営みである。こうしたギリシア的政治の特質は、アイスキュロスの悲劇『救いを求める女たち』[11]において堕落しつつあるアテナイ市民に覚醒を呼びかける意図をもって鮮やかに描きだされている。血縁の故をもって庇護を求めるダナオスの娘たちは、アルゴス王ペラスゴスに次のように訴える。「あなたが国家(polis)あなたが公けではございませんか。／君主として、批判を受けずに、／神々の祭壇も、国土の炉辺も、ただあなた一人の／首肯により、お裁きにより統治なさいます」(370ff. ——呉茂一訳)。これに対してペラスゴスは、法の尊重と市民の同意が必要であることを主張する。そして最終的に市民の同意を獲得したことを知らされた父ダナオスは、娘たちに次のように宣言するのである。「つまり私らに、自由な市民として移住してよろしい、何人にも侵されず、無理矢理抑えられたりせぬ、という訳だ、またこの地に住む者でも、他国の者でも、引き立てていくことは許されない。もしまた暴力を加えられようとしたとき、この国に地着きの者で、もし救援を怠ったならば、すなわち市民権を失って、国全体から追放の憂き目にあおうというのだ」(608ff.)。

しかしながら、ポリスの実体は急速に有名無実なものになってゆく。ソフィストが主張するように、実定法(nomos)と自然(physis)の乖離は善き秩序(eunomia)の理念を形骸化してしまう。[12] この事実は、一方でプラトンの哲学的政治の構想を導き出すと同時に、他方で土着的な法への郷愁をよびおこす。アイスキュロスのオレステイア三部作では、主人公のオレステスをジレンマへと追い込むエリニュスの法とアポロンの法という形で土着的な法と実定法の葛藤が描かれている。例えば、『慈みの女神たち』においては前者は、「母親を害《あや》めたもの」「血をわけた身内のものを害めたもの」を裁く法として、また後者は婚姻という契約の正義を守る新しい法として特徴づけられている。そしてアポロンの法に従ってオレステスが無罪になったことを憤るエリニュスたちは、次のように歌うのである。「そもそも神を畏れぬこころは、／真実　増上慢(hybris)から生まれるもの、／健やかな分別(phrenon)からして、人みなの／願い求める好ましい幸福は来る。されば何をおいても正義(dikē)を／祭った社を尊ぶがよい、／けして、神を忘れた爪先をもて、／利益に眼が眩れ、正義を侮り／足蹴にするな、罰が当たろうぞ」(530ff.──呉茂一訳)。ここで、女神アテナイは次のように語ってエリニュスたちの怒りをやわらげようとする。「私のもつこの土地へは、どうかけっして血みどろな争いの砥石、若者たちの胸中をむしばむような唆しを投げ込んでは下さるな、酒の酔いほどひどい興奮の気狂い沙汰は。またこの市民のあいだに、雄鳥の血気みたいな、国内の抗争、お互間の気を負ったやり合いなどを醸させないで。戦争は国外だけで十分、名誉に対する強い望みは、そこでいくらも満たされましょう。同じ鳥舎での鳥の喧嘩は、下らぬことです」(857ff.)。この言葉にエリニュスたちは納得し、慈しみの女神エウメニデスへと変容し、ポリスの平和は保たれるのである。アテナイの言葉は重大である。それは、内乱(stasis)と対外的戦争(polemos)とを区別することによって市民の同一性を確保し、同時に二つの法の対立を解消しようとする企てである。マイアーが主張するように、そこにはポリス成立時の〝政治的なるもの〟の確立を再確認させるという市民教育の意図が込められている。「こうして、ポリスの内部では友情(philia)が保たれ、結合した敵意は外部へと向けられる。相互の殺戮(poinai antiphonoi)は喜びの相互授与(antididonai)へと置き換えられる。敵意は、連帯の精神のもとで内部ではなく外部へと向かう。友と敵の間に新しいポリス志向的な区別が設けられる。友‐敵関係の組み替えが生じる。このようにしてポリスは統一性を獲得するであろう(13)」。

要するに、西洋において誕生した政治とは暴力ではなく同一性の付与を通して共同体的秩序を担保する企てであった。同一性と差異の観念をもって世界の秩序化をはかる哲学の誕生と政治の誕生とが軌を一にしている所以である(14)。勿論古典期に入ったポリスは、そうした理想的政治を再建しうる状況にはなかった。ソポクレスの『アンチゴネー』が示しているように、実定法と自然との乖離は既に繕うべくもなく拡大し、ポリスの秩序を暴力によって担保された実定法によって一元的に維持せざるをえないまでに、市民のエゴイズムが跳梁跋扈していた。実定法の正当性に疑問を呈し、土着的な法に訴えることによってポリスの倫理性を回復しようとするアンチゴネーは、秩序維持を最優先し、断固たる態度で実定法を守りぬこうとするクレオンによって死へと追いやられるのである(15)。民主制が衆愚制へと移行するにつれて、国家はまさに権力装置へと姿を変えていった。古代ギリシアにおける近代の開始である。

（1）　Jaeger, W., *Paideia: Die Forschung des griechischen Menschen*, Erster Band, Dritte Auflage, Walter de Gruyter, 1954, S. 144ff.; Havelocke, E. A., *The Greek Concept of Justice: From Its Shadow in Homer to Its Substance in Plato*, Harvard University Press, 1978, passim.

（2）　例えば、エウリピデスの『バッコスの信女』から合唱団の歌う以下の一節。「神の力の顕われは／急がず、されど過たず／人間の心狂いて／我執に迷い／神々を敬わぬものあれば／神意はこれを匡したもう。／ゆるやかに流るるときの歩みをば／巧みに秘して、神々は／不敬の輩を討ちたもう、／古往より守り来れる法(nomos)を越えて／想いを馳せ、事理を探るは正しからず。／神霊の在すを信じ／幾代を継ぎて法(nomima)となれるは／本然の理(physis)に根ざし／真理もまたここに在りと／思えば費え少なからむ」(882ff. ——松平千秋訳)。Cf. Ostwald, M., *From Popular Sovereignty to the Sovereignty of Law: Law, Society, and Politics in Fifth-Century Athens*, University of California Press, 1986, p. 100ff. オストワルドによれば、クレイステネスの改革以降、thesmos の語に代わって nomos の語が統一的に使用されるようになるが、それに伴って法の人定性、規範性が強く意識されるようになる。その時、nomima の語は単なる慣習的ルールを指すものとして、nomos と対比的に使用されることになる。これらの点については、第四章で再度論じられるはずである。

（3）　Cf. Nussbaum, M. C., *The Fragility of Goodness: Luck and Ethics in Greek Tragedy and Philosophy*, Cambridge University Press, 1986.

（4）　Gilson, E., *L'être et L'essence*, J. Vrin, 1948, p. 23.

（5）　例えば、ヘラクレイトスの断片五〇を見よ。「たしかにヘラクレイトスは、万有は分割されうるものにして分割されざるもの、生成したものにして生成せざるもの、死すべきものにして不死なるものである、と言い、またそれは永遠の理(logos)であり、父にして子であり、公正なる神である、と言っている。「私にというのではなく、この理に聞いてそれを理解した以上は、万物は一であることに同意するのが知というものだ」いうのが彼の言である」(内山勝利編『ソクラテス以前哲学者断片集』第一分冊、岩波書店、一九九六年、三二三頁)。

(6) 具体的に説明しよう。例えば「これは寝椅子である」と言表するためには、換言するならばこの個物としての寝椅子が存在するためには、それは寝椅子の本質(イデア)を有していなければならない。そして寝椅子の本質を有している以上、それは他の存在物、例えばサンダルと名づけられる個物との間にあるべき存在の秩序に服しているはずである。後論を先取りして言うならば、こうして個物は普遍的秩序の内部に収まるべき在り方を強制されることになるのである。

(7) プラトン『クラテュロス』440参照。

(8) 「〔プラトンの場合〕感性的存在はそのイデア的根拠に還元されなければならないが、イデア界の結論を形成するのは〈善のイデア(Idee des Guten)〉であり、従って我々の概念的把握のすべては最終的には必ずそこへ合流してゆくのである。プラトン自身は、自然現象をこのように〈目的〉から導き出すことにたいして、いまひとつ別の見解をも併置している。それは、プラトンにとってイデアと感性的事物との間を〝媒介するもの(das Mittlere)〟としてあった彼の数学の理解に基づくものである。経験的連関を理念的連関に変換するためには、この媒介項を欠かすことはできない。……存在は、その構造において厳密に数学的な法則に支配されている限りで、一個の〈宇宙(Kosmos)〉、一個の目的にかなって分節化された全体である。数学的な秩序は、同時に現実の存立の条件であり、かつ源根拠(Urgrund)である」(エルンスト・カッシーラー、山本義隆訳『実体概念と関数概念』みすず書房、一九七九年、一五五—一五六頁)。

(9)『パルメニデス』『ソピステス』に代表される後期プラトンの哲学については、ここでは触れない。そこでは、同一性と差異に関するより精緻な議論が展開されている。既にして『国家』第一〇巻では、真に存在するもの(イデアとしての寝椅子)、存在し且つ存在しないもの(職人の制作した寝椅子)、端的に存在しないもの(画家の描いた寝椅子)の三者の相違について議論されている。ジルソンの説明を与えておく。「すべての真に存在するものにとって存在とは自己自身と同一であることである。しかし、他のものとの差異がなければ、自己と同一であるということはできない。〝同〟は存在の条件であるという説からすれば、〝異〟は非存在の条件である。従って存在は非存在を排除すると考えるのではなく、必然的に我々は以下の考えを支持せざるをえないであろう、即ち、自己と同一であることは同時に他のものと異なることであるから、存在は同時に非存在である」(Gilson, E., *op. cit.*, p. 34)。

(10) isonomia は、元来自然哲学の用語であり、諸事物がコスモスの秩序の内部に収まっていることを示す語であった点に注意を促しておきたい。Cf. Vlastos, G., Equality and Justice in Early Greek Cosmology, *Classical Philology*, no. 42, 1947. なお、ポリスの成立を精神史的に考察した邦語文献として、仲手川良雄『古代ギリシアにおける自由と正義——思想・心性のあり方から国制・政治の構造へ』(創文社、一九九八年)は秀逸である。

(11) Cf. Farrar, C., *The Origin of Democratic Thinking : The Invention of Politics in Classical Athens*, Cambridge University Press, 1988, p. 23.

(12) 実定法(nomos)と自然(physis)の乖離については、cf. Heinimann, F., *Nomos und Physis : Herkunft und Bedeutung einer Antithesis im griechischen Denken des 5. Jahrhunderts*, Wissenschaftliche Buchgesellschaft,

1980.

(13) Meier, Ch., *The Greek Discovery of Politics*, tred. by McLintock, D., Harvard University Press, 1990, p. 116. マイアーは、カール・シュミットの政治概念を採用している。シュミットにおける〝政治的なるもの〟の概念は、ポストモダーン的なそれに通じるところがある。この点については、後述される。

(14) 近年の古代ギリシア政治思想史研究は、ポストモダニズムの政治概念に依拠して〝政治的なるもの〟の起源をそこに探ろうとするものと、所謂ラディカル・デモクラシーの問題意識のもとにギリシア民主制の思想的基礎を改めて問い直そうとするものの二つに大きく分かれるようである。前者に属する著作を二つ紹介しておこう。Saxonhause, A. W., *Fear of Diversity: The Birth of Political Science in Ancient Greek Thought*, The University of Chicago Press, 1992 は、オイコスとポリス、to idion と to koinon の区別が、女性と男性という性の区別に対応している点に注目する。なぜならば、秩序体であるポリスは理性を所有する男性市民こそが担うべきであり、身体性により大きく規定されざるをえない女性は、差異、多様性、混沌をポリスに持ち込むおそれがあるからである。「このようなポリスのパラダイムは、ペリクレスの葬送演説にその表現を見出す。そこでは、不死は肉体の再生ではなく集合的記憶に依存している。この記憶こそが、特殊性と家族を無視して、すべての市民をポリスの概念へと結合するのである。前ソクラテス期の哲学者とポリスの理念を伝える者たちは、肉体、特殊、そして肉体を知覚する感覚を無視しようと努めたのである」(p. 233)。同じ著者による論文 The Tyranny of Reason in the World of the Polis, *American Political Science Review*, vol. 82, no. 4, 1988 は、オイディプス神話の中に理性の僭越に対する警告を認めようとする。コスモスの秩序の限界(metra)を理性の力の故に逸脱して傲慢(hybris)の罪を犯したオイディプスは、もはや正当な王(basileus)ではなく僭主(tyrannos)にすぎない。ギリシア悲劇の中で繰り返し描かれる主題である。次に、Rocco, Ch., *Tragedy and Enlightenment: Athenian Political Thought and the Dilemma of Modernity*, University of California Press, 1997 は、フーコーと並んでアドルノ、ホルクハイマーの『啓蒙の弁証法』の影響の下に、古代ギリシアに近代の合理主義の陥ったジレンマと同質の危機を発見しようとする試みである。著者は、例えば isonomia や isēgoria に見られる isos（共通の）という形容詞の偏愛に問題の根源を見ようとする。to idion ではなく to koinon を重視するギリシア人の思考には、彼らの世界に対する態度が端的に現れているのである。それこそが、輝かしい西洋の論理学と、自己同一性に基づく個人主義と、個の論理的連関の上に見事に築き上げられたポリスという秩序体を構想せしめたのである。ここでもオイディプスは象徴的人物である。「オイディプスは、自らの卓越した知という確固たる基盤の上にテーベにおける政治的支配権を樹立する。彼が謎を解いた際に示したように、彼の知性の力は世界を分割し、秩序づけ、明晰にするという不気味な（uncanny）能力に存している。彼は多様性の中に統一性を、多元性の中に同一性を、差異の中に等価性を認める。オイディプスの知性の力は、重要な意味において抽象化の力である。即ち、謎に満ちた経験的諸要素をそれらを構成する最小の指標へと単純化し、明晰化し、還元することによって、他の者が混沌しか見ないところに彼は類型を見、秩序を認識する。表面に現れた特殊を洞察して彼は本質的統一性を露呈させ、他の者が絶えざる変化と形式の移り行きと無定形を見るところに一貫した構造と確固たる形式と明晰な形を認識する。彼の力強い凝視は仮象のベールを貫いて、確固とした真理の土台を露わにするのである」（p. 46-47）。

（15）　よく知られているように、兄ポリュネイケスの埋葬を願うアンチゴネーは、テーバイの国法をたてにそれを禁じるクレオンに次のように反駁する。「だって別に、お布令（kērygma）を出した方がゼウスさまではなし、彼の世をおさめる神々といっしょにおいでの正義（dikē）の女神が、そうした掟（nomos）を、人間の世にお建てになったわけでもありません。またあなたのお布令にそんな力があるとも思えませんもの、書き記されてはいなくても揺るぎのない神々がお定めの掟を、人間の身で破りすてができようなどと。／だってそれは今日や昨日のことではけっしてありません、この定《きま》りはいつでも、いつまでも、生きてるもので、いつできたのか知ってる人さえないのですわ」(450ff. ――呉茂一訳)。一般的な解釈に従えば、この悲劇は家(oikos)の法と国家(polis)の法の葛藤を主題としている。アンチゴネーが代弁しているのは家の法であり、慣習としての法(nomima)であり、他方、クレオンが守ろうとしているのは国家の法であり、実定的な法(nomos)である。「クレオンとアンチゴネーの間の争点は、実定法によって規定された国家への義務――国家宗教〔の定める義務〕、具体的には反逆者をアッチカの地に埋葬することの法的禁止――と、家族に課せられた法による義務――その成員に対して一定の宗教的義務を果たすこと――との間の葛藤である」(Ostwald, M., *op. cit.*, p. 157)。そしてまた、ヘーゲルが『精神現象学』その他でこの悲劇に加えた独特の解釈もよく知られている。要するにヘーゲルによれば、家という即自的一体性の共同体と土着的な法に固執するアンチゴネーも、特殊性が相食む市民社会ともいうべきポリスの現状を是認した上で、実定法によって担保された権力装置としての国家を守り抜こうとするクレオンも、共に一面的にすぎるのである。重要なことは、両者のジレンマに耐えつつ具体的普遍であり、人倫の共同体である理性国家を実現することである。しかしながら、著者ソポクレス自身の意図は、ヘーゲルが批判したロマン主義者と同様に、アンチゴネーの姿を浮き彫りにすることにあったと考えられる。彼女こそは、僭主(tyrannos)であるクレオンに対して、神々の法であり、父祖伝来の法である慣習法を対置することによって、本来のポリスの在り方を回復しようとする著者のメッセージを代弁しているのである。Cf. Fan, Ch., *Sittlichkeit und Tragik : Zu Hegels Antigone-Deutung*, Bouvier, 1998.

二

二〇世紀に登場する近代批判に基づく政治思想の中でも、ハイデガーのそれはひときわ特異な相貌を帯びている。巷間喧しいハイデガーの政治的関与をめぐる議論は[1]、単に哲学的理念と政治的実践の危うい結びつきという一般的議論に還元しうるものではない。勿論、真理の政治という重要な主題、即ち、哲学者の孤独な観想が見出す学問的真理と間主観的な日常的世界を律するべき実践的真理の関係如何という問いは、ハイデガーにおいても無視しえない問題圏を構成している[2]。しかし、その点に密接に関連しつつもより本質的な問題は、彼の政治的なるものの概念が、単なる哲学的問いではなくより限定的に存在論的なそれと連関させられることによって、従来の政治概念を根本的に転換させる可能性を秘めていることである。そしてこの点でもまた、彼の他の重要概念がそうであるように、古代ギリシアが大きな意味を有しているのである。以下では、ナチスが政権を掌握した時点から終戦に至るまでの時期にハイデガーが明示的に政治に関して語っている幾つかの講義や時局的発言を取り上げて、彼の政治的なるものの概念を解明することが試みられる。一般にこの時期より以前にも以後にも直接的に政治に関わる彼の言明を見出すことは、極めて困難である。もっともこの事実は、この時期を除くと彼は政治に一切関心を持たなかったということをけっして意味してはいない[3]。

既に第一章で紹介したように、一九三五年夏学期講義『形而上学入門』では、同時期の『芸術作品の起源』との密接な関連の下に〝作品(Werk)〟としての国家という思想が語られている。要するに、国家とは芸術作品と同様に存在が現前する場所(Stätte)である作品なのである。その際に重要なことは、政治的なるものがギリシア的な自然(physis)概念と並んで、明確にポリスとの関連で捉えられている点である。[4] ハイデガーにとって政治的なるものとはポリス的なるものに等しい。彼が国家社会主義の理念の下に現代に蘇らせよう目論んだポリスとは、存在が現前する場所、換言すれば「歴史の場所(Geschichtsstätte)、即ちその中で、そこから、そしてそのために歴史が生起する場(Da)である」[5]。従ってすぐに続けて彼が語っているように、政治に携わる人間は、狭義の政治家に限らず神官、芸術家、哲学者まで、およそ存在の現前に寄与する者、換言すれば存在が開示される場になりうる現存在はすべてそうなのである。ハイデガーの政治思想の本質をこのように作品としての国家という観念に見出す立場は、シュヴァンやラクー＝ラバルトの研究以来今日よく知られるようになっているし、本書第一章をはじめとして我々も繰り返し論じてきたところである。ここでは、この時期の彼の発言に焦点を絞りつつ以下の二点を補足的に述べておきたい。

第一に、総長就任演説において観想的学問に対する実践の優位を説いた後で強調されている労働奉仕、祖国防衛奉仕、知的奉仕という三つの奉仕義務に関してである。これら三者は、彼自身述べているように等根源的であり、[6] 結局のところそれらは労働(Arbeit)という義務に帰着する。総長職にある間好んで口にした労働という概念を、彼がユンガーの著作『労働者』から受け継いだことは間違いない。[7]その場合、ユンガーにおいてもそうであったように、[8]労働とは存在を覆蔵態から不覆蔵態へともたらす行為を意味している。世界の中にある何かと交渉しているという点で、労働と関心(Sorge)は等しいのである。「労働の本質の本質性は、或る行為・態度の貫徹にも、そこから生まれる成果にもなく、そこにおいて本来的に生起しているものにこそ存するのである。このことが意味しているものとは、人間は労働するものとして全体としての存在物との対向関係(Auseinandersetzung)の中に置かれているという事実である」[9]。このように一般的に存在の現前を可能にする行為がすべて労働と呼ばれるべきであるならば、とりわけ知的奉仕に従事する大学もまた労働の場であり、畢竟政治的なるものが営まれる場なのである。当時しばしば行われた学生の労働合宿を激励する演説でも、ハイデガーは同様の点を強調している。「労働キャンプの中にこそ、民族共同体が新たに直接的に開かれる(Offenbarung)場所(Stätte)が現実化される。ドイツの若人は、将来にわたって労働に関する知に魅了され続けるであろう。労働に民族の力は結集され、そこに民族の現存在の堅固さを実感し、民族の意志の跳躍を確証し、民族の多様な可能性を新たに評価することができるのだ」[10]。これらの言葉を民族精神の昂揚を鼓吹する他の一般的なプロパガンダと同一視することは、必ずしも適切ではない。ハイデガーが自らの哲学的信念に基づいてナチスへと接近したと考えるならば、我々は彼の時局的発言を分析するに際して、その評価は別にしてその言葉のひとつひとつに彼の哲学との関連を見出すべく慎重に読み進めなければならないのである。

第二に留意すべきは、ハイデガーが最も政治に接近した時期においても、やはり存在は不在との両義的な関係の下に理解されているという事実である。確かに『形而上学入門』ではポリスの本質として、存在が現れる場所という側面が前面に出ている。「この〔存在を現れさせる〕闘争は、創造者、詩人、思索者、政治家によって担われる。彼らは、〔隠れようとする存在の〕圧倒的な支配に対して作品という陣地を築き、その中にこうして開示された世界を封じ込めるのである。この作品とともに初めて、支配即ち physis が現前するものの内部で存立するに至る。ついに存在物は存在物として存在するようになるのだ」[11]。しかしながら、存在は或る存在物としてしか現れえない反面、そのことによって存在は、つまり全体としての存在物は同時に隠蔽されてしまう。無論ハイデガーはそのことも明確に述べている。「現れ(Erscheinen)としての存在そのものに見せかけ(Schein)が属している」[12]「存在と見せかけは共属しており、共属するものとして常に相対峙しており、相対峙するものとしていつも一方から他方への転化が生じている」[13]。政治的なるものとは、この〝存在と見せかけの闘争〟に勝利して存在を現前させる営みであるが、存在の両義性故にけっして完全な勝利は望み得ない[14]。勿論一九三〇年代前半の時点ではまだ、この両義性を前にして耐え忍びつつ存在が到来する希有な瞬間を待ち望むという静寂主義的態度は表明されてはいない。我々が確認すべきは、にもかかわらず両義性という初期から保持されてきた思想はこの時期でも放棄されてはいないという事実である[15]。同時にまた、この時期の時局的発言には総長就任演説に典型的に窺われるように、西洋の〝生気を失った見せかけの文化(Scheinkultur)〟に対抗して存在を現れさせようとする主意主義的な姿勢も否定しえないという事実も承知しておくべきであろう[16]。

ハイデガーがナチズムに距離を取り始めるにつれて、主意主義的態度は後景に退き両義性の観念が一層強調されるようになる。しかし、政治的なるものの起源をポリスに見る点は不変である。一九四二／四三年度冬学期講義『パルメニデス』でも、ホメロスの叙事詩やヘラクレイトスの箴言に依拠しながら、ギリシア人の許では真理(alētheia)と虚偽(pseudos)の両者が両義的な関係の下に理解されていたことが指摘される。虚偽は、隠蔽(Verdecken)であると同時に暴露(Enthüllen)、示現(Zeigen)であり、現れさせること(Zum-Erscheinen-bringen)である。「区別された両者は、切り離されてはならず、寧ろ一つのものにまさに共属しているのである。このように二重である一者は、その時両義的であると言うべきであろう[17]」。従ってハイデガーが、ポリスの本質を以下のように真理即ち存在の現前との関連で説明するとき、真理は常に虚偽との両義的関係の下に置かれていることを看過してはならない。彼はまず、ポリス(polis)の語は極・軸(polos)と関連していることを指摘する。極・軸とは、存在物がその周囲を回転する場所(Ort)の謂である。「このような場所としての極・軸は、その存在における存在物をその都度所与の状況(Bewandtnis)の全体において現れさせる。極・軸は、その存在における存在物を作り出すのでも生み出すのでもなく、極・軸として全体としての存在物の不覆蔵態の場所(Stätte)なのである。ポリスは場所の本質であり、場所性(Ort-schaft)とはギリシア的人間が歴史的に滞留することを示す語である。ポリスは、存在物の全体をその都度所与の状況の不覆蔵なものの中に到来させるのであるから、ポリスは本質的に存在物の存在と結びついている。ポリスと〝存在〟の間には起源的連関が支配しているのである[18]」。しかしながら、ギリシア的なもののローマ化は、こうした本来のポリス的なものを変質させてしまった。「かつてポリス的なもの(politikon)としてギリシアのポリスの本質から由来していた政治的なるもの(das Politische)は、〔今日では〕ローマ的に理解されている。〔ローマの〕支配権(Imperium)の時代以来、〃ポリス的(politisch)〃というギリシアの言葉は何か〃ローマ的なもの〃を意味するようになってしまった[19]」。しかしながら、政治的なるもの即ちポリス的なるものは、本来権力(Macht)とは関係ない。「〃政治的なるもの〃を近代的に把握している限りは、ポリスの本質をけっして理解することはできないのである[20]」。

更に、存在物の全体を俯瞰することの不可能性から発する両義性の観念は、超越的なアルキメデスの点に立つこと、或いは彼方へと突破する可能性を拒否する点で、次節で触れられるシュミットとハイデガーを分かつ重要な観念である。政治的なるものは、徹頭徹尾此岸的であり、今此処でという性格を有しているのである。「およそポリスは、その都度歴史的に此岸に存在する。今此処に(enthade)。……死によって今此処から彼方への(ekei)、彼岸への移行が生じる。……従って本質的な問いはこうである。即ち、人間存在がその都度この地上で死を内包した生を完了した後、一体彼を取り囲むもの、彼に残されたものは何か。／キリスト教的に考えれば、ここに〃彼岸〃への問いが措定されるのである[21]」。キリスト教に典型的な形而上学或いは存在神学の成立とローマ的な政治概念の成立が軌を一にしていることが、とりわけ重要である。形而上学批判は、とりもなおさず政治的なるものの根本的捉え直しを迫るのである。

一九四三年度夏学期講義『西洋的思索の起源　ヘラクレイトス』に散見する政治的なるものへの言及も、『パルメニデス』のそれと基本的に変わらない。ただ、両義性の観念は戯れ(Spiel)の語をもって語られている。例えば、戯れとポリスとの関係については、ヘラクレイトスの非政治的態度に着目しつつ、にもかかわらずそれはポリスに関与することという意味での政治的なるものと無関係ではないこととの関連で指摘されている。「ヘラクレイトスの場合、ポリスに関与すること(politeuesthai)を彼が断念したことが、ポリスそのものの拒絶を含んでいるという結論には全くならない。ギリシア的に考えるならば、神々の現前への関心(Sorge)とは即ちポリスへの最高の関心ではなかったか。従って真実はこうである。ギリシア的に考えるならば、ポリスは極・軸、場所であり、その周囲を本質的な存在物の全ての現れ(Erscheinen)が、それ故にまた全ての存在物の非存在(Unwesen)が回転しているのである。それ故にギリシア的に考えるならば、神々への本質的近さに関心を抱く思索者は、本来〝政治的な〔ポリス的な〕〟人間なのである」[22]。換言すれば、ヘラクレイトスの思索は、戯れへの近さによって規定されているが故に政治的なのである[23]。この講義で注目すべき第二の点は、第一次大戦そして現に遂行されている第二次大戦が存在忘却から現代人を覚醒させる恰好の機会であったにもかかわらず、依然として存在忘却の支配が続いていることへの苛立ちが表明されていることである。「存在忘却の中で何と強靭な形而上学が猛威をふるっていることか。というのも、一度ならず二度までも世界大戦が、歴史的な人間を存在物の単なる経営から解放し、存在忘却を前にした戦慄(Schrecken)へと駆り立て、存在そのものに直面させる可能性を開いたというのに〔失敗したからである〕」[24]。ここから判明するのは、ハイデガーにとって戦争という破局は、見せかけの支配する世界を解体し、存在の現前を可能にする事態として積極的に評価されていたという事実である。[25]

以上、我々は、三〇年代から終戦に至る時期のハイデガーの講義からことさらに彼の政治概念を抽出して、検討を加えてきた。改めて確認するならば、彼の考える政治とは第一に、ギリシアのポリスの営みに起源を有していること、第二に、その場合ポリスは存在が現前する場所として理解されていること、第三に、しかしながら存在の現前はその不在と両義的な関係の下に捉えられていること、そして第四に、それ故に権力的支配という存在物の次元で把握されているローマ以降の政治概念は本来の政治概念に取って代わられるべきであることに、特徴が認められる。要するに、それは一貫して存在論の次元で考察されているのであり、従って政治思想は、生涯をかけて構築された存在への問いをめぐる彼の哲学全体の中で不可欠な位置を占めているのである。そして政治を存在論の次元から捉え直すことによって、物理的暴力の行使のさらに基底にあるメタ政治ともいうべき次元が明らかになる。政治とは、一方で、単に存在物の世界を舞台に諸価値の獲得を求めて繰り広げられる権力闘争ではなく、抑も存在と不在の闘争・戯れの中で存在の現前を可能にするという存在論的企てであること、しかし他方で、にもかかわらず存在と不在の両義性故に、存在の現前を恒常化し、そこに存在の秩序を構築しようとする形而上学的企てを存在論的に不断に脱構築していく営みでもあることが、判明したのである。その意味で、ハイデガーは政治学に決定的に新しい視座をもたらしたと言える。そしてこの新しい政治概念は、デリダを代表とするポストモダニズムに圧倒的な影響を及ぼすことになるのである。

（1）ハイデガーの政治的関与をめぐる議論に関しては、中田光雄氏の記念碑的な研究『政治と哲学――〈ハイデガーとナチズム〉論争史の一決算』（岩波書店、二〇〇二年）に網羅的に列挙され且つ詳細な検討が加えられている。

（2）ハイデガーにおいては哲学と政治或いは観想と実践の関係は、二項対立的にではなく両義的に捉えられているということ、またそれ故に真理の政治という問題はハイデガーに関しては単純には妥当しないという我々の解釈に関しては、拙稿「初期ハイデガーにおけるアリストテレスの受容――実践概念の脱構築的解釈」（『思想』第九二〇・九二一号）参照。

（3）『存在と時間』に所謂決断主義を見出す解釈は、決断主義と呼ばれるものの内実を検討する作業を不可欠とするが、とにかくこの著作に政治思想が含まれていることを、或いはそれを引き出す可能性があることを証明している。現存在が単独者でありつつ他方で一貫して共同存在と規定されているからには、覚悟性の観念は単独者の個的実存に対してのみならず、共同存在としての民族（Volk）の実存にも当然に妥当する。ペゲラーは、「『存在と時間』ではまだ唐突に（durch einen Handstreich）、本来の思考の道筋とは殆ど関係なく（fast gegen）民族の概念が導入される」（Pöggeler, O., *Philosophie und Politik bei Heidegger*, 2., um ein Nachwort erweiterte Auflage, Karl Alber, 1974, S. 23）と述べているが、我々はそうは思わない。しかし、『存在と時間』の政治思想を論じるためには、歴史性の概念をはじめとする諸概念の詳細な検討を必要とするであろう。他方、一般に政治的静寂主義の立場を堅持していると考えられている第三期のハイデガーにおいても、現実のナチズムとは別に三〇年代の彼が抱懐していた国家社会主義の理念が放棄されることはけっしてなかったと思われる。例えば、ハイデガー研究者にはよく知られているように、一九三五年度夏学期講義『形而上学入門』を五三年の時点で公刊するに際してハイデガーは、以下の傍点部分の文章を挿入している。「国家社会主義の哲学として今日喧伝されているものは、この〔国家社会主義の〕運動の内的真理と偉大さ(即ち、惑星的技術と現代人との出会い)とは一切関係ない。それはすべて、〝価値〟と〝全体性〟の混乱した水の中で魚を捕っている輩の手で書かれてきた」(Heidegger, M., *Einführung in die Metaphysik*, Bd. 40, S. 208)。「惑星的技術と現代人との出会い」という難解な言葉の意味するものの解明はともかくとして、戦後になってもなおこうした文章を書いたという事実そのものが、少なくともハイデガーが国家社会主義の理念の真正性に依然として疑いを抱いていないことを物語っている。実際、晩年の『シュピーゲル』誌インタビューでこの箇所について執拗に問われた彼は、次のように答えている。「私は、人間がとにかくまず技術の本質への或る十分な関係に達するように、自分の限度内で加勢することにこそ思惟の課題があると思っているのです。国家社会主義はたしかにその方向へと進みました。しかしあの人々は、今日起こっていることと三百年このかた途上にあることとへの明確な関係を獲得するためには、思惟においてあまりにも単純でした」(ハイデガー、川原栄峰訳『形而上学入門 付・シュピーゲル対談』平凡社、一九九四年、三九八頁)。「あの人々」とはおそらく現実のナチズムにイデオロギーを提供した人間を指している。無論ハイデガーは、現実のナチス体制に対してはごく短期間協力した後に、批判的な位置を取り始める。にもかかわらず彼は、理念としての国家社会主義に対する肯定的な姿勢を終生捨てることはなかった、と考えられるのである。

(4) 主にシュヴァンの業績(Schwan, A., *Politische Philosophie im Denken Heideggers*, Westdeutscher Verlag, 1965)に依拠しつつ、ハイデガーの作品としての国家という思想について、またそれとポリスとの関連について我々は既に以下のもので検討している。本節はこれに何ら新しい見解を付け加えるものではない。『二十世紀の政治思想』(岩波書店、一九九六年)、第二章、ならびに『美と政治――ロマン主義からポストモダニズムへ』(岩波書店、一九九九年)、第四章。

(5) Heidegger, M., *Einführung in die Metaphysik*, S. 161. ここで独特の意味を込めて用いられている歴史という概念について補足しておこう。言うまでもなくこの概念は、初期の頃からハイデガーにとって特別な位置を占めていたし、『存在と時間』の中心概念でもある。この時期の発言としては、一九三四年一一月三〇日にコンスタンツで行われた講演『ドイツ哲学の現状と将来の課題』において、「歴史とは何か(etwas)が生起する場である」(Heidegger, M., *Die gegenwärtige Lage und die künftige Aufgabe der deutschen Philosophie*, Bd. 16, S. 321)という簡潔な定義が与えられた後、それが時間的な持続性よりも寧ろ瞬間的なものであることが強調されている。「その都度現前する(*gegenwärtige*)生起こそが歴史である。然り、それは本来的な歴史である。それ故に過去は、その都度の現在(*Gegenwart*)との関連を通してはじめて〝生き生きとした〟歴史となり存続するのである」(*ibid*., S. 322)。人間は徹頭徹尾歴史的存在であり、その意味で人間のみが歴史を有するのである。

(6) Heidegger, M., *Die Selbstbehauptung der deutschen Universität*, Bd. 16, S. 114.

(7) Cf. Heidegger, M., *Das Rektorat 1933/34 Tatsachen und Gedanken*, Bd. 16, S. 375ff. この弁明書におけるユンガーへの傾倒と離反についての証言はよく知られているが、例えば総長職を退いた後の一九三四年八月に外国人向けに行われた講演『ドイツの大学』では、ユンガーさながらに前線体験のもたらした画期的意義について力説されている。「大戦は、この生起のなかで若返るか老いさらばえるかのいずれを欲するか、という問いを各民族につきつけるものであった。/戦時中に前線精神が覚醒し戦後それが確信にまで高められたという事実は、この〔大戦という歴史的な〕出来事(Ereignisse)が将来の現存在を形作る力(eine gestaltenden Kraft)へと創造的な変容を成し遂げたということ以外の何物でもない」(Heidegger, M., *Die deutsche Universität*, Bd. 16, S. 299)。

(8) ユンガーの存在論に関しては、差し当たり拙著『現象学と政治——二十世紀ドイツ精神史研究』(行人社、一九九四年)、第四章参照。また、問題意識を共有しつつもやがてハイデガーがユンガーを批判せざるをえなかった理由に関しては、拙稿「ハイデガーと西洋近代——技術の両義性」(千葉眞編『講座政治学第二巻　政治思想史』三嶺書房、近刊、所収)参照。

(9) Heidegger, M., *Der deutsche Student als Arbeiter : Rede bei der feierlichen Immatrikulation*, Bd. 16, S. 205.

(10) Heidegger, M., *Arbeitsdienst und Universität*, Bd. 16, S. 125. もう一つ、例を挙げよう。「労働は、国家意志を準備する中で民族への関心(Sorge)から発する全ての知的な行為であり活動である。人間の自由な決断力(Entschlußkraft)が責任ある意志の貫徹に向けて発動されるところではどこでも、労働が存在する。従ってあらゆる労働は労働として志操、忍耐、そして仕事に関する知識といったものによって規定されている。つまり労働とは何か精神的なものなのである」(Heidegger, M., *Die deutsche Universität*, S. 303)。

(11) Heidegger, M., *Einführung in die Metaphysik*, S. 66.

(12) *Ibid.*, S. 116.

(13) *Ibid.*, S. 117.

(14) 戦後に書かれた弁明書の中でもハイデガーは、闘争という概念がけっして物理的な意味でのそれ、換言すれば存在物的な(ontisch)それではなく、ヘラクレイトスに由来する哲学的な(存在論的な)概念であることを強調している。「それ故にその本質は他の見地から、例えば〔狭義の〕〝政治〟や何らかの目的遂行的営みから規定されることはできない」(Heidegger, M., *Das Rektorat 1933/34*, S. 380)。我々は、このハイデガーの主張を後知恵的な自己弁護と考えるべきではない。

(15)　一九三四年五月の講演から引用する。「物と人間の全ての存在の中で闘争の力は二重の仕方で支配している。即ち、創造の力として、そして保護の力として。闘争は、物(Dinge)が生じ、その現実性が発見されるやいなや、物から撤退するために〔物に意味を付与するために〕創造するだけではない。闘争はまた保護し、物をただ物としてその在り方のうちに管理するのである」(Heidegger, M., *25 Jahre nach unserem Abiturium*, Bd. 16, S. 283)。

(16)　Heidegger, M., *Die Selbstbehauptung der deutschen Universität*, S. 117. 別の講演からもう一つ引用する。「我々が戦前にその内部で運動していた、そして戦争が終わってから再び蘇り無法則性の形をとるにまで至っているあの目障りなまでに現実性を欠如した見せかけの世界(Scheinwelt)を解体すること(Abbau)——真正さなきヒューマニズム、空虚な愛国心と決断することなく存続するキリスト教、それらと結びつきつつあらゆる本質的なものの中に見られる臆病なでたらめ、要するに偽善者と卑劣漢との独特の混合物を解体すること」(Heidegger, M., *25 Jahre nach unserem Abiturium*, S. 282)。

(17)　Heidegger, M., *Parmenides*, Bd. 54, S. 49.

(18)　*Ibid.*, S. 133.

(19)　*Ibid.*, S. 66f.

(20)　*Ibid.*, S. 135.

(21)　*Ibid.*, S. 143. ハイデガーは、ギリシア的存在概念の最後の輝きをプラトンの『国家』の末尾で語られる「エルの物語」の極めて特異な解釈をもって提示している。戦死したエルは、死後の世界を彷徨ううちに忘却(lēthē)の野へと辿り着く。炎天下の旅程で猛烈な喉の渇きを覚えるエルは、それでも思慮(phronēsis)の力によって放念(amelēs)の河の水を飲むことを自制する。その結果、エルは「〝忘却の河〟をつつがなく渡って、魂を汚さずにすむ」(621C ——藤沢令夫訳)ことになり、再びこの世へと帰還するのである。勿論この物語は想起説を説くための寓話であるが、ハイデガーは忘却されるのは存在物の存在であると考える。従って思慮をもって忘却を免れることは、存在物の存在に意を用いることを意味している。「ギリシア人は、忘却を存在物の隠蔽の性起(Ereignis)として経験したのであり、それ故に所謂〝想起〟は不覆蔵態と開蔵に基礎づけられているのである」(*ibid.*, S. 185)。

(22) Heidegger, M., *Der Anfang des abendländischen Denkens Heraklit*, Bd. 55, S. 12.

(23) *Ibid.*, S. 13.

(24) *Ibid.*, S. 84.

(25) 戦慄概念と結びついたハイデガーの破局という観念に関しては、前掲拙著『美と政治』第四章参照。

三

六〇年代のデリダについてここで詳述することは避けたい[1]。要点だけを確認しておくならば、ソシュールの言語学やハイデガーの存在論の影響の下に案出された彼の差延(différance)の戯れという思想は、古代ギリシア以来の西洋哲学の根幹をなす二項対立を覆すことを目的としている。抑も個物が存在する根拠と考えられてきた本質、意味、それは何であるかの答え(to ti ēn einai, essentia, Washeit)が、示差的関係の所産にすぎないとすれば、或いは認識は地平的に制約されているが故に個物の存在はその都度特定の意味をもって現れるが、しかしそれは地平を異にするならば妥当しえないが故に、けっして永続的なものではないとすれば、存在—非存在という二項対立は成立しえず、寧ろその両義性、戯れは存在／非存在(あり且つない)と表示されるべきであろう。[2] このことはまた、名づけることによって個物に意味を付与し同一性を与える理性の役割に異議を唱えることでもある。名づけることは、必然的に意味に伴う当為を個物に課し、それを秩序の内部へと強制する暴力に等しい。差延の戯れを固定化し、名づけることによって端的に存在するものを特定の意味を有する存在物として存在せしめる存在論的な(ontologisch)原‐暴力(archi-violence)が、存在物相互の関係を規定する明示的な掟である道徳や物理的強制力に担保された実定法という存在物的な(ontisch)暴力の根底に横たわっているのである。[3] また、名づけ意味付与する能力(ソシュールの所謂ランガージュ)が人間に本源的なものであるとすれば、人間には実在性の世界、意味付与される以前の物そのもの(Washeit に対する Daßheit)、名づけえないものと透明な関係を結ぶことは不可能であるということになる。「実際、名づけるという第一の暴力が存在したのである。名づけること、〔ナンビクワラ族の例が示すように〕場合によっては口に出すのが禁じられるであろうような名前を与えること、これがランガージュの根源的暴力であって、これは差異(différence〔差延の意〕)の中に絶対的な呼びかけ符号(le vocatif absolu)を書き込み、それをクラス分けし、宙吊りにする。同一性に括りえないもの(l'unique)をシステムの中で思考すること、それをシステムに刻み込むこと、これが原‐エクリチュールの所作である。つまり、それは原‐暴力であり、それ故に物そのもの(le propre)、絶対的近さ、自己への現前の喪失をもたらす。〔というよりも〕実はそのような喪失はけっして生じえなかったのである。なぜならば、自己への現前などありえず、それは夢想され、常に二重化され反復されるが、現れることはなく、ただ消失するだけだからである。この原‐暴力は、第二の暴力によって禁止されており、それ故に確認されている。第二の暴力は修復的、防御的なものであり、〝道徳〟を設定し、書差作用(écriture)の隠蔽を命じ、そしてまた既に物そのものを引き裂いていた所謂固有名詞の抹消と抹殺とを命じる。原‐暴力から第三の暴力が、悪、争い、無遠慮な振る舞い、強姦などと呼ばれるものの中に〔そしてそれらを禁じる法の中に〕、偶然に現れたり現れなかったりする(経験的可能性)[4]」。

脱構築とは、以上に述べたように存在するものの本質、意味が本来は戯れ、偶然の恣意的所産にすぎないことを存在論の次元で暴露する企てである。その結果、ギリシア以来西洋の政治を支えてきた自然、自然法的秩序、更には現代の解釈学的秩序や構造といった存在の秩序は解体を余儀なくされるが[5]、八〇年代になるとデリダは自由主義を支える実定法秩序の脱構築に精力的に取り組み始める。法というものは、ギリシアの isonomia の原則以来、一般性、普遍性を特質としている。従って、法的体系、法的秩序の下では個人はすべて平等な法人格の所有者として甲なり乙なりという形で一般化され、そのことによってはじめて権利の主体となりうるのである。これは、とりわけ近代法の大原則であって、その目的は特定の個人が法的秩序の外にあって恣意的に権力を振るうことを阻止することに存する。しかしながら、デリダによれば法の支配の下に名づけえない単独者は法人格という、或いは甲なり乙なりという同一性の中に括られてしまうことになる。これこそは法というエクリチュールの存在論的暴力である。

『法・権利から正義へ』(一九八九年)においてデリダは法(loi)、権利(droit)の強制力の根拠は何かを問い、それを物理的力という存在物的(ontisch)なものの基底に存する象徴的ないしは解釈学的力という存在論的(ontologisch)なものに見出し、結局はそれが無根拠であることを強調する。[6] 存在物的力の正当性根拠は究極的には存在論的次元に求められるのであるから、要するに存在論的根拠が脱構築されることによって法や権利はその強制力を剝奪されることになる。デリダは、法や権利の起源、基礎になっている名づけるという暴力を脱構築することを、法とは区別して正義(justice)と呼ぶ。「以上に私が述べてきた構造の内部において法・権利(droit)は本質的に脱構築可能である。その理由は、それが解釈可能で変換しうるテキストという土台の上に基礎づけられている、換言すれば構築されているからであり……またその究極的根拠が定義上基礎づけえないからである。法・権利が脱構築可能であることは不幸なことではない。そこにまさに歴史的進歩の政治的好機を見出すことができるからである。……脱構築は正義である」。[7]

しかしながら、デリダはここで一つのアポリアに逢着せざるをえない。なぜならば、脱構築は正義であると規定することは、たちどころに脱構築を何らかの秩序の上に存在論的に根拠づけることになるからである。寧ろ脱構築は正義であり且つないと語るべきであろう。具体的には、正義を実現するためにはそれを正当化する法に訴えざるをえないというアポリアである。正義の政治はこの両義性、この宙吊り(suspens)の状態を引き受ける。[8] そこでは、同一性に括りえないものを前にして何々であるとも何々でないとも規定することを回避して、判断停止(epokhe)せねばならない。それは、存在の秩序の内部にとどまることではないことは勿論、その外部へと脱出することでもない、日常的時間と永遠のまさに狭間の〝瞬間〟である。[9] しかし、この〝瞬間〟にこそ如何なる規範にも拘束されない、真の意味での決断(décision)が可能となるであろう。「法・権利は正義ではない。法・権利は予測可能性(calcul)の要素であり、法・権利が存在することは正当性を有する。しかし、正義は予測不可能である。正義は予測不可能なものをもって予測することを要求する。このアポリア的経験こそが、正義の起こりそうもないと同時に必須の経験であり、その瞬間においては正当なものと不当なものとの間の決断は断じて規則によって保証されてはいないのである[10]」。

規則が欠如した状況下における決断という発想は、キルケゴールの影響下にワイマール期ドイツを風靡した決断主義的政治思想、とりわけカール・シュミットの法学的決断主義を我々に想起させるであろう。事実、デリダは、『友情の政治』(一九九四年)においてかなりの紙数を割いてシュミットに言及している。この書の眼目は、西洋の政治思想を根拠づけてきた友情という〝政治的なるもの〟を脱構築することにある。アリストテレスが『政治学』第三巻第九章においてポリスを友情の作品(philias ergon)と規定して以来、友情に篤く志操堅固であること(bebaios)は共同体の基礎として永く称揚されてきた。こうした考え方は、友情によって結びついた内部の友(友である)と友情を結びえない外部の敵(友でない)という二項対立を生み出し、それが友から構成される共同体の同一性を担保してきたことは、『慈みの女神たち』を例にして既述した通りである。この伝統に対して、モンテーニュに次いで反逆したのがニーチェである。彼は、友‐敵という二項対立を覆して、それを友／敵ないしは我／我々という両義的な宙吊り状態におく。そこに出現する名づけえないものたち、同一性の下に括りえない単独者たちの共同体こそは、デリダ自身の構想する共同体でもある。「共同性なき者たちの共同体、孤独の友たちの共同性なき友情、一切の帰属性の欠如、類似性もなければ近さもない。〃友情(oikeiotēs)〃の終焉。おそらく〔存在するかもしれないということ、即ち存在する可能性の留保〕(peut-être)。ともかくここでは友たちは、知り合う(se connaître)ことなく承認し合う(se reconnaître)[11]」「これら孤独の友たちの、これら共約不可能な主体たちの、これら主観性も間主観性もなき主体たちの予測不可能な平等[12]」。ニーチェ的友情の成立する時間は、おそらく(peut-être)の時間、即ちあり且つないという〃性起(événement)〃の瞬間である[13]。

ここでデリダは、〃性起〃の瞬間の政治的表現としてシュミットの例外状態の概念に注目する。確かに例外状態においては価値判断を下すために依拠すべき如何なる規範すなわち秩序も欠如している。この規範的無の状態において主権者は、合理的判断の道を封鎖され決断することを強いられる。その上、今日のシュミット研究が明らかにしつつあるように、彼の法学的決断主義の背後には単独者の存立如何という、ポストモダニズムにも共有されている極めて実存主義的な問題関心が潜んでいた[14]。ところで、デリダが指摘するように、『政治的なるものの概念』においてシュミットは、自らの友‐敵る。「敵とは、より広い意味において公的敵 (hostis, polemios) であって私的敵 (inimicus, echthros) ではない」[15]。

概念が公的、政治的なものであることを強調するために敵に関するギリシア的な区別を援用している。「敵はただ公的な意味でのみ敵である。なぜならば、闘争する人間集団全体、とりわけ国民全体に関わりのあるものは全て、その理由から公的になるからである。敵とは、より広い意味において公的敵 (hostis, polemios) であって私的敵 (inimicus, echthros) ではない」[15]。更にシュミットは、両者の区別に対外的戦争 (polemos) と内乱 (stasis) の区別が対応していることに注意を促している。デリダは、ギリシアにまで遡って〝政治的なるもの〟の本質を剔出したシュミットの炯眼を一方で高く評価する。「政治的なるものそのものが、政治的なるものこそが政治であることが、その可能性において、敵の形象とともに出現すること、これこそがシュミット的格率であり、それは政治の最も根源的な姿である」[16]。

しかしながら、同時にデリダは、シュミットが自らもギリシア以来の伝統に即して政治の本質をそこに見出してしまったことを批判する。成程、自由主義的な法の支配から単独者を、ポストモダーン的に言うならば名づけえないものを救出するために、法的秩序を完全に相対化しうる地点に身を置くところまではよい。しかし、シュミットは、ワイマール体制を破壊するために更に法的秩序の外部へと脱出し、それを〝突破〟してしまった。そのことは畢竟、友‐敵という二項対立的秩序を新たに根拠づけてしまうことに等しいであろう。その結果、友からなる内部においては、例えば民族概念によって厳格な同質性が要求されることになる。これは、ギリシアにおけるヘレーノスとバルバロスの区別と同様の構図である。「我々が既に述べたように、〔ギリシアにおいては〕自然は法を命じ、出生の平等は必然的に法の下の平等を根拠づける。必然性に基づくこの根拠づけが自然に基づく正当な根拠づけか、それとも法に基づくそれかを、ここで決定することは困難である。もしこの根拠づけ(ドイツ語で言うならばBegründungもしくはRechtfertigung)に正当性があるとすれば、所謂正当化、つまり法に基づく正当化が自然の中に存在するものの自然的-存在論的土壌に確固として基礎づけられており、出生においてそれが真に現れる限りにおいてである。……ここで民主制(或いは貴族民主制)と呼ばれているものの全ては、その社会的絆、共同性、平等、同胞愛、兄弟であるという同一性(*l'identification comme fraternisation*)等を、イソノミア的絆と親を同じくする者の絆の間の関係、法(nomos)と自然(physis)との間の関係、換言すれば政治的なるものと血を同じくする土着的なものとの間の関係の中に根拠づけているのである」[17]。根強い西洋的知の伝統の前にシュミットも陥ってしまった陥穽——ハイデガーを唯一の例外として、ベンヤミンやレオ・シュトラウスのような反ファシズムの思想家も含めてワイマール期の殆どの思想家が避けえなかった陥穽[18]——を回避するためには、外部へと突破することを断念して、また友情を脱構築して、敢えて宙吊りの状態に身を持するしかないであろう。その時、アリストテレス以来の民主制の理念、否、永らく西洋の知の歴史を規定してきた政治概念そのものが変換を余儀なくされるのである。「人間という根拠に基づく同胞愛や(男性的友情という)男根ロゴス中心主義の枠組みの外に、我々が検討してきたような(ニーチェ的な)友情をもはや蔑視しない民主主義の〝到来(viens)〟を準備することは、可能であろうか。こうした友情の尊重が試されるような自由と平等の経験を、そして真に正義にかなった、つまり法を越えた正義、共約不可能なものを尊重する正義にかなった自由と平等の経験に我々が備える日は、いつ到来するのであろうか」[19]。

両義性の瞬間の〝到来〟という観念は、デリダの思想における宗教的なものの考察へと我々を促す[20]。九〇年代に入ってとみにメシア的なものの到来について語り始めたデリダではあるが、既に一九八二年の著作『近時の哲学において採用された黙示録的調子について』の中で、ブランショ、レヴィナス、デュラス、そしてハイデガーの名前を挙げながら現代における黙示録の積極的可能性を問うている。ギリシア語の apokalypsis が本来はヴェールを剝ぐこと (découvrement, dévoilement) を意味していたことを指摘しつつ、デリダは伝統的な黙示録概念を脱構築する必要性を説く。現代の黙示録はけっしてヴェールを破って神もしくは存在が現前することではなく、ハイデガー的な意味での性起の〝到来〟すなわち性起 (Ereignis) と脱性起 (Enteignis) の戯れ (あり且つない、或いは存在／非存在) の瞬間である[21]。「〝到来〟はけっして予め決定された同一性には向かわない。それは、決定の同一性からは引き出されえない迂回である。〝到来〟が引き出されうるのは、それが絶対的に引き出されうるのは、専ら他者 (l'autre) からである。他者とはすなわち、起源もしくは真理と同定しうる、決定しうる、現前しうる、所有しうる同一性を断じて持たないものであり、予めそこから出発したり、また際限なくそこへと到達しうるものでもない[22]」。この破局 (catastrophe) 或いは破滅 (désastre) の瞬間[23]について、一九九〇年のシンポジウムでの報告『死を与う』では旧約聖書の挿話アブラハムのイサク供献の脱構築的解釈を通して語られている。アブラハムが覚える戦くべき神秘 (mysterium tremendum) は神の〝到来〟を告げている。しかし、それは、キルケゴール的実存の契機ともいうべき神の顕現

(parousia)ではなく、寧ろ神の不在(apousia)、正確に言えば神の顕現／不在を告げているのである。この宙吊り状態においてこそアブラハムは真の決断を下すことができた。「アブラハムの決断は絶対的に責任を負っている〔応答している〕。なぜならば、その決断は絶対的他者を前にして自ら応答しているからである。逆説的にも、その決断はまた責任を負ってはいない〔応答してはいない〕。なぜならば、その決断は理性によっても、また人間を前にして或いは何らかの普遍的法廷の法を前にして正当化される倫理によっても、守られてはいないからである[24]」。

我々は、デリダの思想の中に存在をめぐる、そして実存をめぐる二〇世紀の諸思想との数多くの共通点を見出すことができる。それはファシズムの思想的兄弟であるとさえ言いうる[25]。しかしながら、デリダ自身強調しているように、ギリシア以来の現前の神話を脱構築しえない政治概念は、常に存在論的暴力を秘めている。ファシズムはその極端な表現にすぎない。誠実であるが故に陥るこの陥穽を回避するために伝統的な存在論的政治概念を更に脱構築すること、換言すれば、同一性の政治に差異の政治を対置すること、それは言語を所有する動物である人間にはまさに「不可能なことに関するアポリア的経験[26]」であるが、「〔他者に対する〕責任と決断の条件としてこのアポリアに受動的ではなく耐え忍ぼうとすること[27]」こそが、今日求められるべき政治概念なのである。しかし、哲学の死滅が同時に政治の死滅を意味しているとすれば、そして人間の死が同時に共同体の死滅を意味しているとすれば、我々はなおそこに自らと他者との関係をはかることができるであろうか。

(1)　差し当たっては、前掲拙著『二十世紀の政治思想』第三章参照。

(2)　或る個物は、例えばサンダルの傍らに置かれている時、「これは寝椅子である」と言表されるであろうが、他の個物との関係の下では、換言すれば異なる文脈、異なる地平の中では、例えば鍋や釜の横に置かれている時には「これは調理台である」と言表されるかもしれない。それ故に常に「これは寝椅子であり且つない」と言表されるべきなのである。即ち、存在／非存在。この個物が寝椅子であることはそれの本質でもなければ、そのことが必然的であるわけでもない。

(3)　例えば、マーマーと呼ばれてそれに応答する母と子の関係は、母性愛や親孝行といった道徳的戒律を導き出し、更にそれに反する行為には近親相姦や尊属殺といった刑法上の規定によって実定的な罰則が課せられることになる。従って、抑もが母と子と名づけられた二つの存在物の間にも一定の権力関係が存在するのであり、それを互いに現前する理想的な人間関係と見なす伝統的な考え方も否定されねばならない。

(4)　Derrida, J., *De la grammatologie*, Les éditions de Minuit, 1967, p. 164f.（足立和浩訳『根源の彼方に――グラマトロジーについて』(上)、現代思潮社、一九八四年、二二七頁）――引用は邦訳に依るが、適宜変えてある。

(5)　ガーダマーに依れば、存在の秩序が崩壊する契機となったのは、第一にカントによる認識批判の企てであり、第二に再び存在の秩序を確立することをめざしたヘーゲル哲学の挫折である。「一九世紀は認識論の世紀となった。なぜならば、ヘーゲル哲学の解体とともに遂にロゴス(Logos)と存在(Sein)の間の自明的な対応関係が最終的に破壊されたからである。ヘーゲルは、あらゆるものの中に、歴史の中にさえも理性が存在することを示すことによって、古代のロゴス哲学の最後の、そして最も包括的な後継者であった。今やアプリオリな歴史哲学に対する批判の観点に立つことによって人間は、改めてカント的批判の勢力範囲の中に閉じ込められることになったのである」(Gadamer, H.-G., *Wahrheit und Methode: Grundzüge einer philosophischen Hermeneutik*, 4. Auflage, J. C. B. Mohr, 1975, S. 207)。存在の秩序を解体しようとする企ては、背後世界を否定して徹底的な遠近法主義の立場を表明したニーチェによって決定的に推し進められ、ハイデガーを経由して今日のポストモダニズムにまで受け継がれている。他方、ディルタイに始まり、フッサールの超越論的間主観性や生活世界の概念によって補強された哲学的解釈学は、あくまでも普遍的な妥当性を否定された歴史的なものであるとはいえ、存在の秩序を再興しようとする一つの試みであると解しうるであろう。

(6)　Derrida, J., *Force de loi: Le 〈Fondement mystique de l'autorité〉*, Galilée, 1994, p. 18.

(7)　*Ibid.*, p. 34f.

(8)　*Ibid.*, p. 46. アメリカの政治理論家ウィリアム・コノリーは、同一性／差異という形でこの両義性を引き受けた上で、より実践的な政治理論を提唱し、それを闘技的民主主義と呼んでいる。コノリーについて差し当たっては、前掲拙著『二十世紀の政治思想』第四章を参照。デリダ自身のより実践的な発言としては、EUを題材にしてヨーロッパという文化的且つ政治的単位を論じた『他の岬』(一九九〇年)が挙げられる。この著作では、EU(普遍)―国民国家(特殊)という二項対立が斥けられると同時に、キリスト教、ヒューマニズム、文化的伝統といったヨーロッパ的〝本質〟に根拠を置いてEUを存在論的に規定することの危険性も強調されている。「文化の固有性とは自己自身と同一ではないことである」(高橋哲哉・鵜飼哲訳『他の岬――ヨーロッパと民主主義』みすず書房、一九九三年、七頁)。そのことによってのみ、ヨーロッパは他者性に開かれた状態を維持しうるであろう。

(9)　デリダは、『法・権利から正義へ』とともに『法の力』に収められたベンヤミン論『ベンヤミンという固有名』において、この特権的瞬間を神的暴力によって秩序が破壊されるベンヤミン的瞬間として特徴づけている。「この瞬間は常に現在〔現前〕(une présence)において生じ且つ生じない。この瞬間に法・権利の基礎は空虚の中で或いは深淵の上で宙吊りにされ、誰にも帰せられえない行為遂行的行為へと宙吊りにされる」(*Force de loi*, p. 89)。ベンヤミンと同様にデリダにおいても、この瞬間に名づけえないもの、メシア的なものの〝到来〟が待ち望まれている点については、後述される。

(10) *Ibid.*, p. 38.

(11) Derrida, J., *Politiques de l'amitié, suivi de L'oreille de Heidegger*, Galilée, 1994, p. 62.

(12) *Ibid.*, p. 64.

(13) *Ibid.*, p. 85f.「おそらく」(peut-être, vielleicht)という言葉の含蓄を、デリダはニーチェ『人間的な、あまりに人間的な』I-三六七「友について」の以下の一節から得ている。「それでわれわれは、実際自分のことを我慢していたからには、おたがいのことも我慢しあおう、そうすればおそらくだれにでもまたいつかもっと楽しい時がきて、そのとき彼はいう、／『友らよ、友というものはないのだ!』／そう死んでいく賢者〔モンテーニュ〕は叫んだ、／『友らよ、敵というものはないのだ!』——生きている愚者のわたしは叫ぶ」(池尾健一訳——傍点、小野)。

(14) 近年のシュミット研究は、一方でシュミットにおけるカトリシズムの問題の考察、他方で彼の実存主義的問題意識の剔出という互いに関連する二方向に収斂しつつある。とりわけ後者は、シュミットの純粋に法律学的な用語で語られた決断主義の背後に「政治的表現主義」(エレン・ケネディ)、「政治的実存主義」(リチャード・ウォーリン)ともいうべき本質を見出すことによって、彼の思想をワイマール期の時代の気分の中に配置する上で重要である。彼の法学的決断主義とは、例えば『憲法論』(一九二八年)における次のような概念規定に顕著である。即ち、「憲法制定権力とは、その権力もしくは権威が独自の政治的実存(die eigenen politischen Existenz) の様態と形式に関する具体的な全体的決断を下しうるような、従って政治的統一性全体の実存を規定しうるような政治的意志である」(Schmitt, C., *Verfassungslehre*, Fünfte, unveränderte Auflage, Duncker & Humblot, 1970, S. 75f. ――傍点小野)。更に、「〝意志〟という言葉は――規範的もしくは抽象的正しさ(Richtigkeit)への一切の依存とは対立して――憲法の妥当性根拠としての本質的に実存するもの(das wesentliche *Existenzielle*)を示している」(*ibid.*, S. 76)。次に、これもよく知られた憲法改正と憲法廃棄(Verfassungsvernichtung)並びに憲法破棄(Verfassungsdurchbrechung)との相違を説明した部分を見てみよう。憲法改正が憲法改正条項に基づいている点で既存の法治国家の内部に留まっているのに対して、後の二者は、主権的独裁と委任的独裁という違いがあるとはいえ、ともに例外状態即ち法治国家の外部における主権者の具体的統治が問題とされている。ここではとりわけ憲法破棄の概念に注目しよう。何よりもまず破棄(Durchbrechung)という言葉が注目に値する。勿論、この言葉は法律を破るという意味で一般的に用いられてはきたが、後述されるように当時の文脈の中に置いてみると、破棄＝突破とは内部から外部へと脱出すること、当時の保守革命派が好んで用いた急変(Umschlag)という語と同様に、具体的にはワイマール共和国を破壊して新体制を樹立することを含意している。そして例外状態にあっては規範的秩序から解放された単独者の実存が露呈する点が何よりも重要である。「こうした破棄(Durchbrechungen)はその性質からして規範(Normen)ではなく応急処置(Maßnahmen)〔具体的状況に対する即物的、技術的介入〕であり、それ故にこの語が法治国家の下で有しているような意味での法律でもなければ憲法律でもない。その必要性は、個別的場合の具体的状況から、即ち予測不可能な異常な状況(eine unvorhergesehenen abnormen Situation)から生じる。全体の政治的実存のためにこうした破棄と応急処置が施されることからも、単なる規範性(Normativität)に対して実存するもの(das Existenzielle)が優越していることが判明する」(*ibid.*, S. 107)。以上の文章に散見する実存という語の法律学外的な含蓄を『憲法論』以前の著作に探ってみよう。一九一六年に発表された『テオドール・ドイブラーの「極光」——この作品の諸要素、精神、今日的意義に関する三考察』については、多くの言及がなされてきた。確かにこの論攷に溢れる表現主義的、象徴主義的、終末論的、そして黙示録的調子は極めて注目に値する。シュミットは、この作品の主題を物質的価値の支配する世界における精神的世界の〝到来〟に見る。前者の世界を包む〝戦慄すべき夜〟(die schreckliche Nacht)にあってはすべてが〝経営(Betrieb)〟に委ねられている。即ち、資本主義、メカニズム、相対性、流通、技術、組織化。「経営は単独者(der Einzelne)を徹頭徹尾無化するために、単独者は自分が消去されてしまったことにすら気がつかない」(Schmitt, C., *Theodor Däublers 〝Nordlicht〟: Drei Studien über die Elemente, den Geist und die Aktualität des Werkes*, Duncker & Humblot, 1991, S. 59)。極光とは夜の世界が終末を迎え、精神の輝く昼が迫っていることを告げる予兆である。「あらゆる事物が終焉を迎えるところ精神が、認識が、知(die Gnosis)が、神の姿(Visio Dei)が現れる。時間と世界史は停止し、此岸的なものは身を躍らせて形而上学的なものの中へと突入していく」(*ibid.*, S. 56)。単独者が救出される昼は端的に外部であり、それは超越的なもの(die Transzendenz)によってもたらされる。しかし、その前提として夜の深まりが、キリストとアンチ・キリストの闘争が、「決定的に重要な没落」(*ibid.*, S. 72)が、要するに破局が不可欠である。破局こそが突破をもたらすのである。「戦慄すべき夜は、此岸の光と此岸の太陽を精神へと推し進めるために必要不可欠である。精神は懐疑を封じ込める。最終的な否定があらゆる相対性の消滅をもたらす。——超越的なもの〔が到来する〕」(*ibid.*, S. 70)。このような実存主義的な問題意識は、一九一四年の『国家の価値と単独者(der Einzelne)の意義』において国法学的問題構成と結合する。そこでは〝経営〟の一形態としての近代法治国家から単独者を救出することが問題とされている。法治国家の下では具体的な単独者は等し並に抽象的な法人格へと還元されてしまう。近代法の大前提である法の下の平等は、実はカント的、フィヒテ的自我に立脚する内面的、抽象的人格の無差別性に支えられている。その結果、身体を備えた経験的個人、今ここに存在する具体的で偶然的な個人、つまりは単独者は、その法体系の中に場所をもたないのである。「〔デカルトのような〕自覚的思考の下では正しい思考の法則と価値に対する帰依が横たわっており、それ故に偶然的な単独者としての個人は超個人的な価値――それのみが〝存在する〟という賓辞を意味あるものにする――に与るために衰退してしまうのである」(Schmitt, C., *Der Wert des Staates und die Bedeutung des Einzelnen*, J. C. B. Mohr, 1914, S. 87)。「国家の下では……経験的、具体的な個人は無差別である」(*ibid.*, S. 89)。「一般的に言って、法は単独者を知らない」(*ibid.*, S. 99)。単独者を救出するためには、個人・個物(das Individuum)が「二つの異なる主体、二つの異なった領域で構成される主体」(*ibid.*, S. 86)から成ることを承知していなければならない。ここでシュミットは、示唆的にもプラトンの『ソピステス』258Dを参照するように促している。そこでは、エレアからの客人が以下のように語っている。「我々は〝異(to eteron)〟というものの本性が実在すること、そしてそれはあらゆるあるもの(to on)に対応しつつ細かく分割されて、およそあるものが相互に関係し合うところ、そのすべてに行き渡っていることを証明した上で、それぞれのあるものに対置させられるところの〝異〟の部分を、まさにこれこそが本当に〝あらぬもの(非存在)〟に他ならないと、敢えて言明したのである」(藤沢令夫訳)。後期に属するこの対話篇においてプラトンが主張したかったことは、個物を真に存在せしめるものは、換言すれば個物の同一性を担保するもの(「それのみが〝存在する〟という賓辞を意味あるものにする」)は、あくまでもイデア界に存在するイデアであるが、だからといって仮象界において他の個物と関係し合いながら存在する個物が端的に存在しないという訳ではなく、それは存在と非存在の結合として、同一性と差異の結合として、いわばあり且つないというあり方で存在している、ということであった。この主張の故に、『ソピステス』はハイデガーにもポストモダーンの思想家にも等しく重要な著作である。そしてまたシュミットにとっても。要するに、シュミットは、全き同一性を備えた法人格としての個人と同一性と差異の結合としての単独者を区別した上で、此岸において実存する単独者を救い出したいのである。そしてその方法こそは、合理的判断を免れた主意主義的な決断なのである。決断は法体系の外部への〝突破(Durchbrechen)〟を可能にし、そこに自己と世界の実在性(Wirklichkeit)を現れさせるであろう。「意志即ち何か実在化されるべきものに関わることには、限界を突破することが伴っている。この限界が法と実在的な世界とを分けているのである。……なぜならば、ここで意志とは存在(Sein)〔実存(Existenz)のこと〕に属する現象を意味しうるのである」(*ibid.*, S. 35)。しかしながら、周知のように外部へと突破した単独者は、「友である」もしくは「友でない」＝「敵である」という形で、新たな二項対立へともたらされ、再び同一性を付与されてしまう。後述されるように、デリダはそこに問題を認めるのである。

(15) Schmitt, C., *Der Begriff des Politischen*, Text von 1932 mit einem Vorwort und drei Corollarien, Duncker & Humblot, 1963, S. 29.

(16) Deridda, J., *Politiques de l'amitié*, p. 103.

(17) *Ibid.*, p. 121.『政治的なるものの概念』(一九二七年)には確かに以下のように説かれている。「政治的敵とはまさに他者(der andere)であり、見知らぬ存在(der Fremde)であり、その本質に照らして以下の点を確認すれば十分である。即ち、とりわけ厳密な意味で実存的に(existenziell)他なる外部の存在(etwas

anderes und Fremdes)であり、それ故に極端な場合その敵と闘争が生じうるのである。この闘争は、あらかじめ想定された一般的規範化によっても、また〝無関係な〟従って〝公平な〟第三者によっても判定を下すことができない」(Schmitt, C., *Der Begriff des Politischen*, S. 27)。それ故に、政治的領域は、普遍性を前提にしたところに可能な寛容な多元主義的な世界ではなく、まさに共約不可能な神々の闘争する世界である。「政治的なるものの概念的特質から国家が併存する世界の多元性(Pluralismus)が帰結する。政治的統一性は、敵が実在する可能性を、従って共存する他者としての政治的統一性〔の存在〕を前提にしている。……政治的世界とは多元的世界(Pluriversum)であって、けっして普遍的世界(Universum)ではない」(*ibid.*, S. 54)。この多元的な政治的世界はヘーゲル的な止揚を許さない。それは、一見したところポストモダーン的共約不可能性の世界を想起させる。しかしながら、この世界を構成する単位である各々の国家は、完全な同一性に服した堅固な統一性を保持している、つまりそれは根拠づけられているのである。それ故にこそ政治的世界は対立と闘争を本質とするのであって、幸せな闘技《アゴーン》は成立しないのである。『憲法論』においてシュミットは、単なる人民(Volk)が憲法制定権力としての国民(Nation)へと転換する上で確固たる同一性を付与される必要性を強調している。「総括しよう。国家は政治的統一性を有するために二つの対立する形成原理に基づいている。一方は、同一性の原理(即ち、現存する人民が自らの政治的意志および国民的意志によって友と敵とを区別する能力を有しているが故に、政治的統一性として自己自身と一致していること)、他方は、政治的統一性が統治者によって表現される(dargestellt)という代表〔表象〕(Repräsentation)の原理である」(Schmitt, C., *Verfassungslehre*, S. 214)。「国民とは、自己の政治的特殊性(Besonderheit)の意識を有し、政治的実存への意志を有し、政治的 - 行動的能力を有する統一性としての人民のことをいう」(*ibid.*, S. 79)。「〔国民とは〕自己自身との直接的な同一性の下にある、実在する

(realgegenwärtige) 力としての政治的統一性である」(*ibid*., S. 205)。シュミットが国家を根拠づけざるをえなかったのも、抑も彼が自己同一性即ち自己への現前を求めて止まない実存主義者であるが故である。キルケゴール的な単独者とポストモダーン的な名づけえないもの、両者の相違がシュミットの政治概念とデリダのそれとの相違を生み出しているのである。

(18) Derrida, J., *Politiques de l'amitié*, p. 104. 一九九七年九月のシンポジウム『宗教とポストモダニズム』においても、デリダは次のように発言している。「[所謂決断主義において]決断は私自身の賓辞のように見えるでしょう。その決断は私の本質(what I am)から生じています。私は寛大であるが故に与えるとしたら、その贈与は私の寛大さの、つまり私の本性(nature)の賓辞です。従ってそれが私の決断であるとしても、その理由はそれが私自身の本質、つまり私自身の主体性(subjectivity)に由来しているからです。まさにこの理由から、その決断は決断ではないでしょう。ここで我々は最も困難な地点に到達するのです。責任ある決断は、責任を負うためには私の決断であってはならないのです。私自身の決断、私自身の責任ある決断は、私自身の中にありながら他者の決断でなければなりません。端的に私の決断であれば、それは決断ではありません。決断は私の中における他者の決断でなければならないと私が言ったからといって、私は無責任であるとか、私は専ら受動的であり他人に従ってばかりいるということを意味している訳ではありません。私はこの逆説に取り組まねばならないのです。即ち、私の決断は他者の決断であるということに。さもなければ、我々はシュミット流の決断主義に陥ってしまうでしょう。そこでは、主体や意志や主体の主権性といった観念が再び息を吹き返し、自己を主張しているのです」(Caputo, J. D. and Scanlon, M. J. (ed.), *God, the Gift, and Postmodernism*, Indiana University Press, 1999, p. 134)。ところで、デリダはシュミットの闘争概念とハイデガーのそれとを区別した上で、後者を高く評価している。一般的に言ってデリダのハイデガー評価は極めてアンビヴァレントであるが、ここでは好意的である。「〔対立や闘争を共通に好むにもかかわらず〕ハイデガーならば、シュミットは論理の明晰さ故にその言説をもって再びポスト・キリスト教的な主観性の形而上学に賭金を払っていると見なすであろう。そのために本来の存在論的問いを措定することも、自らのすべての概念をこれらの問いの高みにまでもたらすこともできないでいるのである」(Derrida, J., *Politiques de l'amitié*, p. 279)。この点については、拙著『美と政治――ロマン主義からポストモダニズムへ』(岩波書店、一九九九年)の序論に付した注(48)を参照。

(19) Derrida, J., *Politiques de l'amitié*, p. 340.

(20) Cf. Caputo, J. D., *The Prayers and Tears of Jacques Derrida : Religion without Religion*, Indiana University Press, 1997.

(21) Derrida, J., *D'un ton apocalyptique adopté naguère en philosophie*, éditions Galilée, 1983, p. 94.

(22) *Ibid.*, p. 95.

(23) *Ibid.*, p. 95. 破局の瞬間という観念は、ハイデガーにおけるそれを想起させるが(前掲拙著『美と政治』第四章参照)、おそらくデリダ自身はハイデガーに残る現前の神話の故にその共通性を否定するであろう。しかし、両者の思想的親近性は見紛うべくもない。

(24) Derrida, J., *Donner la mort : L'éthique du don Jacques Derrida et la pensée du don*(Colloque de Royaumont, décembre 1990), Metailie-Transition, 1992, p. 76. この講演においてもデリダはシュミットの公的な敵(hostis)と私的な敵(inimicus)の区別に触れ、そこから前者における贈与(don)の観念と後者における等価交換の論理との相違を引き出している。『時を与う』(一九九一年)や『マルクスの亡霊』(一九九三年)においても展開されている贈与の観念――それは資本主義のメカニズムを破壊する点で重要である――については、稿を改めて論じるべき問題である。
(25) ドゥルーズとガタリは、『千のプラトー』において全体主義とファシズムとを概念的に区別している。前者が、レヴィナス的な意味での全体性の支配、換言すれば現前の神話に囚われており、中心―周縁の二項対立の下に中央集権化という根拠づけを志向するのに対して、後者はノマド的に逃走することによって、まさにその中心をずらし脱構築しようとする間断なき運動である。彼らがファシズムの思想家としてナチズムのイデオローグでもあったエルンスト・ユンガーの名前を挙げていることからも判るように、名づけえない、根拠づけを免れたものを探求しようという企ては、確かにファシズムの中にも流れこんでいる。その意味では、デリダをファシズムの思想家と呼ぶことも許されるかもしれない。
(26) Derrida, J., *Apories : Mourir —— s'attendre aux 〈limites de la vérité〉*, Galilée, 1996, p. 36.
(27) *Ibid.*, p. 37.

本章において我々は、デリダを素材にしてポストモダニズムの政治概念がラディカルである所以を簡単に説明したつもりである。それが如何にラディカルであるかを理解するには、彼が政治の次元にメシア的なものという宗教的要素を導入するという事実を見るだけでも十分であろう。徹底的に世俗的であろうとする近代自由主義の風土に余りにも慣れ親しんだ我々には、デリダの政治思想はファシズムと同様に危険なものに映るに違いない(1)。実際、メシア的なもの、つまり秩序の中に位置づけられない、意味付与される以前の名づけえないものが到来する時は、破局の瞬間である。こうした瞬間を待望する点で、デリダも含めてシュミットやハイデガーといった本章で言及してきた二〇世紀の思想家たちは共通している。この点を確認することも本章の目的であった。この瞬間において近代の合理化された世界を支配する画一的、均質的な時間の流れには無論のこと、日常的な生活世界を覆っている公共化された時間の流れ（ハイデガーの所謂〝通俗的な時間理解〟或いは〝配慮された世界時間〟〔『存在と時間』第八一節〕）にも裂開がもたらされ、その外部へと突破する可能性が開かれる。もっともデリダの場合には、本章でも強調したように最終的に外部へと突破する可能性は永遠に遅延され、我々は外部と内部の間に宙吊りの状態に踏み留まらざるをえない。(2) しかし、そうした瞬間の到来という観念が政治的に重要な意味を有している点では、デリダは政治的実存主義者と呼ばれる他の論者たちと同様である。デリダの意図は、或る局面まではハイデガーと足並みを揃えている。両者は共に、存在物に囚われ存在忘却に陥っている現代人の眼差しを存在論の次元へと移さしめることを目論んでいる。そのためには実体的権力、換言すれば存在物的（ontisch）次元における権力を解体する必要があることは無論のこと、その権力の正当性根拠となっている諸々の存在の秩序をも解体・脱構築せねばならない。それは存在論的（ontologisch）暴力を行使することである。しかしながら、存在物的権力を解体しようとする存在論的暴力は、それ自体が存在物的権力たらざるをえないであろう。なぜならば、存在は必然的に存在物を通して現れるからであり（ハイデガー）、シニフィエは必然的にシニフィアンによって代補され汚染されるからである（デリダ）。それ故に、存在を明け透かせるべき暴力行使性（Gewalttätigkeit）は、ナチスという現実の政治勢力によって担われねばならなかったのであり（ハイデガー)、実定法的秩序その他の諸々の存在の秩序の暴力から名づけえないものを救い出すための正義は、現実には物理的暴力によって担保された法によってしか実現しえないのである(デリダ)。しかしながら、ここからハイデガーとデリダは袂を分かつことになる。少なくともデリダはそう考えて、ハイデガーを批判せざるをえない。我々の解釈とは異なり、デリダの見るところハイデガーは存在の全き現前或いは存在への近接を、換言すれば存在忘却の世界の外部へと突破する可能性を信じることから遂に脱却しえないのである。あると最終的に言表することは不可能であり、すべてはあり且つないという両義的な戯れにすぎないということを、ハイデガーは遂に認めえないのである。その時、存在論的暴力は存在を隠蔽する既存の存在の秩序を解体するに留まらず、それ自体が存在を強制する暴力と化するであろう。重要なことは、現前の神話から醒め、また両義的たらざるをえないことを自覚しつつ、不断に脱構築を遂行することなのである。

ポストモダーン的政治概念が政治学研究の領野を実り豊かなものにしたことは、疑いない。現在我々は至る所に政治を見出し、そのミクロ的分析に精を出している。その手法は、現象学的、言語学的、記号論的、その他ありとあらゆる政治学以外の学問の方法論に及んでいる。しかしながら、政治概念を無限に拡大していくことは、そして探求の眼差しを無限にミクロ化していくことは、最大の権力装置である国家を見失うという危険をともなうのではないか。確かに近代における唯一の正当な実体的権力の担い手である国家は、無数の非政治的な存在論的権力の網の目によって支えられている。国家権力の分析がミクロな権力関係の分析によって補完されねばならないことは、言うまでもない。

しかし、とりわけ近代の政治学、政治理論の実践的問題意識は、「自由とは外的障害の欠如である」というホッブズの言葉を待つまでもなく、何よりも存在物的な暴力に対して存在物的な自由を確保することであった。そして政治に存在物的な暴力が不可避であるからには、それに対処するための制度的保障を提供することであった。たとえ公私二分法的発想それ自体が意識内政治の所産であろうとも、また国家権力への注目が存在論的暴力を隠蔽することになろうとも、我々の日常的意識においては政治とは先ず何よりも存在物的な次元における営みであり、それ以上でもそれ以下でもない。換言すれば、政治とは国家権力によって担保された存在物相互の公的秩序を確保する営みである。ポストモダーン的政治概念は、こうした我々の〝常識〟に反する。そして〝常識〟に反する政治概念は、ファシズムと同様に現実政治にとって必ず危険な要素を秘めていることを忘れるべきではない。

(1)　例えばアメリカを代表するポストモダーン的政治理論家ウィリアム・コノリーは近著『何故に私は世俗主義者ではないのか』において自由主義的な寛容の原則を批判し、差異を有する諸宗教、諸世界観相互の積極的論争の必要性を説いている。なぜならば、政教分離を前提とする寛容は、合理的個人に普遍的な公共的理性及び道徳の共有を強制し、真の意味での寛容即ち差異ある他者への責任を欠いているからである。政治的次元における世界観的論争に積極的に〝参加すること(engagement)〟を通して安定した自己同一性が解体され、教養(cultivation)のエートスが醸成されるのである。「〔自由主義的〕寛容が我々自身の自我が安定した状態の下での他者への恩恵であるのに対して、〔他者への〕批判的感受性は我々の現在のアイデンティティに積極的に働きかけて、我々と彼らの関係の次元を変容させる。批判的感受性そのものが自己変容という実践を伴っており、そのプロセスを通して既に他者の承認と取り扱いに変化が生じているのである」(Connolly, W. E., *Why I Am Not a Secularist*, University of Minnesota Press, 1999, p. 62)。勿論、コノリーの主張している論争とは闘技であって闘争ではない。しかし、それが、自由主義が営々として築いてきた外的な平和を乱すおそれがあることは、否定できないであろう。

(2) デリダの差延(différance)の概念と間化(espacement)の概念の関係については、cf. Derrida, J., ousia et grammé: note sur une note de Sein und Zeit, in *Marges de la philosophie*, éditions de Minuit, 1972.

第三章　市民概念と起源

西洋政治思想史においてポリスの市民は常に理想的な政治的人間像として描かれてきた。その源泉は名高いペリクレスの『葬送演説』に求められる。この演説は、西洋の輝かしい民主主義を支えるべき人間像を提示したものとして典範としての位置を占めている。自らは貴族の出自でありながらも、ペリクレスは台頭しつつある平民に政治参加への道を開く制度改革を敢行し、アテナイ民主制の黄金時代を築いたのである。(1) 確かにそこには今に至るまで民主主義の基本的理念として保持されている幾つかの考え方が提示されている。第一に、法の下の平等(isonomia)と民会で自由に発言する権利(isēgoria)が保証されていること。「わが国においては、個人間に紛争が生ずれば、法律の定めによってすべての人に平等な発言が認められる」(2)。第二に、市民権を獲得さえすればその出身の如何に関わらず平等であること。「われらは何人にたいしてもポリスを解放し、決して遠つ国の人々を追うたことはなく、学問であれ見物であれ、知識を人に拒んだためしはない」(3)。第三に、祖国のために戦う義務を市民は負っていること。「たとえ何がしかの欠陥をもてる者でも、祖国のために戦って天晴れ勇士の振る舞いを遂げれば、この徳を何にもまさるものとして認められてよい」[4]。ペリクレスの市民像は、アリストテレスの政治哲学の中で明確な規定が与えられることになる。彼は国制（politeia）の多様性を承認した上で、国制を担うべき市民（politēs）に共通の定義として裁判（krisis）と公職（archē）に与る権利を享受していることを挙げている（『政治学』1275a20ff.）。その上でアリストテレスは、よき市民とよき人間に共通する徳として慎慮（phronēsis）の重要性を主張する（1277a10ff.）。周知のように、ここにはプラトンの観想優位の政治哲学に対して実践の優位を強調する彼の独自性が看取されるが、この立場は同様に知恵（sapientia）に対する慎慮（prudentia）の優位を説くキケロへと受け継がれ（『義務について』153）、その後の市民概念を決定づけることになる。キケロを媒介として古代的市民概念が如何に近代の政治哲学の中に脈々と流れ続けているかは、ポーコックの名著が鮮やかに論証して以来今日の政治思想史の共通認識となっており、この研究はまた現代政治学におけるギリシア民主主義研究の隆盛をもたらす契機ともなったのである。

しかしながら、現代の規範的政治理論は、金科玉条の如くに信奉されてきた民主主義というイデオロギーの暴力性を告発すると同時に、それを支えるべき伝統的な市民概念にも疑義を呈するに至っている。この疑問は、古代の民主主義が近代的な自由を許容しないという点で近代のそれと根本的に異なっているという、コンスタン以来のギリシア民主制批判とは次元を異にしている[5]。また、六〇年代以降盛んになった観想優位のプラトン政治哲学と実践優位のアリストテレス政治哲学の比較対照といった観点とも、勿論重なり合いつつもその着眼点を異にする[6]。市民概念批判は、これまで見てきた問題、即ちポリスにおける政治的なるものの成立と同一性の暴力に等しい哲学の成立の相補性から出発しつつも、とりわけ市民の同一性の強制の上に樹立された民主制の暴力に照準を合わせているのである。確かにアリストテレスはポリスが市民相互の友情の所産(philias ergon)であることを重視しているし(『政治学』1280b30ff.)、キケロもまた正義の根底に偽りのないこと(veritas)と友情(amicitia)を置いている(『義務について』23, 56)。プラトンにおいてはイデアすなわち真理の同一性と哲学者によるその洞察こそが国家の礎石をなすと考えられているとすれば、その観想優位の政治哲学を批判して実践的、政治的生の優越を主張するアリストテレスやキケロにおいては友情によって結ばれた市民の同一性が真の民主制或いは共和制の基礎をなすと見なされている。そしてこの市民相互の同一性の担保があってはじめて、先述した民主主義の諸理念は守られるのである。今日の規範的政治理論はこの点に批判の眼差しを向ける。例えば、差異と多様性への恐怖が哲学とポリスの成立を促したことを論じたサクソンハウスは、[7]ペリクレスの『葬送演説』は商品経済の発展が生みだした差異の叢生と私的領域の享受に対して理想的な、しかし画一的な政体(politeia)を提示することにあったと論じている。[8]ペリクレスが、そして正統な哲学の系譜が排撃した差異の守護者、それこそは見せかけを擁護して真の知識と真正な人間関係を嘲笑したソフィストたちであった。ところが、サクソンハウスに従うならばそのソフィストの頭目であるプロタゴラスこそが、民主主義の本当の擁護者なのである。「同じ表題をもつプラトンの対話篇においてプロタゴラスが行っている演説は、おそらく我々がアテナイから受け継いだ民主的制度を最も強力に支持するものである。だが、この対話篇の中で平等という民主的原則の支持者であるプロタゴラスの演説の占めている位置は、とんでもない馬鹿げた話を語る者という訳である。にもかかわらず、プロタゴラスの民主主義擁護は重要なものであり、アリストテレス以前の最も理論的に洗練されたものであることは確かである[9]」。

プロタゴラスを民主主義の擁護者と見なすサクソンハウスの主張は、哲学史及び政治思想史の常識に照らすならば驚くべきものである。しかし、最近の研究の中にはソフィストを再評価しようとする動きが認められることも事実である。それは、哲学と政治の関係を新たに捉え直そうとする現代思想の一つの応用問題として提示されている。本章は、こうした解釈の一端を紹介することによって今日の規範的政治理論の特質を明らかにすることを課題としている。そのためにはまず、近代における古代的市民概念の位置づけを確認することから始めなければならない。

(1) Ostwald, M., *From Popular Sovereignty to the Sovereignty of Law: Law, Society, and Politics in Fifth-Century Athens*, University of California Press, 1986, p. 175ff.

(2) トゥーキュディデース、久保正彰訳『戦史』(上)、岩波文庫、二二六頁。

(3) 同右、二二七頁。

(4) 同右、二三〇頁。

(5) 勿論、ラディカル・デモクラシーの文脈で新たに古代の民主制と近代のそれとを比較しようとする学問的試みが盛んになりつつあるのも、事実である。例えば、歴史的事実の検証を踏まえて二つの民主制の異同を議論する一九九三年のアメリカ古典研究学会のシンポジウム「民主主義――古代と近代」はその一つである。Cf. Ober, J. and Hedrick, Ch. (ed.), *Dēmokratia : A Conversation on Democracies, Ancient and Modern,* Princeton University Press, 1996.

(6) 今日のアリストテレス研究は、基本的にはこのプラトンとの相違を認めつつも、更にアリストテレスは最終的に観想優位の立場を保持しているか否か、また保持している場合でも観想と実践は彼の哲学の中で如何なる関係の下に理解されているのかを、詳細に検討する作業に着手している。例えば、Swanson, J. A., *The Public and the Private in Aristotle's Political Philosophy*, Cornell University Press, 1992; Miller, Jr, F. D., *Nature, Justice, and Rights in Aristotle's Politics*, Clarendon Press, 1995; Tessitore, A., *Reading Aristotle's Ethics : Virtue, Rhetoric, and Political Philosophy*, State University of New York Press, 1996; Mathew, R., *Aristotle's Criticism of Plato's Republic*, Rowman & Littlefield, 1997.

(7) Saxonhause, A. W., *Fear of Diversity : The Birth of Political Science in Ancient Greek Thought*, The University of Chicago Press, 1992.

(8) Saxonhause, A. W., *Athenian Democracy : Modern Mythmakers and Ancient Theorists*, University of Notre Dame Press, 1996, p. 59ff.

(9) *Ibid.*, p. 8.

一

ハンス・バロンの画期的なイタリア・ルネサンス研究以来、近代の市民的人文主義(civic humanism)の起源をルネサンスに求める立場はクリステラー、ガリンと受け継がれて今日の定説となっている。(1)そしてこの復活した古代的市民概念がとりわけ近代政治思想史において占める重要性は、スキナーやポーコックの浩瀚な著作によって広く知られるところである。(2)ポーコックは、市民的人文主義の中核をなす市民概念を以下のように規定している。「市民の理想が含意する政治的知識や行為の様態は、スコラ的‐慣習的枠組みが暗黙のうちに前提にしていたそれとは完全に異なる概念化を施されていたと言いうる。……市民は、公的な事柄について公的な決定を下す範囲を大幅に許容する知識論をもたねばならない。普遍的秩序を認めつつ個別的な諸伝統の存在を許すような認識論的基礎の上に市民的生活様式を樹立しようとする企ては、〔中世的な枠組みが課す〕一定の限界の中に拘束されざるをえない。フィレンツェの政治思想の歴史は、この限界からの決定的な、しかし部分的な解放の歴史であると言うことができる」。(3)周知のようにポーコックは、この解放の過程をフィレンツェにおけるアリストテレスやキケロの復活の歴史と重ねあわせ、その頂点をマキャヴェリに見るのである。「市民的人文主義者や市民的生(vivere civile)の唱道者にとって、アリストテレスの分析やアテナイの歴史から得られた国制論は彼らの政治参加を必然的なものとする理論を提供した。それは、人間の社会的生の普遍性は観想ではなく政治参加にこそ存することを教えていた。個々の人間と彼らが追求する個別的善は市民としてのあり方の中で共通善のための活動という普遍的価値へと姿を変え、より下位の諸価値の追求を許容するのである」[4]。イタリアの諸都市からイングランドを経由して北米大陸へと目を転じるポーコックは、その過程でヨーロッパ大陸にも受け継がれたルソーからマルクスに至る市民的人文主義の伝統の重要性を示唆している[5]。以下では、ポーコック自身が検討することを控えているルソーの政治思想の中に市民的人文主義の痕跡を探ってみよう。

ルソーの市民(citoyen)という概念が、共和制ローマと並んで古代ギリシア、とりわけスパルタを模範にしているという点は、夙に指摘されてきた[6]。しかし、ポーコックの影響の下に改めてルソーの市民概念を検討した優れた研究が、マウリツィオ・ヴィローリの『ジャン－ジャック・ルソーと〝よく秩序づけられた社会〟』(一九八八年)である[7]。「我々は見せかけの善に欺かれる(Decipimur specie recti)」というホラティウスの言葉をエピグラフに掲げた出世作『学問・芸術論』において、思想家ルソーの生涯を貫く実存的問題意識は既に鮮明に提示されている。スタロバンスキーの名著以来周知のように、それは社会における人間の存在(être)と見せかけ(paraître)の、そしてそれに伴う人間とブルジョアの乖離であった。「もしも外面の様子がいつも内心の状態を反映しているとしたら……共同体(nous)の中で生きることはどんなに楽しいことだろう」[8]。古代ギリシアにおいて生成変化する世界の中で存在を探求する知的な試みが存在論を、より一般的には哲学そのものを生みだしたことを、ここで想起することは無駄ではない。パルメニデスによる存在論の創始が、エデンの園を追放された人間が蛇によって教えられた知恵を使用しはじめたことに擬せられるように[9]、ルソー的人間にあっても存在と見せかけの乖離は、無垢な幼年時代の終わりを告げる理性の使用と軌を一にしているのである。そして理性の濫用がもたらす傲慢(hybris)を嘆く悲劇詩人たちが神々への素朴な敬虔の念を保持していた古き良き時代への回帰を説いたように[10]、ルソーもまた古代のポリス、それも個人主義の下に文化の繁栄したアテナイではなくスパルタ的なエートスと市民に期待を寄せたのである。「古代の政治家はたえず風俗と美徳について語っていた。我々の政治家は商業と金銭についてしか語らない[11]」。ルソーもまた一七世紀の市民的人文主義者と同様に富と奢侈の問題に取り組んだのである。「では、この奢侈の問題において、正確には何が問題なのか。国家にとって、輝かしくはあるが束の間の存在であることと有徳且つ永続的な存在であることと、何れが大切であるかを知ることである[12]」。ここには、ポーコックが市民的人文主義を規定するに際してメルクマールにした時間意識の問題が如実に現れている。「〃マキャヴェリ的契機〃とは一定の時間の概念化に与えられた重要性である。そこでは共和国は、それ自身の時間的有限性に直面しつつも、世俗的な安定性を持つ全システムを本質的に破壊していくと考えられる非合理的な出来事の連続に抗して道徳的にも政治的にも安定し続けようとするものと見なされている[13]」。

勿論、ルソーは単純に古代のポリスを復活させようと企てたわけではない。ヴィローリが指摘するようにルソーの政治哲学は、古代の共和主義を理想視する政治的人文主義と並んで近代の自然法思想・社会契約論をもう一つの構成要素にしている。前者が国家の構成員の正義と自由に対する情念を鼓舞するとともに、後者は国家の合理的な正当性根拠を提供する。換言すれば、ルソーの政治哲学は自然にかなったポリスの如き共同体を、しかし人為的、合理的に構築しようとするものである。[14]「社会秩序はすべての他の権利の基礎となる神聖な権利である。しかしながら、この権利は自然から由来するものではない。それはだから約束(conventions)に基づくものである。これらの約束がどんなものであるかを知ることが、問題なのだ」[15]。従って国家の法的秩序は一般意志の表現であり、つまりは人間の理性の所産なのである。この点に十分に留意しながらも、本章では努めてルソーの政治哲学のもう一つの構成要素である、その市民的人文主義の側面に光を当てることにしよう。その時、秩序の問題が大きな争点として浮かび上がってくる。例えば、サヴォアの助任司祭の信仰告白の次の一節。「良心とはいろいろな偏見がつくりだすものにすぎないとわたしたちは聞かされている。しかしながら、わたしは経験によって、それが人間のあらゆる掟に逆らってがんこに自然の秩序に従うことを知っている」[16]。ルソーの著作に頻出するこの自然の秩序、正しく秩序づけられた自然(la nature bien ordonée)とは何を意味しているのか。そして共和国における法的秩序と自然の秩序の関係は如何なるものなのか。

　ヴィローリの研究の最大の功績は、ルソーの思想におけるいわば存在の秩序(ontic logos)の重要性を強調し、道徳的秩序のみならず政治的、法的秩序もこの実在的秩序に包摂され、それに基礎づけられていなければならないという、いわばルソーの政治哲学の基礎づけ主義的本質を明らかにした点に存する。「ルソーの倫理学と知識論は、客観的な道徳的秩序と客観的真理の存在を前提にしている。それらの孰れも神によって与えられたものである。確かに人間の知識は人間〔理性〕の所産という側面をもってはいるが、それは神の英知の所産であるという点で本質的に理性的な自律的実在と触れ合うに至るのである。真理と理性的知識は、ルソーの考え方に従えば人間の約束事(conventions)ではない。寧ろそれらは、既に事物の中に存在する秩序と実在を承認することに等しいのである」[17]。自然状態において人間は自然という存在の秩序から逸脱することはない。自然状態を脱して自尊心(amour propre)に目覚めた人間は、自然の秩序の外部へと転落し、そこに見せかけの秩序を構築する。「こうして、見せかけの秩序は、恐怖に怯えさせるか恩をうることによって全市民の保護を放棄する政治体制や統治権威のすべてを特徴づけている。そこでは特権を享受する人間がいる反面、共通の善は私的利害のために犠牲にされる」[18]。共和国は、人間への服従ではなく法への服従を徹底化することによって見せかけの秩序を真の秩序へと転換する。このような法を制定する主体である一般意志を人為的に創出するための手続きが、あのルソー独特の社会契約なのであるが、それにしても何故に法なのであろうか。

ヴィローリはルソーのように存在の秩序を前提にして倫理学や政治哲学を構築する企ての系譜をキケロからアウグスティヌス、ポープ、更にシャロンと辿っているが[19]、当然のことながらその系譜の出発点は古代ギリシアの自然観にまで遡るであろう。既に見てきたように、存在の秩序という実在的秩序と見せかけの秩序の対比は、ギリシアにおいて哲学が存在を問題にしはじめた時に既に保持されていた根本的な思惟様式であり概念図式であった。哲学は、両者を自然(physis)と人為・法(nomos)という対概念に置き換えた上で両者の関係を議論したが、両者の一致こそが法的共同体である国家の正当性を保証すると考える点で共通していた。存在の秩序と見せかけのそれとの相違、換言すれば自然と人為・法との齟齬の可能性を前提として政治哲学を構築しようとするソフィストの大胆な企ては、ソクラテスによってたちどころに論駁され、以後西洋政治思想史の主流になることはなかった。市民的人文主義は、此岸的生と世俗的国家の意義を復権するにあたって、この存在の秩序をキリスト教的な創造の秩序から再び異教的な秩序観へと転換することを試みたが、此岸的領域の秩序を何らかの存在の秩序によって根拠づける点では変わりはなかったのである。政治思想史の常識が教えるように、両秩序の連関を否定して政治を純粋に人間の作為の所産と見なす自由主義的な政治思想が成立するためには、中世末期から始まる厳格なキリスト教的二元論の復古を必要としたのである。市民的人文主義は、作為の論理に立脚する近代的政治思想から見るならば自然という存在の秩序を不可欠の根拠とする点で極めて保守的な本質を抱懐しており、この点では近代民主主義の創始者ルソーも政治的空間の自立化をもたらしたと評価されるマキャヴェリも同様なのである[20]。

ヴィローリは、市民的人文主義という共通性の下にルソーとマキャヴェリを比較するに際してとりわけ両者の立法者論に注目する。『社会契約論』第二編第七章「立法者について」においてルソーは、〝他の秩序に属する権威〟を背景にしてブルジョアを契約へと促す立法者について語っている。ヴィローリによれば国家の創設を準備する〝崇高な理性〟である立法者は、世界を一定の秩序の下に創造した神にも比すべき存在である。そしてこの点でルソーの立法者はマキャヴェリのそれと一致するのである。[21]「共和国の秩序は一般意志の主権と立法者の英知の上に基礎づけられる。それは人為的秩序である。なぜならばそれは、社会契約という人為と立法者の技術から出発するからである。立法者は、熟練した技術者と同様に、機械のあらゆる部分を機械が作られた目的が成就するように調和的に作動するべく配置しなければならない[22]」。注意すべきは、造物主としての神と正しい政治的秩序を提示する立法者及びそれを担う市民という対比は、単なるアナロジーではないという点である。両者は、自然の秩序とその一部としての政治的秩序という世界観に基づく相補的関係の下に理解されている。[23] そこには、宇宙の秩序(kosmos)と政治的秩序(polis)と魂の秩序(psychē)の三者を相同的な関係の下に捉えていた古代的な世界観が紛れもなく継承されているのである。

以上をもって我々が確認しえたことは、今日の政治理論にも受け継がれているルソー的、民主主義的な市民概念がある種の実在的秩序に基礎づけられたものであることである。そして基礎づけ主義を批判するポストモダーン的政治理論は、当然のことながらこうした市民概念をもまた批判せざるをえない。次節ではこの点を確認することにしよう。

（1） Baron, H., *The Crisis of the Early Italian Renaissance*, Second Edition, Princeton University Press, 1966 ; Kristeller, P. O., *Renaissance Thought : The Classic, Scholastic, and Humanist Strains*, Harper Torchbook, 1961 ; Garin, E., *Italian Humanism, Philosophy, and Civic Life in the Renaissance*, Harper and Row, 1965. 勿論、ルネサ

ンスの起源を所謂一二世紀ルネサンスや一三世紀革命にまで遡って探求する試みが存在するように、市民的人文主義の誕生をその時期に認める有力な研究も存在する。経済的な力を背景にして此岸的価値の一定の肯定や世俗的国家の独自性を主張する中世の〝政治的人文主義〟は、既にしてアリストテレス哲学やキケロによって理論武装していたのである。こうした見解を採用するものとして、Ullmann, W., *The Individual and Society in the Middle Ages*, The John Hopkins Press, 1966 ; Nederman, C. J., *Medieval Aristotelianism and Its Limits : Classical Tradition in Moral and Political Philosophy, 12th-15th Centuries*, VARIORUM, 1997.

(2) Skinner, Q., *The Foundations of Modern Political Thought*, Cambridge University Press, 1978 ; Pocock, J. G. A., *The Machiavellian Moment : Florentine Political Thought and the Atlantic Republican Tradition*, Princeton University Press, 1975.

(3) Pocock, J. G. A., *op. cit.*, p. 49f. 古典古代的な市民概念は、市民的人文主義によって近代に復活した後、その意味内容を微妙に変化させていく点にも注意すべきである。本節で扱うように、共和主義を支えるべきフランス型の市民(citoyen)が比較的その意味を忠実に保持し続けたのに対して、資本主義の先進国であったイギリスにおける市民(citizen)は、「富と徳の問題」に決着がつけられて以来、何よりも経済活動に従事する存在として理解されるようになるし、遅れて上からの近代化を開始したドイツにおける市民(Bürger)は、内面と外面、或いは美的領域と政治的領域に引き裂かれつつその分裂に雄々しく耐える存在として描かれている。

(4) *Ibid.*, p. 75.

(5) *Ibid.*, p. 462.

(6) Shklar, J. N., *Men and Citizen : A Study of Rousseau's Social Theory*, Cambridge University Press, 1969 ;

Leduc-Fayette, D., *Rousseau et le mythe de l'antiquité*, Paris, 1974.

（7） Virori, M., *Jean-Jacques Rousseau and the 'Well-orderd Society'*, tred. by Hanson, D., Cambridge University Press, 1988.「ルソーの著作の真の歴史的意義を正確に評価するには、ルネサンス期における人文主義の興隆とともに登場した、そしてマキャヴェリの諸理念の伝播によって勇気づけられた古典的共和主義者たちの発見と影響という文脈の中にそれらを位置づける必要があるのである」(p. 14)。ヴィローリはこの著作に続いて、市民的人文主義そのものをルネサンス・イタリアに探り、古代的政治パラダイムが近代的なそれへと変化する跡を辿ったすぐれた著作を発表している。Virori, M., *From Politics to Reason of State : The Acquisition and Transformation of the Language of Politics 1250-1600*, Cambridge University Press, 1992.

（8） Rousseau, *Sur les sciences et les arts*, Œuvres complètes 2, L'intégrale, p. 54.（平岡昇訳『学問・芸術論』、『世界の名著 30』中央公論社、六七頁――一部訳を変えた。以下、同様）

（9） Cf. Barnes, J., *The Presocratic Philosophers*, vol. 1, Routledge & Kegan Paul, 1979.

（10） Cf. Saxonhause, A. W., *Fear of Diversity : The Birth of Political Science in Ancient Greek Thought*, The University of Chicago Press, 1992 ; Rocco, Ch., *Tragedy and Enlightenment : Athenian Political Thought and the Dilemmas of Modernity*, University of California Press, 1997. より簡単には本書第二章参照。

（11） Rousseau, *Sur les sciences et les arts*, p. 59.（前掲『学問・芸術論』八二頁）『エミール』には以下のように指摘されている。「わたしの見るところでは、近代にあっては人々はもう力と利害のほかには相手に働きかける手段をもたない。ところが、古代の人々は説得することによって、魂を揺り動かすことによって働きかける場合のほうがはるかに多かった。かれらはしるし(signe)による言語を軽視してはいなかったからだ」(Rousseau, *Émile ou de l'éducation*, Œuvres complètes 3, p. 221. 今野一雄訳『エミール』(中)、岩波文庫、二三六頁）。この箇所に続いてルソーは、古代の雄弁が美辞麗句の羅列ではなく、しるしを通して存在を現れさせるものであったことを強調している。『学問・芸術論』でソフィストを斥けるソクラテスを高く評価している点と関連させて重視すべき部分である。「もっとも生き生きと述べられたことは、言葉(mots)によってではなくしるしによって表現されたのだ。それは語られた(disait)のではなく示されたのだ(montrait)」(*ibid.*, p. 221. 同前、二三七頁）。

(12) Rousseau, *Sur les sciences et les arts*, p. 59.（前掲『学問・芸術論』八四頁）

(13) Pocock, J. G. A., *op. cit.*, p. viii.

(14) Virori, M., *Jean-Jacques Rousseau and the 'Well-orderd Society*,' 211ff.

(15) Rousseau, *Du contrat social, ou principes du droit politique*, Œuvres complètes 2, p. 518.（桑原武夫・前川貞次郎訳『社会契約論』岩波文庫、一五頁）近年ではゴワヤール＝ファーブルの解釈が、ルソーにおける存在の秩序の放棄と政治を合理的に作為しようとする点を強調するものである。Goyard-Fabre, S., *Politique et philosophie dans l'oeuvre de Jean-Jacques Rousseau*, PUF, 2001.

(16) Rousseau, *Émile ou de l'éducation*, p. 184.（前掲『エミール』(中)、一二二頁）

(17) Virori, M., *Jean-Jacques Rousseau and the 'Well-orderd Society*,' p. 23.

(18) *Ibid.*, p. 114.

(19) *Ibid.*, p. 53ff. ルソーの秩序観と近代の機械論的秩序観の相違については、以下の重要な研究が参照されねばならない。Baczko, B., *Rousseau : solitude et communauté*, traduit par Brendhel-Lamhout, C., Mouton, 1974, p. 168ff.

(20) ポーコックは次のように述べている。「卓越性(aretē)と徳(virtus)はともに以下のものを意味するようになった。第一に、市民的文脈の中で個人或いは集団が効果的に活動する力、第二に、人格や本質をそのあるがままに保つ決定的特性、第三に、人間をポリスやコスモスの内部であるべき存在にする道徳的善性。これら多様な意味はそのまま近代語の〝徳〟へと受け継がれ、西洋の古典的思考が終焉を迎えるまで各国語の中にその等価物を保持していた。この言葉は、マキャヴェリという人物をめぐって書かれたあらゆる書物の中で明白な重要性を有しているのである」(Pocock, J. G. A., *op. cit.*, p. 37)。因みに、近年のマキャヴェリ研究はかつてのように彼の近代的な側面を強調するものは影を潜め、市民的人文主義者としての側面に光を当てるものが多くなっている。或いは両側面を架橋することを目論みつつも結果的には後者を浮き彫りにすることになっている。例えば、Sullivan, V. B., *Machiavelli's Three Romes : Religion, Human Liberty, and Politics Reformed*, Northern Illiois University Press, 1996 ; Danel, A. D., *A Case for Freedom : Machiavellian Humanism*, University Press of America, 1997 ; Kocis, R. A., *Machiavelli Redeemed : Retrieving His Humanist Perspectives on Equality, Power, and Glory*, Lehigh University Press, 1998. また、Parel, A. J., *The Machiavellian Cosmos*, Yale University Press, 1992. は、マキャヴェリの政治思想の根底にある占星術的秩序の重要性を丹念に論証している点で興味深い。勿論、他方でシュトラウスの立場を継承しつつ、polis (civitas) 概念から stato 概念への転換にマキャヴェリの近代性を見る伝統的な解釈として、Mansfield, H. C., *Machiavelli's Virtue*, The University of Chicago Press, 1996. 更に注目すべきは、近年のソフィスト評価と並行する形で、偽善を勧めるマキャヴェリの教説を肯定的に捉える解釈も登場しているが、これについては後述される。

(21)　Virori, M., *Jean-Jacques Rousseau and the 'Well-orderd Society'*, p. 188f. 勿論、ヴィローリは、暴力を行使するか否かという点にルソーの立法者とマキャヴェリのそれの相違が存することは認めている。

(22)　*Ibid.*, p. 190.

(23)　ヴィローリは、ルソーの政治思想の「形而上学的枠組み」を以下のように示している(*ibid.*, p. 45)。

(1)　自然的秩序―人為の開始―完成された人為

(2)　自然的秩序―人為的無秩序―よく秩序づけられた社会

(3)　自然状態―市民社会―政治社会

ホロヴィッツは、自然から歴史への転換にルソーの政治思想の画期的性格を見るシュトラウス的立場から、ルソーの法は古代のそれのように自然に含まれるものではなく、あくまでも人為であると主張しているが、首肯しがたい。Cf. Horowitz, A., *Rousseau, Nature, and History*, University of Toronto Press, 1987, p. 170. しかしながら、ルソー解釈の主流は、依然として彼が国家を人為的な構成物として構想した点を強調するものである。この点は、ザルカの近著においても変わりはない。ザルカはフランス革命の人権宣言に自然法への言及がないことを問題にした上で、その理由をルソーにおいて国家は人為の所産に、法は主権者の意志に求められたために、この時点で近代自然法は終焉を迎えたという点に見出している。Cf. Zarka, Y. Ch., *Philosophie et politique à l'âge classique*, Presses Universitaires de France, 1998, ch. 18.

二

二〇世紀思想史の扉を開いたニーチェがルソーを嫌っていたことはよく知られている。ほんの一例を挙げよう。「私の我慢のならない者ども。……ルソー、すなわち、不純な自然的なものという形をとった(in impuris naturalibus)自然への復帰」(『偶像の黄昏』――原佑訳)。当然のことながら、〝われら故郷なき者〟(『悦ばしき知識』)について語ったニーチェがルソーに色濃く残る郷愁を評価するはずはないし、〝善悪の彼岸〟に立つことを欲した前者が後者の性善説的人間観に与するとは考えられないが、両者の根本的相違点はニーチェが存在の秩序(ontic logos)である客観的な実在的秩序をおよそ信じてはいない点に求められる。[1] このニーチェの反基礎づけ主義は、形而上学の創始者ソクラテス、プラトンを攻撃する反面、彼らの敵であるソフィストや懐疑主義者を肯定する態度を導く。「ソフィストたちがはじめて道徳の批判に、はじめて道徳に関する洞察に着手しはじめる、――彼らは、併存する道徳的価値判断の多数性(地域的な被制約性)を示す。――彼らは、あらゆる道徳が弁証によって是認されるということを理解せしめる。言い換えれば、彼らは、どうして道徳のすべての基礎づけが必然的に詭弁的たらざるをえないかを推量する」(『力への意志』428――原佑訳)。ニーチェのソフィスト評価は、プラトンを批判するための単なるアイロニカルな表現にとどまらず、彼の思想そのものに根ざしたより積極的な意味を持っている。そして現代におけるニーチェの後継者たちは、師の衣鉢を継いで、プラトンよりもソフィストを高く評価するという哲学史の価値転倒に乗り出しているのである。[2] 以下においてその政治思想的含蓄を紹介することにしたい。

　自然と人為をめぐる哲学上の議論の変遷とは別に、そもそも古代ギリシアにおいてソフィストが登場した社会的条件にまず我々は注意を払うべきである。紀元前五世紀のアテナイにおいてソフィストが隆盛を極めた背景にはアテナイ民主制の発展という事実が存在したのである。民衆が政治に参加する機会が増えることに伴って、彼らが身につけている諸々の技術と同様に、政治に必要な言論の技術を彼らに教えるソフィストが要請されたのである。『プロタゴラス』の中で議論されているように、大工や鍛冶屋の技術のような〃生活(bios)のための知恵(sophia)〃〃技術知(entechnon sophian)〃と並んで〃政治(politikē)のための知恵〃である弁論術も教えることができるか否かが、当時の重要問題であった。そしてこの問いに次のように肯定的に答えたプロタゴラスは、明らかに民主制に好意的な態度をとっていたのである。[3]「君の国〔アテナイ〕の人々が、国事に関しては、鍛冶屋の意見であろうが、靴屋の意見であろうが、これを聞き入れるのは当然であるということ、そして彼らが、徳(aretē)を人に教えたり与えられたりすることが可能であると考えているということについては、ソクラテス、これでぼくのつもりでは、充分に君に証明されたわけである」(324C-D――藤沢令夫訳)。

政治的徳は他の技術のように簡単に教えることはできないと主張するソクラテスとそれに反対するプロタゴラスの見解の相違は、前者が快楽を厳密に計量する理論知を政治的技術の根底に据えることを企てるのに対して、後者は政治的技術は見せかけに関する知識で充分であると考えることから派生している。[4]「〔幸福を保証するものは〕計量の技術(metretikē technē)だろうか、それとも目に見えるがままの現象(phainōmenon)が人にうったえる力だろうか？――後者はわれわれを惑わし、同じものをしばしばあべこべに取り違わせ、行為においても大小の選択においても、しまったことをした、と思わせる因となるものではなかったかね。これに対して、計量の術は、もしそれを用いたならば、このような目に見えるがままの現象(phantasma)から権威を奪うとともに、他方、事物の真相(to alēthēs)を明らかにすることによって、魂がこの真相のもとに落ち着いて安定するようにさせ、もって生活を保全しえたところのものではないかね」(356D-E)。ここに提出された臆見と真知をめぐる問題は、周知のように『テアイテトス』へと受け継がれることになる。この対話篇では「あらゆるものの尺度であるのは人間だ。あるもの(onton)については、あるということの、あらぬもの(mē onton)については、あらぬということの」(152A——田中美知太郎訳)という、プロタゴラスの所謂人間尺度説に対して詳細な検討が加えられている。更にプロタゴラスのこの知識論は、以下のような一種の国家契約説を導く点にも激しい批判が浴びせられることになる。「生来(自然には)これらのもの〔正・不正や敬虔・不敬虔〕には一つとして自己のまさにあるところのもの(すなわち自己の正体)をもつものがないのであって、これらの公に思いなされたところのもの(koinai doxan)(すなわち公の取り決め)は、それがそう思われたその時に真となり、またそれがそう思われている時間だけは真となっているのである」(172B)。プロタゴラスに代表されるソフィストに対するプラトンの批判は、ここでは紹介するまでもないであろう。要するに、ソフィストが対象にしているものはすべて移ろいゆくものであり、それ自体で存在するものではないということ。「何物も他と没交渉にそれ自体で単一にあるものではなく、何かに対して常になりゆくものなのだということになる」(158A-B)。そしてこの存在と生成の対比に対応して、言論も哲学者のそれとソフィストのそれとが区別されねばならない。前者は、「沈黙のうちに自己自身を相手として述べられるもの」(190A)なのである。

本章で問題とされるべきは、その後の西洋哲学史の方向を決定づけたソクラテスのソフィスト批判ではなく、近年のソフィスト再評価の動きである。この動きの中でプロタゴラスの相対主義的認識論は肯定的に捉え返されている。真理の存在とそれを認識する能力の特権性を主張する哲学がエリート主義的な政治思想と親和性を有しているのとは対照的に、ソフィストの主張は法の下の平等(isonomia)という民主主義的な原理を導くのである。[5] それはまた自由な発言の機会が保障される権利(isēgoria)にも結びつくであろう。勿論、多くのソフィストは現実には富者に寄生する生活を送っていたのであり、ソフィスト術に秘められたこうした民主主義との親和性を自身の政治的態度としても表明したのは、プロタゴラスのような一握りのソフィストにすぎなかったのではあるが。[6]

この秘められた可能性を全面的に発掘する企てが、アラン・ルノーを編者として最近刊行された『政治哲学史』第一巻である。哲学・政治哲学の最新の潮流を踏まえて編まれたこの全五巻の通史には他にも様々の特色を見出すことができるが、[7] ここでは古代ギリシア政治思想の扱いにのみ注目したい。古代ギリシアの政治思想については、まずソフィストの似非政治哲学が紹介された後で、それを批判する中からソクラテス、プラトン、アリストテレスによって真の政治哲学が生み出されたという形で叙述されるのが、一般的である。ところが、この通史では逆にプラトン、アリストテレスを受けて、アロンソ・トルデシラスの筆になるソフィストの章が続く。それは「政治的理性の最初の批判者」と題されている。その意図について、第一巻への序論においてルノーが述べていることが参考になるであろう。すなわち、プラトンもアリストテレスも政治的理性の普遍性をついに放棄することはなかったのである。(8) これに対してソフィストは、政治的論理の相対性と文脈被拘束性を徹底的に主張した。トルデシラスは、彼らの現代的意義を強調するためにこの点に光を当てる。それは、いわばプラトン、アリストテレスの哲学を脱構築する企てである。

まず第一に、ソフィストは自然(physis)と人為・法(nomos)の関係について両者の不一致を認め、後者は人間生活の便宜のための恣意的な取り決めにすぎないと断じた。この一種の法実証主義的態度は、法によって運営される政治に政治以外の領域に根拠を有する原理は必要ないということを意味している。「正義と法の要請とが同一視される結果、正義は法の変容したものであるということになる。それ故に、正義はもはや立法者を鼓吹する原理ではない。寧ろ逆に、それはこれら立法者の特殊人間的な所産なのである。立法者は、場合に応じてその都度特定のポリスに対して具体的な正義を制定するのである」(9)。次いで、プロタゴラスの人間尺度説を取り上げるトルデシラスは、それが言語の絶対的な重要性の認識に由来していることを強調する。「ロゴスとは、変換の場所、つまり自然的特性が洗練された産物に、人為(l'art)の産物に姿を変える場所なのである」(10)。政治的空間とは、自然的なそれから切り離された人為的な言語空間である。そしてこの空間に関わる政治的思慮(euboulia)は、ソフィストにあってはすべての人間に許されており、普遍的な設計図が欠如したところでその都度具体的な状況に対処する能力なのである。「(『プロタゴラス』で論じられているように)政治が技術でも科学でもないとすれば、もはやそれは経験(empeiria)であり、職人技(tribē)でしかない(『ゴルギアス』462c)。他の技術と違うところは、経験は反復しないものの反復であるという点である。なぜならば、それは一般を特殊に適用することではないからであり、それというのも政治にあっては反復される二つの状況というものも、同一の二つの決断というものもけっしてないからである。……個人的経験の本質的な伝達不可能性、通約不可能性(irréductibilité)に対応するのが、個々の政治的出来事と個々の決断の伝達不可能性と通約不可能性である。それらは、そのままで他へと伝えることができないのである。こうして、認識論の次元でプロタゴラスに帰せられる相対主義は、言語の次元では語相互の関係性の、政治の次元では社会的関係性の対応物でしかないであろう」[11]。結局、ソフィストの主張するところではポリスとは、法に基づく、換言すれば自然という根拠をもたずその都度言語の操作を通じて具体的に制定される取り決めに基づく共同体でしかないのである。「ロゴスによって人間は、ポリスと呼ばれる共同体がその周りに構築される諸価値を他者と共同で吟味するための手段を所有する。市民相互のコミュニケーションの中で法的な思慮、検討、活動が、彼らが決断した共通の価値の周りに彼らを再結集させる。そしてこの活動の政治的特質とは、ロゴスの修辞的作用によって社会的紐帯を常に新たにその都度基礎づけ、維持し、強固なものにしようと努めることに存するのである」[12]。

恣意的且つ修辞的な言語の使用を通じて、その都度具体的に共同体を不断に構築していくというソフィストの政治哲学は、ソクラテスによって始められプラトン、アリストテレスによって完成される同時代の政治哲学に対抗するパラダイムであるにとどまらず、哲学が誕生する以前のポリスのあり方への先祖帰りという側面も備えていた[13]。その意味で、トルデシラスのソフィスト分析は哲学と政治が共犯関係を結び、同一性の政治が開始される以前の政治を解明することによって、基礎づけ主義批判と関連した今日の政治理論に寄与することを目的にしていることは、明らかなのである。

同様の意図をもって書かれた大著が、バーバラ・カッサンの『詭弁の効用』である。カッサンがアリストテレスの批判[14]以来哲学史から追放されてきたソフィストの名誉回復を企てる最大の理由は、彼らがパルメニデスに代表される存在論に反対して、存在を言語のその都度の戯れの所産と考える点に存する。存在論の前提となっている存在の実体化、現前の神話に対して〝言説としての存在論〟つまり「言語の行為遂行的自律性（l'autonomie performative）と、言語が生み出す仮象 - 世界（l'effet-monde）とに関する主張[15]」をカッサンは、ノヴァーリスの言葉を借用してロゴス論（logologie）と名付ける。「存在 = 論――言説は存在を顕彰する。言説は存在を語ることを義務としている。ロゴス論――言説が存在を作る〔存在せしめる〕。存在とは語られた事実である。一方においては外部は自らを措定して、ひとが外部について語ることを強制する。他方においては言説が外部を生み出す。……ソフィストの言説は、文字通りの意味で行為であるのみならず、隅から隅までオースティン的な意味で行為遂行的なのである。つまりそれは造物主であり、それは世界を制作し、それは世界を到来させるのである[16]」。

この存在論とロゴス論の対照は、政治的には如何なる意味を有しているであろうか。カッサンは、それを自然的なるもの（le physique）と政治的なるもの（le politique）の切断として説明する。換言すれば、ソフィストをもって政治的なるものが登場したのである。ここでの政治的なるものとは、あらゆる政治（la politique）の存在を可能ならしめる〝政治の超越論的なもの〟である[17]。しかし、勿論のこと、この〝超越論的なもの〟は自然という根拠を欠いている。畢竟、政治はすべて言語によってその都度の秩序を構築する営みであり、政治的空間は如何なる実体的秩序からも解放された基礎づけなき自律的且つ人為的な言語空間なのである。「実際、ソフィスト術のすぐれて政治的な特質とは、それがロゴスとロゴス論の問題であるという点に存する。このようなものとして、つまり何らかのより決定的な審級に従属しない独自の審級として政治的なるものが現れるということこそが、存在論に対して、エレア学派から発する〝存在〟の言説に対して、そしてイオニア学派が保持した〝自然〟に関する言説に対して批判的な位置を彼らが占めるという主要な効果をもたらすのである。……言葉(parole)が発見する自然的なるものは、言説が創造する政治的なるものに取って代わられる[18]」。

その結果、政治的共同体は内的凝集性を恒常的に担保する同一性原理を欠いており、常に内部に抗争(stasis)を孕みつつその都度アド・ホックな合意(homonoia)の上で運営されることになる。つまりそれは、抗争/合意という両義性の下に置かれているのである。「合意(homonoia)……という政治的なるものの本質は、同一性に基づく統一性ではなく、真に形式的で自由で内容空疎な統一性であり、あらゆる内容に開かれた統一性の形式である。……パルメニデス的モデルがこれとは逆であることは、一目瞭然である。そこでは、〝共にあること(l'avec)〟の統一性(l'unité)、ポリスの集合的且つ多元的な統一性が、単一性(l'unicité)の母胎と化してしまうのである[19]」。

二〇世紀という時代の精神を象徴する形而上学批判の中核を占める言語論的転回がもたらした言語(logos)への新たな関心の高まりは、意味の恣意性の思想の下に言語が何らかの実体的秩序(ontic logos)を表現する可能性を決定的に奪ってしまった。その結果、政治的秩序を支えるべき実体的秩序、それを担うべき人間、それを認識すべき能力といった政治を基礎づける根拠もまたすべて否定されることになった。そればかりか、言語の秩序形成能力そのものが暴力性として告発されるに至っている。こうして、言語を操り人工的空間を創出する魔術師でありながら、それがまた実体なき幻想でもあることを充分に弁えていたソフィストが、今日再び脚光をあびつつあるのである。[20]

(1) ニーチェとルソーの比較については、cf. Schmidt, L.-H., *Immediacy Lost : Construction of the Social in Rousseau and Nietzsche*, Akademisk Forlag, 1988 ; Ansell-Pearson, K., *Nietzsche Contra Rousseau : A Study of Nietzsche's Moral and Political Thought*, Cambridge University Press, 1991. 例えば、アンセル＝パーソンは次のように述べている。「ルソーに対するニーチェの主要な批判はルソーの道徳重視に存する。それは、自然的、道徳的な世界‐秩序への信念に基づいており、人間の自然的善性を帰結するが、それは善悪の彼岸というニーチェの立脚点と同じではない」(p. 3)。

(2) この価値転倒の企ての中でソクラテスの位置はやや微妙である。従来からソクラテスとプラトンを区別して、前者における内的対話と後者の孤独な観想の相違を重視する立場(例えば、ヤスパース『ソクラテスとプラトン』やアレント『精神の生活』)や、逆にそもそも対話という方法に着目してプラトン哲学そのものを解釈学的に理解することによって両者の相違を否定しようとする立場(ガーダマー『プラトンの弁証法的倫理学』)が存在したが、内面に宿る不可視の本質の表現という形而上学やそこにおける他者の不在を批判するポストモダーン的な問題意識に立脚して、改めてソクラテスの積極的意義を救出しようという研究が近年目立つようになってきた。Cf. Mara, G. M., *Socrates' Discursive Democracy : Logos and Ergon in Platonic Political Philosophy*, State University of New York Press, 1997 ; Howland, J., *The Paradox of Political Philosophy : Socrates' Philosophic Trial*, Rowman & Littlefield, 1998 ; Nehamas, A., *The Art of Living : Socratic Reflections from Plato to Foucault*, University of California Press, 1998 ; ditto, *Virtues of Authenticity : Essays on Plato and Socrates*, Princeton University Press. 1999 ; Villa, D., *Socratic Citizenship*, Princeton University Press. 2001.

(3)　Cf. Cappizi, A., La confluence des sophistes à Athènes après la mort de Periclès et ses connections avec la société attique, in Cassin, B. (ed.), *Position de la sophistique : colloque de Cérisy*, J. Vrin, 1986. また次の論文は、ソフィスト誕生の実際の背景とは逆に弁論術が反民主主義的且つ非科学的と見なされて、フランス第三共和制の古典教育から排除されていった事情を知識社会学的に解明しており、啓発的である。Compagnon, A., Martyre et résurrection de sainte rhétorique, in Cassin, B. (ed.), *Le plaisir de parler : Études de sophistique comparée*, Les éditions de Minuit, 1986.

(4)　Cf. Nussbaum, M. C., *The Fragility of Goodness : Luck and Ethics in Greek Tragedy and Philosophy*, Cambridge University Press, 1986, ch. 4 ; Mueller, R., Sophistique et démocratie, in Cassin, B. (ed.), *op. cit.* 因みに、マキャヴェリもまた政治における真理とは見せかけのそれにすぎないと明言していた(『君主論』第一八章)。この点に注目してマキャヴェリを解釈し、真理と道徳的誠実を求める伝統的な政治哲学を批判した研究として、Grant, R. W., *Hypocrisy and Integrity : Machiavelli, Rousseau, and the Ethics of Politics*, The University of Chicago Press, 1997. グラントは、ルソーの政治思想は徹底的な道徳的誠実と本物の自我と透明な対他関係を求めるものであるという一般的理解(例えば、Berman, M., *The Politics of Authenticity : Radical In-*

dividualism and the Emergence of Modern Society, George Allen & Unwin, 1971；Tayler, Ch., *The Ethics of Authenticity*, Harvard University Press, 1991)に逆らって、ルソーもまたマキャヴェリと同様に、道徳的偽善を政治から排除してはいなかったと主張する。例えば、両者は宗教を政治的道具として利用する点で、政治を極めてオポチュニスティックなものと捉えていたのである。こうした解釈の背景には、本章で紹介するソフィスト評価と同じ自由主義批判があることに留意すべきである。「マキャヴェリとルソーは、政治的偽善の必要性を承知している。換言すれば、彼らは、真正な公的道徳原理に訴えることの大切さを判っているのである。偽善は道徳的口実を要求するが、この口実が必要なのも、政治は単に競合する特殊利益の間の取引だけでは動かないからである。従って政治的偽善は必要であると論じることは、公的原理としての道徳的シニシズムは不可能であると主張することに等しい。皮肉にも、政治においてしばしば偽善が働くという事実は、公的生活における道徳的衝動の強さを証明しているのである。／……両思想家は、誠実で有徳な市民からなる共同体が現実に可能であると思うほど楽天的ではなかった。今日の政治にとって一層重要なことには、彼らは私的利害の抑制された競争に基づく政治を展望するほど楽天的でもなかった。寧ろ逆に、競合する利害の公正な調整をめざす開かれた誠実で合理的な政治の実現可能性に対する深刻な懐疑を裏付ける理論的な根拠が、ここには見出される。彼らの洞察は、政治的生の不可避な非合理性を克服しうるという自由主義のあからさまな楽天主義に対する警告として役立つのである」(p. 14)。

(5)　ソフィストの認識論・知識論としての均衡(isonomia)という原理については、cf. Barnes, J., *op. cit.*, vol. 2, p. 251ff.

(6)　Cf. Mueller, R., *op. cit.* 因みに、哲学・論理学を支配する継続的時間と永遠という二項対立に対して、ソフィスト術・修辞学を支配する時間表象がこの二項対立を脱構築するところに可能になる瞬間(kairos)

であるというトルデシラスの指摘は、二〇世紀における反哲学の思想運動が共通に瞬間に注目しているという事実に照らして興味深い。Cf. Tordesillas, A., L'instance temporelle dans l'argumentation de la première et de la seconde sophistique : la notion de kairos, in Cassin, B. (ed.), *Le plaisir de parler*.

（7）　*Histoire de la philosophie politique*, tome 1-5, sous la direction de Alain Renault, avec la collaboration de Pierre-Henri Tavoillot et Patrick Savidan, Calmann-Lévy, 1999. リュック・フェリとともに『六八年の思想――現代の反ヒューマニズムについて』(一九八五年)や『反ニーチェ――なぜわれわれはニーチェ主義者ではないのか』(一九九一年)の著者であるアラン・ルノーを、所謂ポストモダーン系の思想家に分類するのは、大いに問題があろう。しかし、『政治哲学史』にはポストモダニズムの潮流の中で〝政治的なるもの〟をめぐって狭義の政治思想史研究者を越えて議論が活性化している今日の状況が、色濃く反映されている。ルノーによる全巻のための序文には政治に注がれる眼差しの「ずれ」(déplacement)が、従来の政治思想史の典型として彼が挙げるシュトラウス、クロプシー編『政治哲学史』との対照の下に語られている。要するに、今日の政治哲学はもはや古代ギリシアにおいて提出された〝正義にかなったよき体制〟を理想視して、その回復を構想することではなく、所与の状況の下に困難を解決するために〝自己変容〟することを目指しているのである。

（8）　*Histoire de la philosophie politique*, tome 1, La liberté des anciens, p. 39f.

（9）　*Ibid.*, p. 224. ――傍点、小野。トルデシラスは、法が具体的状況にその都度関わるという点を瞬間(kairos) の概念によって説明している。「法や人間の行為が関わる取り決めが無限に多様な形をとることを考えると、唯一の統一的な基準は〝瞬間(kairos)〟という基準である」(*ibid.*, p. 226f.)。

（10）　*Ibid.*, p. 249.

(11)　*Ibid.*, p. 255.

(12)　*Ibid.*, p. 273. ——傍点、小野。

(13)　*Ibid.*, p. 214f. et p. 276.

(14)　Cassin, B., *L'effet sophistique*, Gallimard, 1995, p. 333. 言語は意味を有し、矛盾律に厳格に従うというアリストテレスの言語論は、ソフィストには致命傷であった。「しかし、すべてこの種の議論にとって出発点とすべきは……かれがなにかを、かれ自らにとっても他の人々にとってもわかる意味のあるなにかを、言うであろうという点にある。たしかにかれは、なにかを言うかぎり、なにか意味のあることを言うにちがいない。そうでないとすれば、このような者に対してはなんらの言論(logos)も、かれ自らに対しても他の人々に対しても、ありえないであろうから。……そこで、第一に、少なくとも次のことだけは真実であることは明らかである。それは〝ある〟あるいは〝あらぬ〟という言葉(onoma)がそれぞれ或る一定の意味をもっており、したがってなにものも〝そうあり且つそうあらぬ〟というようなことはない、ということである」(『形而上学』第四巻、1006a 18ff. ——出隆訳)。

(15)　Cassin, B., *op. cit.*, p. 13.

(16)　*Ibid.*, p. 73. 因みに、カッサンはこの箇所でリオタールの『文の抗争』第一四八節を引用している。

(17)　*Ibid.*, p. 162. カッサンは、アンティポンの有名な「真理について」断片Aの冒頭の一節「正義とは、人がその中で市民生活を営むところの、国家の法制度を踏みにじらないということなのである」(内山勝利編『ソクラテス以前哲学者断片集』第五分冊、岩波書店、一九九七年、一六〇頁)を取り上げ、「市民生活を営む」(politeueitai tis)ことが〝政治的なるもの〟であると指摘している。

(18)　*Ibid.*, p. 152. ——傍点、小野。カッサンは、多様な政治的立場を標榜するソフィストたちに共通するのは政治的なるものへの着目であると指摘した上で、政治的なるものの特質を以下の三点にまとめている(p. 153)。㈠政治的なるものが存在する。㈡政治的なるものとは、言語(logos)の事柄であり、同意〔言語の用法が一致すること〕(homologia)に関わる事柄である。㈢同意(homologia)とは、完全な意見の一致(unisson)というよりは妥協の産物(coincidence)であり、換言すればそれは偽善(hypocrisie)或いは同音異義〔同床異夢〕(homonymie)なのである。

(19) *Ibid.*, p. 239. 勿論、カッサンは国家の調和(harmonia)を強調するプラトン『国家』第四巻)とその点を批判して市民の多様性を評価するアリストテレス(『政治学』第二巻第二章)の両者において合意(homonoia)の観念に相違があることを承知している。そして、この相違にアリストテレスに対するソフィストの影響を見るのである(p. 246ff.)。

(20) ザルカは、既にしてホッブズがこうした形而上学の夢から醒めていたことを指摘している。「形而上学者の幻想は、言説と存在の不可避の切断を見ない、或いは見ようとはせずに、事物の中には存在せず、ただ言説の中に、そして言説を通してのみ存在する抽象物を実体化する点に存する。命題の意味によって暗示されるものであることを理解しようとはせず、本質を獲得しようとすることは、それ故に幻想のもたらすものなのである。これが、ホッブズがアリストテレスに向けて放つ主要な非難である」(Zarka, Y. Ch., *La décision métaphysique de Hobbes : condition de la politique*, Deuxième édition augmentée, J. Vrin, 1999, p. 119f.)。その例としてザルカは、ラテン語版『リヴァイアサン』から以下の文章を引用している。「アリストテレスは言葉ほど物をよく見なかったので、例えば人間と動物という二つの名称の下に理解されるべき物を説明するに際して、それだけでは満足せずに繋辞の〝ある(est)〟の中に、或いは少なくともその不定法である〝存在(être)〟の中に認識されるべき何かを人間に対して熱心に探し求めたのである。彼は、この〝存在〟という名称が或る物を示す名称であることを疑わなかった。あたかも自然の中には〝存在〟や〝本質(esse vel essentia)〟と呼ばれる何かが実際に存在するかのように」(p. 120)。ホッブズに従うならば、言説の秩序と物の実在的秩序は全く無関係なのであり、人間の理性が処理しうるのは前者のみなのである。そして政治的秩序は専ら人工的な言説の秩序に過ぎない。このオッカムをはるかに凌駕するホッブズのラディカルな唯名論が、しかしながらオッカムのように信仰と理性の領域を截然と分かつための論理なのか否かは、議論の分かれるところであろう。ザルカ自身はこの問いに対して肯定的であるように思われる。人工的な言説の秩序としての国家は最終的にその正当性を担保しえない。それ故にホッブズはそれを聖書という神の言葉に求めたのである。「明らかなことは、ホッブズは神学的主意主義の流れに棹を差しており、彼の自然哲学と政治哲学の全体はこの点に依存しているということである」(Zarka, Y. Ch., *Philosophie et politique à l'âge classique*, p. 33)。他方、ホッブズの政治哲学を徹底的にポストモダーン的、反基礎づけ主義的に解釈した以下の研究も参照。Flathman, R. E., *Thomas Hobbes : Skepticism, Individuality and Chastened Politics*, Sage, 1993.

六〇年代に始まる実践哲学の復権運動は、その先駆けとなったヨアヒム・リッターのアリストテレス、ヘーゲル評価に明らかなように、プラトン及びその近代における後継者であるホッブズの理論知偏重を批判して、政治を含む人間的領域における実践知の優位を主張するものであった。(1) この運動は、基本的にアリストテレスによる観想と実践の区別に決定的な重要性を認めていたが、そもそもこの区別が自然(physis)という実在的な存在の秩序を前提にしていることの意味がそこで深刻に問われることはなかったと言える。近代の科学的な機械論的秩序を実践の基底に据えることは拒否しつつ、他方でもはやギリシア的自然はもとよりルソー的な意味での存在の秩序をも想定することが不可能な状況下で、現代の実践哲学の多くは生活世界を貫く解釈学的な秩序に活路を見出したように思われる。本章において念頭に置かれている八〇年代から始まるポストモダーン的政治理論は、この言語によって解釈されるある種の存在の秩序の暴力性をまさに問おうとしている。フランスのポスト構造主義の影響を受けたホーニッグ、コノリー、ムフといった理論家たちは、一様に闘技《アゴーン》という、ニーチェが初期ギリシアに見出した人間関係の様態を政治の基底に据えようとしている[2]。本章ではこの闘技的民主主義を支える市民概念を、西洋政治思想史に伝統的な市民概念との対照の下に明らかにすることが試みられたが、そこにはニーチェと並んでアレントの影が大きくさしている[3]。しかしながら、今日盛んなアレントのポストモダーン的解釈にもかかわらず、彼女にとって理想的市民とはあくまでも対話を重んじるソクラテスであって、けっしてプロタゴラスではなかった[4]。今日の政治理論におけるソフィスト再評価に先鞭を付けたのは、寧ろアレントに決定的な影響を及ぼしたハイデガーである。ハイデガーは、一般的にポストモダーン的政治理論を論じる上で避けては通れない存在である。そこで最後に、ハイデガーのソフィスト評価を瞥見して本章を閉じることにしたい。

　ソフィストの巨頭プロタゴラスに関して、ハイデガーは一貫して肯定的な評価を与えている。プロタゴラスは、プラトンによって形而上学が確立される以前の本来のギリシア的思考を受け継いでいるのである。ここでは、初期に属する一九二六年度マールブルク大学夏学期講義『古代哲学の根本諸概念』においてプロタゴラスを取り上げた部分を見てみよう。[5] ハイデガーは、プラトンが登場する以前のギリシア哲学の根本的問いを次のように要約している。「存在物の経験。存在物における存在の理解。存在の概念とそれに付随する存在物の概念的、哲学的理解。／存在物から存在へ。理解すること、概念。概念――ロゴス(logos)。真理。何かを何かとして言表すること、すなわちその何かにおける存在物としてではなく、存在として、つまり存在物が存在物として常に〝存在する〟ものとして言表すること。ロゴス(logos)は感性(aisthēsis)ではない。知恵(sophia)、ヘラクレイトスの知恵(sophia)」[6]。ここでハイデガーは、ギリシア本来の哲学が存在論であること、しかも存在物の存在をその本質としてではなく、常に存在物に即して思索していること、その際にロゴスが重要な位置を占めていることを指摘している。[7] この伝統に対してソフィストたちの特質は、第一に世界や自然の存在への問いが人間的現存在の存在への問いへと特定されること、第二にとりわけ言葉の使用(Rede)に注目して修辞学や弁証法の発展を促すこと、第三に自然(physis)は絶えざる変化の下に理解され、固定的な法(nomos)よりも人間関係が重視されることに求められる。[8] その中でプロタゴラスの人間尺度説に関して注目すべきは、人間(anthrōpōs)とはけっして人類ではなく、個々の人間、畢竟その都度の人間関係を意味しているという点である。「その人に対して(pros ti)、つまりその都度個々の人間に対して自らを示すものこそが、真なるものである。存在物そのものである。すべての物はすべての者に対して異なる姿で現れる。ヘラクレイトス〔との類似性〕。なぜならば、すべての物は、そしてすべての者もまた、それ自体において、そして他のものとの関係において絶えざる変化の下にあるからである。認識の対象のみならず認識そのものが、不断に変化している。認識のあり方は、認識されるべき存在物の存在と同一である」(9)。このようにプロタゴラスにおいてもなおギリシア本来の哲学的思索は保持されていると、ハイデガーは考えている。存在物の存在は現存在と存在物、そして現存在相互の〝間〟にその都度現れるというのが、人間尺度説の意味するところなのである。そこではまだ存在物の本質という考え方も、人間という特権的な存在物も登場してはいない。こうした発想は、西洋哲学の源泉であるソクラテスをもって開始されるのである(10)。

以上の考察から、ハイデガーのプロタゴラス解釈は今日の形而上学的政治に対する批判の中で援用されているソフィスト解釈を既に先取りしていることが了解されるはずである。しかしながら、ソフィスト一般に対するハイデガーの評価はけっして好意的なものではない。今度は一九二四年度冬学期講義『プラトン――「ソピステス」』を見てみよう。この講義の主要部の冒頭においてハイデガーは、ソフィストの特質を非即物性(Un-sachlichkeit)に見出している。非即物性とは、「常に具体的な語り(Rede)と語っている人間の支配を評価すること」(11)であり、「語られている事柄の即物的内容によって煩わされないこと」(12)である。それは〝事柄(Sache)〟に即していないことであり、畢竟存在物の存在を忘却していることである。それというのも、人間は常に意味を伝達するロゴスによってしか存在を把握しえないからである。「語りこそが世界との交渉と関わり合いの根本的特徴である限り、そして語りがまずもって世界がそこにあるところのあり方であり、単に世界のみならず他者もその都度の単独者自身もそうしたあり方をしている限り、語りの即物性欠如(Sachlosigkeit)とは、人間の実存が真正なものではなく、根を欠如しているということと同義である。これこそが、ソフィスト術における即物性欠如としての非即物性が本来意味するところのものである」[13]。要するにハイデガーは、ソフィストの弁論術や修辞学の重視にダス・マンの饒舌(Gerede)を見ているのである。従って、たとえハイデガーが語りと饒舌を両義的な関係の下に捉えているとしても[14]、だからといって彼が今日のソフィスト再評価の運動に全面的に賛同することはありえないであろう。しかしながら、翻って考えると、たとえ両義的な関係の下に捉えているとしてもそこに真理の言表への、存在の全き現れへの一片の郷愁が残っているからには、今日ハイデガーの批判的継承者たちが却ってソフィストの饒舌を評価しようとすることにももっともな理由はあるのである[15]。

(1) Ritter, J., *Metaphysik und Politik: Studien zu Aristoteles und Hegel*, Suhrkamp, 1977.

(2) Connolly, W. E., *Identity\Difference: Democratic Negotiations of Political Paradox*, Cornell University Press, 1991(杉田・齋藤・権左訳『アイデンティティ／差異——他者性の政治』岩波書店、一九九八年); Mouffe, Ch., *The Return of the Political*, Verso, 1993(千葉眞他訳『政治的なるものの再興』日本経済評論社、一九九八年); Honig, B. *Political Theory and the Displacement of Politics*, Cornell University Press, 1993. 現代政治理論における解釈学をめぐる対立の簡単な見取り図として、拙稿「意味の共有か、意味の解体か——現代政治理論における解釈学の位置」(『ディルタイ研究』第一二巻、2000/2001)参照。また、闘技的民主主義に関

する簡潔な解説として、cf. Villa, D. R., *Politics, Philosophy, Terror : Essays on the Thought of Hannah Arendt*, Princeton University Press, 1999, Chap. 5, 6, 7. なお、ムフは、シュミットの政治概念である友敵関係を一種の闘技として理解しているが、それが根拠づけられた二項対立である点で闘技とは異なるという点については、本書第二章参照。

（3）　アレントをポストモダーン的に解釈した研究は枚挙にいとまがないが、差し当たっては拙著『二十世紀の政治思想』(岩波書店、一九九六年)、第四章参照。

（4）　Cf. Arendt, H., *The Life of the Mind*, Thinking, Chap. 17, 18. なお、前節において参照した二冊のソフィスト論集の編者であり、自身も大部の著作をものしたバーバラ・カッサンは、アレントに関しても優れた論攷を発表している。彼女は、アレントが工作人(Homo faber)の先駆として否定的にプロタゴラスを評価している箇所(『人間の条件』第二一節)に注目して、本来ならばハイデガーと同様にアレントもプロタゴラスを肯定しえたはずであると論じている。Cassin, B., Grècs et Romains : Les paradigmes de l'antiquité chez Arendt et Heidegger, in Abensour, M. (ed.), *Ontologie et politique : Actes du Colloque Hannah Arendt*, Éditions Tierce, 1989, p. 32f. また『詭弁の効用』では、合意(homonoia)に関するプラトンとアリストテレスの見解の相違にハイデガーとアレントを対応させ、以下のように述べている。「ハイデガーのポリスは悲劇的であり、プラトン的である。アレントのポリスはソフィスト的であり、アリストテレス的である。彼にとっては、政治的なるものは全く政治的なるものではない。彼女にとっては、〔政治とは〕特異なものであり、政治的なるものという超越論的条件である」(Cassin, B., *L'effet sophistique*, p. 249)。無論、カッサンは、アレントにとって市民の代表はソクラテスであることを承知している。しかし、カッサンの見るところ、「市民ソクラテスはまたソフィスト・ソクラテスであり、プロタゴラスの衣装をまとったソクラテスなのである」(p. 258)。「哲学的 - 政治的なるものと厳密な意味で哲学的なるものとの分水嶺は、ソクラテスによって代表される。或いは一層挑発的な言い方をすれば、アレントにとって前ソクラテス期を象徴するのはソクラテスなのである。ソクラテス裁判は、哲学以前的なるもの、すなわち実践的生(bios politikos)と哲学的なるもの、すなわち観想的生(bios theoretikos)の分裂を誘発した出来事なのである」(p. 256)。

(5) 管見の限りでは、ハイデガーがプロタゴラスに言及する部分を含む著作としては、『世界像の時代』、『物への問い——カントの超越論的原則論に向けて』、『ニーチェ II』「三 ヨーロッパのニヒリズム」などがあるが、解釈に基本的な違いはない。但し、三〇年代に属するこれらの著作ではプロタゴラスは常にデカルトとの対照の下に論じられている。

(6) Heidegger, M., *Die Grundbegriffe der antiken Philosophie*, Bd. 22, S. 51.

(7) とりわけ初期ハイデガーにおけるギリシア哲学の解釈については、拙稿「初期ハイデガーにおけるアリストテレスの受容——実践概念の脱構築的解釈」(『思想』第九二〇・九二一号、二〇〇一年)参照。

(8) Heidegger, M., *op. cit.*, S. 83ff.

(9) *Ibid.*, S. 86. 『世界像の時代』には以下のように述べられている。「プロタゴラスの形而上学的な根本的立場は……ヘラクレイトスとパルメニデスのそれを守るものである」(Heidegger, M., *Die Zeit des Weltbildes*, Bd. 5, S. 105)。

(10) 『古代哲学の根本諸問題』ではソクラテスについて次のように述べられている。「従来は制作(Herstellen)こそが世界を説明する際の手がかりであった。今やそれは単なる出発点であり、そこに内在するものを認識することこそが重要である。すなわち、それは何故にそうなのか、またそうでありうるのかについての根拠(Grund)、それが何であるか(was)の根拠、つまりは何故に(ti)」(S. 91)。或いは「ソクラテスの常なる問いはそれは何故か（ti estin）に向けられている。やがてそれは形相（eidos）になる。つまり私の関わっているそれは如何に〝見えるか〟という問いになる。この何故に（ti）は、制作において事実上のものとなるものにとっての根拠である。……あらゆる現実的なものにとって可能的なものは、その本質であり、その何故に（ti）である」（S. 249）。他方で、ハイデガーはソクラテスとプラトンの相違にも言及している。その本質主義的思考にもかかわらず、ソクラテスはまだ恒常的秩序との同定を前提にしてはいないのである。「あらゆる行為は、盲目的行為に対抗して透明性（Durchsichtigkeit）を要求する。目的（Worumwillen）への視（Blick）と見（Sicht）。その都度の存在可能性、つまり適性（Eignung）、〝徳〟、原理（archē）の可能性は、ここから理解される。その都度の状況における見回し的世界（Umstände）の下での自己についての知。存在可能性と理解とはまさにこのような知である」（S. 91）。

（11）　Heidegger, M., *Platon : Sophistes*, Bd. 19, S. 230.

（12）　*Ibid.*, S. 231.

（13）　*Ibid.*, S. 231.

（14）　語り（Rede）／饒舌（Gerede）という両義性は、ハイデガーにとって言葉・ロゴスは存在を開示するものであると同時に、意味のヴェールによって存在を隠蔽するものとして理解されていることに由来する。この点については、前掲拙稿「初期ハイデガーにおけるアリストテレスの受容」参照。また、この両義性も含めてハイデガー哲学全体を貫く両義性に関しては、拙著『美と政治――ロマン主義からポストモダニズムへ』（岩波書店、一九九九年）、序論及び第四章参照。

（15）　そもそもカッサンの『詭弁の効用』の主題の一つは、ハイデガーを批判することにある。彼女と同様に形而上学を批判して前ソクラテス期へと赴くハイデガーではあるが、そこに彼が見出したのは、ソフィストではなく、パルメニデスであり、ヘラクレイトス、アナクシマンドロスであった。プロタゴラスを例外として(Cassin, B., *L'effet sophistique*, p. 108ff.)、ソフィストをハイデガーが好意的に評価しえなかった理由は、偏に彼が存在論的問題構制の圏内で思索しているからであり、言語(logos)をただただ存在を現前させるものとして見なしているからである(p. 112ff.)。従ってハイデガーの見るところ、ソフィストの言語は頽落した現存在の語る饒舌にすぎない(p. 107)。但し、カッサンは、後期の著作『言葉への道』(一九五九年)にハイデガーにおける存在論からロゴス論への転回を認めている。そこではハイデガーは、存在をもたらすものは言葉であることを主張しながら、言葉を更に根拠づけるものはなく、言葉そのものが根拠であると語っている。「ハイデガーの主張する、この〔言語の〕詩的力能は、パルメニデス的な自同性(la mêmeté)よりもはるかに、ゴルギアス流の言語による世界創造(une démiurgie)に近いのである」(p. 114)。

第四章　正義概念と起源

一九六〇年代以降の政治哲学は、さながらアリストテレス解釈を軸にして展開してきた観がある。勿論、トマス・アクィナスにおけるアリストテレス哲学の重要性をもちだすまでもなく、一三世紀以来彼の『ニコマコス倫理学』や『政治学』が西洋政治哲学において一貫して古典の地位を占めてきたことは事実である。しかし、西洋の哲学、そして政治哲学における最高の権威は常にプラトンによって独占され、多くの場合アリストテレスはその後塵を拝するか、せいぜいのところプラトンの悪魔的ともいうべき思考の徹底性を緩和する役割に甘んじてきたと言っても過言ではない。実際、アリストテレスの穏健で常識的とも言える思考態度とそこから導かれる中庸を得た結論は、根源的に考え抜くことを使命とする哲学としては中途半端にとどまるという印象を与えるであろう。しかしながら、アリストテレスの哲学に特徴的なこの常識の尊重こそが却って伝統的な政治哲学に対して革命的な意義を有している点に、今日の政治哲学は注目するに至ったのである。

まず六〇年代に学界を風靡した実践哲学の復権は、プラトン哲学の理論知偏重を批判して実践知の重要性を説いたアリストテレスを再評価しようとする点で共通していた。観想によって発見されるべき普遍的、合理的な知に対して、アリストテレスが実践知の独自性を主張し、エートス評価に顕著な特殊性の肯定や偶然性への顧慮を説いた点がことさらに強調されたのである。それは、日常世界から遊離した真理の政治に対して、人間の社会的、歴史的実践における蓋然的、共同体的知の本質的意義を再認識しようとする運動であった。[1] 次いで、政治における正義の問題を改めて提起したロールズの『正義論』の公刊も基本的にこの実践哲学の復権運動の圏内にあると考えられるが、この書をめぐって七〇年代に繰り広げられた所謂リベラル‐コミュニタリアン論争の中でも、コミュニタリアンと称せられる論者たちにとってアリストテレスは導きの糸であった。そこではロールズのカント主義をプラトン主義と等置することによって、プラトンを批判したアリストテレス哲学における存在の秩序の重視やエートスの尊重、そしてポリス的動物という人間観に依拠しつつロールズを批判するという構図が見られるのである。[2] ところが、八〇年代から活発になるポストモダーン的思潮の中で再びアリストテレスの旗色は悪いように見える。具体的にはポリスにおける友情の不可欠性を説くアリストテレスの政治学の中に同一性の政治の原型を見出して批判するデリダに明らかなように、[3] プラトンにしてもアリストテレスにしても〝正義という存在《オント》‐宇宙論的《コスモロジーク》基礎[4]〟に根拠づけられている点では違いはなく、従って共に脱構築されねばならないのである。ここにいたっては、プラトンの主知主義的政治哲学に対する優位の根拠とされてきたアリストテレスの偶然性の正当な評価ですら、もはや不十分なものとして排斥されねばならない。

しかしながら、本章は、これらの論争の中でアリストテレスが具体的にどのように評価されているかを改めて解明することを目的としてはいない。寧ろ本章が読者に指し示したいことは、これらの論争を通じて繰り返しそこへと立ち返り反省されている、いわば西洋政治哲学の起源としての古代ギリシアの重要性である。周知のように、アリストテレスには政治哲学に革命をもたらしたプラトンを批判することによって、寧ろギリシア本来の政治観の復古を企てたという側面がある。(5) 従って我々は、アリストテレスの政治哲学を検討することによって西洋政治哲学の起源に多少なりとも迫ることができるであろう。この課題に応えるために、本章では具体的に正義概念をめぐる古代の解釈と現代のそれとの相違を浮き彫りにすることに努めよう。まず、第一節ではプラトンとアリストテレスの正義概念の相違が改めて確認される。次いで、第二節において政治哲学の革新者であったプラトンに対して、アリストテレスの政治哲学に受け継がれている古代ギリシアの伝統的政治観が、ギリシア悲劇を通して解明される。次に、第三節においては二〇世紀という時代を体現しているともいえるハイデガーが、圧倒的に古代ギリシアの影響を蒙りつつもその正義概念を脱構築的に摂取したことが明らかにされる。こうした作業を経てはじめて我々は、法の脱構築と法と正義の区別という、今日喧しいデリダの斬新な発想の真の理解に到達しうるはずである。

（1）　実践哲学の復権を宣言したガーダマーの大著、Gadamer, H.-G., *Wahrheit und Methode : Grundzüge einer philosophischen Hermeneutik*, 4. Auflage, J. G. B. Mohr, 1975（初版は一九六〇年）は、第二部第二章(二)において

解釈学の歴史におけるアリストテレスの占める位置の大きさを強調した上で、普遍妥当性を旨とするプラトン的な法的秩序に歴史的、共同体的秩序を対置している。「アリストテレスの示したことは、法というものは普遍的であるが故に実践的現実をその完全な具体性において包摂しえないのであり、従ってあらゆる法は具体的な行為に対して必然的な緊張関係の下に置かれているということである」(S. 301)。それ故に具体的状況における特殊性への配慮を重視するアリストテレスにおいては、法は普遍的且つ不変的ではなく寧ろ歴史的に可変的であるが、しかしそれは法が自然に即していることと矛盾しないのである。「成程アリストテレスは、端的に不変的な法という観念を承知している。しかし彼は、これを明白に神々に限定した上で、以下のように説明しているのである。即ち、人間においては実定法のみならず自然法もまた可変的である、と。アリストテレスによれば、このような法の可変性は〝自然的な〟法が存在するという事実に何ら抵触しないのである」(S. 302)。五〇年代から六〇年代に陸続として発表されたリッターのアリストテレス研究も、基本的に同様の主張をもってアリストテレスの重要性を指摘している(Ritter, J., *Metaphysik und Politik : Studien zu Aristoteles und Hegel*, Suhrkamp, 1977)。また、時を同じくしてフランスでオーバンクが発表した二冊のアリストテレス研究も、同様の問題意識を秘めているように思われる(Aubenque, P., *Le problème de l'être chez Aristote : Essai sur la problèmatique aristotélicienne*, PUF, 1962 ; ditto, *La prudence chez Aristote*, PUF, 1963)。

(2) 言うまでもなくマッキンタイアがその代表である(MacIntyre, A., *After Virtue : A Study in Moral Theory*, University of Notre Dame Press, 1981 ; ditto, *Whose Justice? Which Rationality?*, Gerald Duckworth, 1988)。例えば、アリストテレスの選択意志(proairesis)に関してエートス概念の重要性を指摘した以下の文章を見よ。「選択意志は、最初に欲望を感じた際に、善を正しく理解した時には徳によって、或いは、欲望を誤解した時には悪徳によって、欲望を体系的に規律し変形した結果として生じる性格(character)の持ち主の慎慮(deliberations)から発しているという点が、大切である。選択意志が結合しているものは、一方は行為者が正しく理解していようと誤解していようと、行為者にとっての真の善を対象とする欲望であり、他方はその善を実現するためにとるべき具体的形式に関する、慎慮に支えられた思考である」(*Whose Justice? Which Rationality?*, p. 136)。ここでマッキンタイアは、実践においては欲望という感性的なものがけっして無視し得ないこと、またそこにおける合理性(慎慮)は世界と他者との関わり合いの中から獲得される性格、つまり身体的な知ともいうべきものであることを主張しているのであるが、同様の根拠でアリストテレスを評価するものとして、cf. Nussbaum, M. C., *The Fragility of Goodness: Luck and Ethics in Greek Tragedy and Philosophy*, Cambridge University Press, 1986; Sherman, N., *The Fabric of Character: Aristotle's Theory of Virtue*, Clarendon Press, 1989. 但し、これらの論者がコミュニタリアンであるという意味ではない。

(3)　Cf. Derrida, J., *Politique de l'amitié, suivi de L'oreille de Heidegger*, Galilée, 1994. なお、アリストテレスの友情概念に対するデリダの批判について簡単には本書第二章参照。

(4)　Histoire de la philosophie politique, sous la direction de Alain Renaut, Tome 1, *La liberté des anciens*, Calmann-Lévy, 1999, p. 32.

(5)　「こうしたことすべて[プラトンの所説はポリスの没落を背景にしていること]が、アリストテレスが〝古の人々〟に訴えたことの背後に存在している。アリストテレスがこうした訴えをした前提には、ギリシア哲学の伝統に孕まれた普遍的原理が横たわっている。アリストテレスは、このことを明示的に語ったのである。従って最初の哲学者としての〝古の人々〟は、けっして新しい対象や新しい真理を発見し措定した訳ではなかった。彼らはただ、古より常に人間という存在とポリスに属していた真理の伝統を哲学的に捉え直したにすぎないのである」(Ritter, J., *Metaphysik und Politik*, S. 43)。

一

一般に西洋政治哲学の起源と目されているプラトンのそれは、クレイステネスの改革によって実現した民主制(dēmokratia)の形式をとりながらも実質的には僭主制に堕した現実のアテナイの社会的、政治的情勢に対する危機感と、この体制に寄生するソフィストの政治観、具体的には自然(physis)と法(nomos)の乖離の当然視や真知を保証すべき理性(logos)と単に言葉(logos)を操る技術との同一視に対する批判から発している。その結果、プラトンは、存在論においては存在(to on)と外見(dokein)を、またそれに対応して認識論においては真知(epistēmē)と臆見(doxa)を鋭い対立の下に置いて、臆見で事足れりと考えるソフィストの政治思想を斥けて、存在に関する真の知識を政治の基礎に据えることを主張したのである。周知のように、プラトンは個人の魂のあり方と国家のあり方をアナロジカルに捉え、両者にとって正義とは、それぞれを構成する諸部分が自然に即した正しい調和をなしていることであると考える。「〝正義〟をつくり出す(empoieō)ということは、魂のなかの諸部分を、自然本来のあり方に従って(kata physin)互いに統御し統御されるような状態に落ち着かせることであり、〝不正〟をつくり出すとは、それらの部分が自然本来のあり方に反した仕方で(para physin)互いに支配し支配されるような状態をつくり出すことではないかね」(『国家』444D ――藤沢令夫訳)。プラトンは、この自然に即した正しい調和を洞察する能力を専ら理性(nous)に求める。ここに、所謂哲人政治、換言すれば観想優位の真理の政治とも言うべき、哲学と理想的政治を連関させる伝統が形作られたのである。

ところで、プラトンの道徳・政治哲学を徹頭徹尾カント主義的に、即ち合理主義的、義務論的に解釈しようとするテレンス・アーウィンの『プラトンの道徳理論』(一九七七年)は、プラトンに対してアリストテレスの独自性を高く評価しようとする論者によって好んで攻撃の対象とされる著作である(1)。しかし、それはアーウィン自身の罪というよりは、それだけこの著作がアリストテレスによって批判の対象とされたプラトン哲学の本質を鮮やかに剔出していることを意味しているであろう。今この著作に即してプラトンの道徳哲学の要諦を要約するならば、以下のようになる。先ず第一に、その理論知優位で徹底的に合理主義的な性格である。「プラトンは、哲学者が道徳に関する理論的真理を議論する仕方と、道徳的に行為する者がするべきことを道徳の内部で決定する仕方とを、截然と区別しない。彼は、メタ倫理学と規範的倫理学、或いは哲学的議論の方法と道徳的慎慮の方法との間に一切の区別を認めないのである(2)」。次に、この点に関連して、ソクラテスの問答法においては重要である具体的な他者や外的環境との相互性、状況性が無視される。「その結果、道徳的行為はひとつの体得されるべき日常的な手仕事ではなく、真知に基づく厳密な学問的技術と化してしまう。「プラトンは、〔ソクラテスとは異なり〕問答法は手仕事に置換することができるという考え方を否定する。彼は、道徳的知識を専ら徳や善に関する相互に連関し首尾一貫した信念体系から獲得するのであり、その際にそれらは外的な基準に訴える必要なく、手仕事にはつきまとう道徳的問題をめぐる論争とは無関係に確定しうるのである」[3]。最後に、プラトンの道徳哲学の義務論的本質が指摘される。「正義は、それ自体として選択されねばならない。従って正義は、それがそのための道具であるような何か他のものとの関係で好ましいものとして示すことはできない。この点でプラトンに同意する多くの道徳哲学者は、道徳を非道徳的な根拠によって正当化する如何なる企ても拒絶されねばならないことを示唆している」[4]。

アリストテレスの道徳・政治哲学は、このようにプラトンのそれを彩る合理主義的、独我論的、義務論的性質を批判するところに成立するが、最初によく知られた彼の正義の定義を確認しておこう。ここではとりわけ配分的正義が問題である。「それゆえ、正しさは比例(analogia)をなすものの一種である。比例関係はただ数学的な数に固有なことではなく、一般に、数えられる事物についてあることである。なぜなら比例とは割合の等しさであり……」(『ニコマコス倫理学』1131a30ff. ——加藤信朗訳)。アリストテレスは、このように正義一般を定義した後、ポリスにおける正義について以下のように規定している。「ポリスにおける正義は、自足することを目指して生活を共同にするひとびとの間に、すなわち、比例にしたがってであれ、数にしたがってであれ、平等なものである自由人の間に成り立つものである」(同前、1134a20ff. ——但し、正しさ(dikaion)を正義に変えた)。その上で、「ポリスにおける正義のうち、或るものは自然の本性による(physikon)正義であるが、或るものは法律による

(nomikon)正義である。自然の本性による正義はあらゆる所で同じ力をもつ正義であって、ひとがそれを認めるか否かに左右されない。法律による正義とは、もともとは、そのようであろうと、他のようであろうとどうでもよいことではあるが、一旦、法律として定まれば、それがどうでもよくなくなるような正義である」(同前、1134b18ff.)。以上の引用から特に確認しておくべきは、アリストテレスにとっても正義とは自然(physis)に即したものであること、他方で彼はそれとは別に法律(nomos)に基づく正義も認めていることである。ここでソフィストによって尖鋭に主張された自然と人為的な法の区別が念頭に置かれていることは、明らかである。しかしながら、彼はプラトンとは異なり、あくまでも普遍的且つ不変的な自然のみに正義を基づかせようとはしない。「或る種のひとびとは、すべての正義が、このような種類の〔法律による〕正義であると思っている。というのは、自然の本性によるものは不動であって、ちょうど、火がここでも、ペルシアでも燃えるように、それはあらゆる所で同じ力をもっているが、正しいと定められたことは〔時と所により〕変わることをかれらは見ているからというのである。ところが、それはそのように単純に言えることではなく、或る限定された意味においてだけ言えることである。少なくとも神々のもとではそのようなことはまったくない。そしてわれわれ人間のもとではなるほど自然の本性によるものが何らかあるが、それらはすべて変わりうる」(同前、1134b25ff.――傍点、小野)。普遍的且つ不変的なものとは別に、この自然に則しつつ可変的なものの存在も承認して、その考察に全力を注いだこと、これこそがアリストテレスの道徳・政治哲学をプラトンのそれから分かつ要諦なのである。(5)

自然に則しつつ可変的なものに対する眼差しとは、生成するものの領域である歴史に注がれる眼差しと言い換えてもよい。まさにアリストテレスこそは、歴史という独自の領域の重要性に気付き、そこで育まれる第二の自然とも言うべき慣習・習慣(ēthos)について体系的に考察した最初の哲学者なのである。(6) 周知のように、アリストテレスは観想と実践を厳密に区別している(『形而上学』第六巻第一章)。この区別に対応してアリストテレスにおいては前者の卓越性である知恵(sophia)と後者のそれである慎慮(phronēsis)とが区別されるが、プラトンにはこうした区別は見られず、またアリストテレス自身も慎慮を知恵の意味で、すなわち普遍的且つ不変的なものを探求する能力として用いている場合もある。(7) いずれにしても重要なことは、運動(行為)の原理が行為者である人間の選択意志に存する実践とその能力である慎慮が、観想並びに知恵と区別されて考えられている点である。

ところで、アリストテレスはこの実践における倫理的卓越性を、思考の働き(dianoia)としての卓越性と人柄(ēthos)としての卓越性に一応分けてはいる。「思考の働きとしての卓越性がひとびとのうちに生まれ育つについては、教育(paideia)に負うところがきわめて大きい。この種の器量を得るために経験と時間を要するのはこのゆえである。これに対して、人柄としての卓越性は習慣から生まれてくる。〝エトス(ethos〔習慣〕)〟という語をほんの少し変化させた〝エートス(ēthos〔習慣・性格〕)〟という名称をそれが持っているのもそこからくる。そこから見れば、いかなる人柄としての卓越性も自然の本性により(physei)われわれのうちに生まれそなわるものではないことは明らかである。というのは、自然の本性によるものは何であれ、それと異なるように習慣づけることはできないからである」(『ニコマコス倫理学』1103a11ff. ——但し器量(aretē)を卓越性に変えた)。その場合、厳密には慎慮は思考の働きとしての卓越性を指している。ところが、多くの論者が両者を厳密には区別して考えてはいないように思われるが、それというのも当のアリストテレス自身が両者を一体のものとして考えているからである。「ところで、人柄としての卓越性は選択にかかわる性向(hexis proairetikē)であり、選択は思案にもとづく欲求(orexis bouleutikē)であるのだから、これらの理由によって、選択がすぐれたものであるためには、〔思案における〕分別(logos)〔の働き〕は真なるものであり、欲求はまっとうなものでなければならない。そして、分別〔の働き〕の肯定するものが同時に欲求の追求するものでなければならない。さて、このようなものが行為(praxis)にかかわる思考(dianoia)の働きとその真実である」(同前、1139a21ff.)。ここで単なる快・苦の感覚にすぎない欲望(epithymia)と区別されている欲求(orexis)とは、自然にかなった運動へと人間を促すいわば理性的傾向性としての性向(hexis)である(『霊魂論』433a20ff. ——山本光雄訳)。動物の欲求が本能として必然的に自然にかなっているのに対して、人間のそれは思考(dianoia)と結びついて選択的に働くところに特質が求められる。そして動物が欲求に忠実に運動することで自然の秩序に自ずから従うように、人間は理性的欲求としての性向に即して振る舞い、共同体はそこに内在する形相の現実態である慣習を通して歴史的に生成することで、自然の秩序の中に場所を占めるのである。「さて、霊魂が動物を動かす時に、動かされる部分は何で、またいかなる原因によるのか、ということを述べたのであるが、動物体は良政下の都市国家のように組織されているものと考えねばならない。すなわち、都市国家では一度秩序が確立されると、各事件に立ち会うための分立した君主など要らなくなり、各個人は自分にあてがわれた仕事を規定通り行い、事件は習慣に従って次々と起こっていくのであるが、動物体では同じことが自然によって行われ……」(『動物運動論』703a28ff.——島崎三郎訳)。要するに、実践に関わる思考は、欲求や性向と切り離されては機能しないのであり、この点における知恵と慎慮の根本的な相違に比すれば、慎慮と人柄の相違などは殆ど無視しても差し支えないのである。事実、アリストテレスは、知恵とは異なり慎慮は「一般的なものにかかわるだけではなく、個別をも認識しなければならない」(『ニコマコス倫理学』1141b15)と述べて、具体的状況から感覚(aisthēsis)によって獲得される経験(empeiria)の重要性を説き(同前、第六巻第一〇章)、倫理的洞察力(gnōmē)と思いやり(eugnōmōn)という他者との感性的交流の不可分性を強調するのである(同前、第六巻第一一章)。

以上から我々が結論すべきは、以下のことである。即ち、観想と実践を区別するアリストテレスにおいては、第一に、具体的、個別的状況に即座に対応することを求められる道徳的判断は、けっして外的世界や他者との関わりを欠いた一般的原則に即して下されるべきではないし、またそれは不可能であること。第二に、それ故に道徳的判断能力は、欲求や情念(pathos)といった人間の身体性と密接不可分であること。第三に、正しい道徳的判断の試金石は、一般的原則の妥当しない危機的状況(krisis)、偶然(tuchē)の到来する瞬間に如何に対処するかに求められるということである。[8] これらの諸点は、シャーマンが言うように結局は実践的思考としての慎慮と性向としてのエートスとの一体性という論点に収斂する。[9] そしてそれは、『政治学』において慣習法が積極的に評価される理由でもある。「人々は正しいものを求める時には、〔かたよらない〕中間のものを求めるということは明らかである。〔従って法律による支配の方が優っている。〕何故なら法律は中間のものだからである。さらにまた、成文による法律よりも慣習(ēthos)による法律の方が一層権威のあるものであり、また一層権威をもった事柄に関するものである。従って〔民主制の下では多数の〕人間は支配者として、成文による法律に比べれば一層過ちのないものだとしても、しかし慣習による法律に比べれば、そうではないことになろう」[10](『政治学』1287b3ff.——山本光雄訳)。この故にまた、『ニコマコス倫理学』においては立法者の最も重要な任務として青年を教育(paideia)によって良き市民へと陶冶することが強調され、さらに『政治学』第七・八巻において詳細な教育論が展開されているのである。「立法家は習慣づけることによって市民を善い市民にする。すなわち、すべての立法家の望みはそこにあり、それをうまくやらないかぎり、その仕事は失敗である。善い政体と悪い政体の違いもそこにある」(『ニコマコス倫理学』1103b3ff.)。

アリストテレスは、教育を習慣(ēthos)づけるそれと理(logos)を涵養するそれに区別した上で(『政治学』1332a40ff.)、前者の優位を説いている。「なお教育は理より先に習慣によって、また精神よりも先に身体についてなされなければならないのは明らかである故、これらのことからして子供たちは体操術や訓練術に委ねられなければならないということは明らかである。何故ならこれらの術のうち一方は身体の状態(hexis)を、他方は身体の活動(ergon)をそれぞれ或る性質のものにするからである」(同前、1338b4ff.)。同様の理由から、悲劇も含めて音楽もまた重視されねばならない。「音楽は快いもの一つであり、徳は正しく喜び、愛し、憎むことに関するものであるということになったから、明らかに人の学び習慣づけられなければならないのは、有徳な性格(ēthos)や立派な行為(praxis)を正しく判断して、それらを学ぶことであって、これほど重要なことは他にない」[11](同前、1340a14ff.)。

実際、アリストテレスにおいて悲劇は特別な意味をもっていたように思われる。[12]彼は『詩学』の中で悲劇にとって登場人物の性格(ēthos)と彼らが語る思想(dianoia)が、単なる芸術的興味を越えてポリスの政治にとって死活的な意味をもっていることを述べている。「〔筋や性格とともに〕第三番目に重要なのは思想である。思想とは、それがあれば、一般的に可能な事柄と個別的な状況に応じた事どもを、言葉に出して語りうる能力のことであり、従って、劇の対話の台詞に関する限りでは、それはポリスの政治全体に関わる社会哲学と、状況に応ずる弁論に関わる修辞学、これら二つのものの成果である。確かに、往昔の劇作家たちは登場人物がいわばポリスの政治全体を重んじて語るように仕立てているが、現今の劇作家たちは、むしろ弁舌さわやかに語るように拵えている」(『詩学』1450b4ff.——今道友信訳)。プラトンに比して民主制に好意的なアリストテレスにとって、悲劇は民衆を政治的に教育するために恰好の手段であった。悲劇が上演される場に身を浸すことによって、観客はその場に醸し出される雰囲気を共に呼吸し、英雄たちやコロスの語る思想を共に抱懐するに至るのである。[13]

更に重要なことは、アリストテレスが悲劇の中に認めて高く評価する思想である。ヴェルナンが指摘するように、ギリシア悲劇に漲る緊張は英雄たちに特徴的な性格(ēthos)と彼らに突如襲いかかる神的な力(daimōn)との間の激烈な闘争から発している。そして卓越視した理性をもって平均的市民の思想を侮り蔑《ないがしろ》にするが故に破滅していく英雄たちと、常識的な意見を開陳する匿名的市民からなるコロスとが、鋭く対比されている。[14] このことをヌスバウムに従って偶然(tuchē)とそれを制御しようとする人間理性の戦いと言い換えてもよいが、[15] 抑もその背景にはギリシア人が自然(physis)への服従を脱して自らの理性によって自然と他者を支配しようとする欲望に目覚めたという時代状況が存在している。[16] 言うまでもなくそうした欲望は、自然と人為の区別を当然視した上で理性の能力を過信したソフィストによって正当化され臆面もなく語られた。悲劇の英雄たちの多くはこの欲望に憑かれ、そして破滅していく。彼らは自らの理性の限界を忘れ傲慢(hybris)に陥ったが故に、その罪を罰せられずにはいないのである。こうした事態に直面した悲劇作家たちは、本来の道徳的分別に訴える自己の道徳哲学を主にコロスをして語らしめる。「分別をもつということは、特殊を普遍へと、感性的なものを叡知的なものへと包摂させることではない。それは、〝合理的(rationnelle)〟というよりは〝道理にかなった(raisonable)〟理性を通して、感性的で特殊的なものをそれ自体として洞察することである」。[17] アリストテレスの眼にはプラトンは傲慢の罪を犯していると映ったであろうことは、想像に難くない。そこで彼は、プラトンの道徳哲学を矯正するにあたって、悲劇の中に受け継がれているギリシア本来の道徳的伝統を部分的に、あくまでも部分的にではあるが摂取したのである。[18]

従って我々は、第二節において悲劇の中に道徳や正義に関するギリシア本来の考え方を探ってみなければならない。

(1) 但し、この著作が批判される理由は一様ではない。最も本質的な批判としては、プラトンの著作を全て検討するならば彼が感性的要素を過小評価しているとは必ずしも言えないと主張する以下のものがある。Nussbaum, M., *op. cit.*, Ch. 6 ; Gill, Ch., *Personality in Greek Epic, Tragedy, and Philosophy : The Self in Dialogue*, Clarendon Press, 1996, Ch. 4/1. これらは、アリストテレスのみならずプラトンの哲学にも部分的に伝統的なギリシア人の考え方が受け継がれていると考える。次に、アーウィンはプラトンの哲学とソクラテスのそれとの相違を正確に捉えていないという批判としては、Nehamas, A., *Virtue of Authenticity : Essays on Plato and Socrates*, Princeton University Press, 1999, Ch. 2. ネハーマスは、ポストモダーン的な立場から、アーウィンがソクラテスの合理主義の不徹底性を中期以降のプラトンが克服したことを肯定的に評価する点を批判する。ネハーマスによれば、ソクラテスが合理主義に全面的に与しなかった点こそが積極的に評価されるべきなのである。また、アーウィンのアリストテレスに関する論文を取り上げて、それらがアリストテレスの道徳哲学までも合理主義的に解釈する点を批判したものとして、Sherman, N., *op. cit.*, Ch. 2/5. 因みに、プラトンの政治思想に関する最新の研究である Wallach, J. R., *The Platonic Political Art : A Study of Critical Reason and Democracy*, The Pennsylvania State University Press, 2001 もまたポストモダーン的にプラトンを評価して、その政治哲学の肯定的部分と否定的部分とを腑分けすることを試みている。ワラックによればソクラテスの問答法(elenchos)は、プラトンの弁証法(dialektikē)のように真理を確定することを目的としてはいない。寧ろそれは、徳の理念(logos)によって間断なく現実の政治的関係(ergon)を批判的に吟味し、民主制を活性化することを目的としている(p. 42ff.)。ところが、中期以降のプラトンは、政治の基礎に弁証法によって発見される真知を据えてしまうのである(p. 110ff.; p. 207)。但し、厳密に言えば、プラトンの政治(politikē)を支える知的活動(gnōstikē)とは実践をまったく無視したわけではなく、その意味でそれを観想－実践二分法に完全に包摂することには無理がある(p. 339)。こうした論旨に立ってワラックは、アーウィンのプラトン解釈とそれに依拠してプラトンを理解しているロールズの『正義論』は、ともに道徳的側面に偏り、〝政治的〟側面を閑却していると非難している(p. 404ff.)。ここで〝政治的〟とは、諸価値相互のアゴーンを意味していることは言うまでもない(p. 410ff.)。正義を善に含ましめるか、或いは両者を切断するかの相違はあっても、アーウィンとロールズはともに諸善のアゴーンそのものを政治と考える視点を欠いているのである。

(2) Irwin, T., *Plato's Moral Theory: The Early and Middle Dialogue*, Clarendon Press, 1977, p. 5.

(3) *Ibid.*, p. 9.

(4) *Ibid.*, p. 11.

(5) 勿論この点は、プラトンのイデア説に対するアリストテレスの批判を根拠にする両者の存在論、認識論全般の相違に関わる根本問題であるが、ここでは触れない。差し当たっては、拙著『美と政治――ロマン主義からポストモダニズムへ』(岩波書店、一九九九年)、第一章第一節注(8)を参照。

(6) 「アリストテレスは、〝エートス(ēthos)〟から完全に哲学的な概念を抽出した最初の哲学者である。彼は、〝倫理的(習慣的)徳〟、換言すれば人柄の徳に関する特別な学問(pragmateia)に一定の場所を与えたのである。人柄とは、魂の欲求する部分を習慣づけることによって獲得された性向を指しており、〔人間の〕生物的部分と理性的部分とを媒介するものである」(Vergnières, S., *Ethique et politique chez Aristote: physis, ēthos, nomos*, PUF, 1995, p. v. ――傍点、小野)。傍点を付した部分の意味するところは、これからの行論で明らかになるはずである。

(7) Aubenque, P., *La prudence chez Aristote*, p. 7ff. 因みにオーバンクは、知恵と慎慮が後期になってから概

念的に明確に区別されて使われるようになったという、イェーガーの発展史的解釈を斥けている。

（8） これらの論点については個別的に検討する必要があるが、詳しくは以下の諸研究を参照せよ。Aubenque, P., *La prudence chez Aristote*; Nussbaum, M. C., *op. cit.*; Lord, C., *Education and Culture in the Political Thought of Aristotle*, Cornell University Press, 1982; Sherman, N., *op. cit.*; Vergnières, S., *op. cit.*

（9） 「エートス (character) と実践理性の不可分性は、『ニコマコス倫理学』の読者によって往々にして適切ではない扱いを受けている。それというのも、アリストテレスそのひとがこの著作の第二巻第一章において徳或いは卓越性をエートスとしてのそれと思考としてのそれに区別して、各々を分けて論じる計画であることを予告しているからである。……私自身の解釈は、アリストテレスの示唆に従って実践理性の諸側面をエートスとの関連の下に論じることにある」(Sherman, N., op. cit., p. 5)。また、ロードは、両者はそれを施す対象の相違（身体及び情念と精神）と施す年齢の相違（年少と年長）に対応していると考える (Lord, C., *op. cit.*, p. 46)。他方、このことは、プラトンがエートスの重要性を全面的に認めていなかったということを意味してはいない。ヌスバウムによれば、プラトンも『パイドロス』などの著作においては情念の役割に注目していることはよく知られているが、就中『政治家』は〝アリストテレスを予告する論点〟を展開することになるであろう。実践的英知を備えた人間が固定的な法に優越すると論じながら、エレアからの客人は（『ニコマコス倫理学』紛いの言葉遣いで）以下のように主張する。即ち、人間とその行為は多様であり時間的に可変的な性格を帯びているので、より具体的状況に即した文脈的知識を要求するが故に、政治的〝技術 (technē)〟は不動の法に信を置くことができないのである (294Aff.)。かなり以前から注意を喚起されてきたように、こうした主張は『国家』の政治的認識論の主要な要素を覆してしまうのである」(Nussbaum, M. C., *op. cit.*, p. 218)。

(10)　『ニコマコス倫理学』には以下のように述べられている。「ポリスにおいて法律のきまりや慣習が重きをなすように、家においても父の戒めと家の習慣が重きをなす」(1180b4)。周知のように、『弁論術』第一巻第一三章には成文法と不文法の区別が述べられている。後者は「直感的に知っている何か或る本性上の共通な正しいこと」(1375b9)に関わる法であり、具体例としてアンティゴネーの訴える掟が指示されている。これが果たして自然法と呼べるものか否かは極めて重要な問題であるが、ここでは触れない。今はただ、この不文法と慣習に基づく法との関連を示唆するヴェルニエールの指摘だけを紹介するにとどめる。「この〔ポリス毎に異なる〕秩序は、例えばプロタゴラスが考えるように自然の秩序と根本的に異なるものではない。というのも、ポリスは自然の目的をもっているからである。しかし、この目的を具体的に実現するためには人為の介入が必要である。様々な集団のあり方が可能であり、環境に応じて共に最良の行き方を許す集団のあり方を探求するのが人間なのである」(Vergnières, S., *op. cit.*, p. 210)。

(11)　周知のように、詩人追放論を述べた『国家』においてプラトンは、音楽を快楽の追求に奉仕するものとして否定的に評価したが、この点は教育の重要性をより積極的に展開した『法律』においても基本的に変わらない。「音楽では、およそ正しい基準など、わずかばかりもありはしない。むしろ、すぐれた人であれくだらぬ人であれ、これを楽しんできく人の快楽を基準として判定されるのが、最も正しいのだ」(『法律』700E2ff. ——森進一他訳)。但し、『パイドロス』や『饗宴』などでは芸術が肯定的に評価されていることも事実であるし、例えば『国家』でも音楽が品性(ēthos)の涵養に有益であることが述べられている(401B-402A)。

(12)　アリストテレスとギリシア悲劇の関係については、前記注(8)の諸研究に加えて以下のものを参照。Jones, J., *On Aristotle and Greek Tragedy*, Chatto & Windus, 1962; Salkever, S. G., Tragedy and the Education of the Demos : Aristotle's Response to Plato, Euben, J. P. (ed.), *Greek Tragedy and Political Theory*, University of California Press, 1986.

(13) 悲劇に対するプラトンとアリストテレスの評価の違いは、民衆を啓蒙する可能性についての両者の見解の相違に由来している。Cf. Salkever, S. G., *op. cit.*, p. 276ff. ; Zak, W. F., *The Polis and the Divine Order : The Oresteia, Sophocles, and the Defense of Democracy*, Bucknell University Press, 1995, p. 276ff. 古典学の泰斗ヴェルナンは、こう述べている。「悲劇は単なる芸術形式ではない。それはまた、ポリスが悲劇のコンクールを主宰することで設けた政治的、法的機関と並ぶ社会的制度である」(Vernant, J.-P. et Vidal-Naquet, P., *Mythe et tragédie en grèce ancienne*, François Maspero, 1973, p. 24)。

(14) *Ibid.*, p. 27ff.

(15) Nussbaum, M. C., *op. cit.*, p. 3.

(16) 「五世紀のアテナイでは個人は個性を備え、〔自然ではなく〕法に服従するものとして現れた。行為者の意図は、責任を構成する根本的要素として承認されていた。実定的で世俗的な問題を扱う公開の討論に参加することを通して各市民は、公共的に振る舞う責任ある行為者として自己意識を備え始めた。自らの判断力(gnōmē)と慎慮(phronēsis)によって、間断なく到来する不確実な出来事を多かれ少なかれ支配しようとしたのである」(Vernant, J.-P. et Vidal-Naquet, P., *op. cit.*, p. 73)。

(17) Aubenque, P., *La prudence chez Aristote*, p. 152.

(18) オーバンクによれば、アリストテレスの意図はプラトンの主知主義的道徳にも民衆の経験的道徳にも反対して、〃実存に即した主知主義(intellectualisme existentiel)〃(Aubenque, P., *La prudence chez Aristote*, p. 51)を志向するところにある。

二

まず、三大悲劇詩人の活躍した古典期に至るまでの古代ギリシアにおける正義の観念についてごく簡潔に見ておこう。既に述べてきたように、ホメロス時代の正義とは森羅万象を統べる秩序そのものとそれを維持する営みの両者を意味しており、それに即した振る舞いは名誉(timē)を、それに反する振る舞いは恥辱(aidōs)を与えるものであった。[1] 人間の傲慢(hybris)の故に正義の秩序から逸脱する振る舞いは、神々による復讐(nemesis)によって罰せられた。それは、分け前の意味も持つ運命(moira)という語で呼ばれた。[2] 但し、第一に注意すべきは、その場合でも罰せられる人間の道徳的責任が問われることはなく、その行為は錯乱(atē)に帰せられたことである。なぜならば、抑もこの時代にはまだ帰責されるべき自由意志を備えた道徳的主体という観念が存在しなかったからである。[3] 第二に、氏族(genos)を中心とするこの時代の血縁的共同体の秩序を保障する正義は、単に日常的に遵守されている慣習・習慣(themis)にすぎず、明確な当為の意識に裏打ちされた正義(dikaiosynē)ではなかった。[4] 換言すれば、それは実践の場における事実を追認するだけの記述的な(descriptive)観念であって、そこに自覚的にルールを設定しようとする規範的な(prescriptive)観念ではなかったのである。[5]

しかしながら、ヘシオドスの『労働と日々』では早くも正義は女神として神格化され、それに伴って正義は実践的慣習・習慣から明確に当為を課する理念・原則へと移行し始める。[6] それは叙情詩という芸術ジャンルの登場と軌を一にしており、畢竟ギリシア人が自己意識に覚醒し始めたことを意味している。今や自己意識に覚醒し内面性を知るに至った諸個人を、法的正義の名の下に自覚的、合理的に統合する必要が生じる。ここに法(nomos)に基づく共同体としてのポリスが成立するのである。[7] もっともアテナイ民主制の礎石を築いたソロンにあっては人定法(nomos)はあくまでも森羅万象の秩序である自然(physis)と合致していなければならない。それが、彼の唱えた〝良き秩序(eunomia)〟という理念である。既に開始されていた哲学、即ち森羅万象の秩序を自覚的、合理的に探求する作業によって発見された諸概念(必然、理、一者、そして自然)、とりわけ医学者ヒポクリトスのコスモスという概念を基底に据えてソロンの民主制は構想されている。[8] ソロンは、ギリシア古来の秩序観と、それによって正当性を担保されなければ赤裸々な物理的暴力(biē)にすぎない国家権力の両者を結合することによって、西洋における政治の原型を与えたと言ってもよいであろう。[9]

法の下の平等(isonomia)の原則を確立したクレイステネスの改革をもってアテナイ民主制は完成されるが、同時に〝良き秩序〟[10]の理念は形骸化し、人間の定めた法(nomos)の正当性に対する懐疑と嘲笑は常態化していったのである。自然と法・人為の乖離を自明視して、見せかけと本音の使い分けを政治的知恵として説いたソフィストこそは、この啓蒙された時代の申し子であるが、輝かしい悲劇作品が生み出されたのもまさに同じ時期であった。ギリシア悲劇の目的とは、崩壊の危機に直面したアテナイ民主制を救出することだったのである。[11] しかし、他方では殆ど時期を接して活躍したにもかかわらず、三人の詩人達の民主制に向ける眼差しには微妙な相違があったことも間違いない。危険を察知しているとはいえ、アイスキュロスにはまだ民主制に対する強い信頼が顕著に窺われる。彼は、民主制の黄金時代を提示することを通して、それを断固守り抜くことを市民に訴えているのである。(12) しかし、ソポクレスのペシミズムはより深刻である。それだけに彼の作品は、ソフィストの法実証主義への対抗意識も強く、古来の習俗を復活することによって民主制を存続させようとするより強い意志を示している。(13) プロタゴラスに学んだと伝えられるエウリピデスの場合、一方で無神論的な合理主義に傾きつつも、他方で伝統的価値の復活に寄せる期待もより強いものがある。両者の緊張は、端正な彼の作品の中に時に現れるマニエリスティックな調子の原因となっている。(14) にもかかわらず、三者とも自然の秩序と法的、政治的秩序が幸せな一致をみせていた本来のポリスのあり方を擁護する点では共通しているのである。以下、具体的な作品に即してこの点を見ていこう。

アイスキュロスの『救いを求める女たち』が、血縁の故をもって庇護を求めるダナオスの娘達に対して、アルゴス王ペラスゴスが法の尊重と市民の同意の必要性を主張する点でアテナイ民主制の讃歌になっていることを、我々は別章で指摘したことがある。(15) ここでは、以下の点を補足しておこう。この作品ではエジプトが傲慢に陥り暴力を行使する僭主(tyrannos)を、そして勿論ペラスゴスが法(nomos)と説得(peithō)に則って支配する良き王(basileus)を象徴しているのである。(16) 同様にマイアーの所説に依拠して別章で論じたことではあるが、オレステイア三部作の第三作『慈しみの女神たち』は、母を殺すことで伝統的な土着的法とポリスを直接的に支える実定法の狭間で引き裂かれたオレステスが、最終的にアテナイの法廷で無罪になるという筋書きを通して、両法の調和とポリス内部の友情の重要性を説く作品である。復讐の女神達が守護する家(oikos)という私的領域の掟と、個の統合体としての公的領域を統治する手段としてアポロンが監督する国家(ポリス)の掟の間の分裂状況が、この作品の背景になっている[17]。アイスキュロスは、個人的欲望の充足に仕える国家と市民に自己奉仕を求める国家という新旧の国家観の対立を、伝統的な慎慮に訴えることで何とか解決しようとしたのである。「これらの作品においては政治的領域は、一方で集合的な自己表明による権力の行使として、他方で集合的な自己抑制による秩序の維持として描かれている」[18]。それはまた、アテナイ民主制の基礎を築いたソロンの理念でもあった。ポリスは市民の立法に基づく統治ではあるが、それは神々の監督する正義の秩序によって支えられており、従って神々に対する畏敬の念を失っては政治もまた危難に曝されることになるのである[19]。女神アテナイが市民たちを諭す言葉。「されば私は、市民らに、無統制(anarcheia)や暴虐な王(despotēs)の専制政治を、けして尊び迎えぬよう勧めるのである。また怖ろしさ(to deinon)を知る心を、町(polis)の外へとすっかり放り出さぬように。というのも、人の身で怖れをまったく知らない者が、どうして正しく身を処しようか。されば、このような畏敬の心を保ち、正道に悖るを怖れるならば、郷土(kōra)の護り、国家(polis)の安寧も期して待たれるであろう」(694ff.――呉茂一訳)。しかしながら、アテナイ民主制に寄せるアイスキュロスの信頼はもはや裏切られる運命にあった。政治秩序は、傲慢の色に染まった市民の恣意に委ねられつつあったのである[20]。

アイスキュロスの作品の殆どは明るい大団円で結ばれるが、ソポクレスの悲劇にはペシミズムの色が濃い。主要な登場人物の大半が死を迎える『アンティゴネー』はその典型であり、またそこに込められた政治的意図も容易に理解される。それだけに、この作品はヘーゲル以来多くの分析の俎上に載せられてきた。我々も別章において簡単に触れておいたが、ヘーゲルがアンティゴネーとクレオンの各々に対応させた、氏族・家的原理―ポリス的原理、土着的・血縁的紐帯―合理的・契約的紐帯、女性的なもの―男性的なもの、自然―人為といった二項対立は、この悲劇のみならずギリシア悲劇全体を読み解くための鍵でもある。後者を象徴するクレオンは、今更ながら傲慢に囚われ神々の怒りをかった自らを嘆く[21]。「ああ、思慮の足りない(aphrenon)心の過誤だった、頑なな、死をもたらした過誤……何という不吉を私の思慮(bouleumaton)は妊んでいたか」(1260ff. ――呉茂一訳)。そして結末のコロスの合唱は、神々への敬虔の念の大切であることを観客に告げているのである。「慮り(phronein)をもつというのは、仕合わせの／何より大切な基、また神々に対する務めは、／けしてなおざりにしてはならない、傲りたかぶる／人々の大言壮語(logou megalas)は、やがてひどい打撃を身に受け、その罪を償いおえて、／年老いてから慮りを学ぶが習いと[22]」(1348ff.)。とりわけここで注目したいのは、劇中でコロスによって歌われる有名な人間頌歌である。「不思議なもの(ta deina)は数あるうちに、／人間以上の不思議(deinoteron)はない。／……その工夫の巧みさは、まったく思いも／寄らないほど、時には悪へ、時には善へと人を導く。／国土の掟(nomos)をあがめ尊び、神々に誓いをかけた正義(dikē)を遵《まも》るは、／栄える国の民(upsipolis)。また向こう見ずにも、よからぬ企みに／与すれば、国を滅ぼす(apolis)。かようなことを働く者が／けして私の友にはないよう、その考えも頒ちませぬよう」(332ff.)。長大な詩の最初と最後の部分を引用したが、要するにこの詩は、理性を備えることによって人間は卓越した存在(to deinon)になるが、それ故にまた善悪の判断を誤る危険があること、従って敬虔の念を忘れず法に従い正義を尊重することによってポリスの安泰は護られることを述べているのである。(23)

この理性のもたらす危険は、まさに『オイディプス王』の主題である。題名に使われている王(tyrannos)とは僭主を意味しており、たとえ彼が善政を敷いていたとしてもスピンクスの謎を解いた類い稀な理性の持ち主である限りは、人間の限界(metra)を越える傲慢の罪に墜ちている。そのために彼は我知らず犯した罪の咎で突如偶然に神の復讐の的にされるのである。それというのも、限界の侵犯は自然の秩序からの逸脱に等しいからである。(24) 理性とは物事の外見に惑わされずにその本質を洞察する能力である。ラインハルトに倣って『オイディプス王』を〝見せかけ(Schein)の悲劇〟と呼んだのはハイデガーであるが、実際オイディプスを襲った突然の不幸の源は、本質を洞察するはずの理性が逆に虚偽をもたらすということを認識しようとしない彼の傲慢にあるのである。自らに懲罰を下した彼を哀れんで、コロスは次にように歌う。「私が当てに出来るものといえば、見せかけのそのまた見せかけ(dokein kai doxant)。／なぜなら、確かに幸を得たと思っても／それは幻(eichōn)にすぎないからだ」(25)(1189ff. ——ロエブ版英訳に依る拙訳)。こうしてこの悲劇は、余りにも暗いコロスの合唱で幕を閉じるのである。「されば、かの最後の日の訪れを待つうちは、／悩みをうけずこの世の涯を越すまでは、／いかなる死すべき人の子をも幸ある者と呼ぶなかれ」(26)(1528ff. —高津春繁訳)。

ソフィストの思想から一半の影響を蒙っているエウリピデスには、明らかに無神論的な傾向が一方に認められる。そして『ヒッポリュトス』が教えてくれるように、この神々とその掟に対する懐疑は、内面性を知り外見を取り繕うことを人間が覚えた結果として見せかけと本心を見分けることが困難になり、つまりは存在を喪失してしまったことに起因している。女神アフロディテの復讐がもたらす悲劇という結構を備えているとはいえ、義母との関係を父から疑われて死へと追いやられるヒッポリュトスの不幸は、既にギリシア世界が引き受けてしまったこの人間的真実に対して、彼が無垢であるが故に無知であったことに基づいている。(27) この偽善への怒りは、政治的には僭主制にも等しい民主制の告発として描かれる。トロイア王プリアモスの后ヘカベが、預けていた末子ポリュドロスを金銭への欲望から殺害したトラキア王ポリュメストルに復讐する悲劇『ヘカベ』の中で彼女は、ポリュメストルの殺害を民衆の非難を恐れて逡巡するアガメムノンに対してこう迫るのである。「ああ、死すべき人の子に自由はないもの。財宝か運命(tuchē)の虜であるか、民衆(polis)や法(nomos)の手が思うままに振る舞うをさまたげる。衆愚を恐れ、それほどにはばかるからには、その恐怖からあなたを解いて差し上げよう」(864ff.——高津春繁訳)。ここでは、『救いを求める女たち』で表明された民衆への信頼も民主制への自信ももはや見出すことはできないが、それというのも人間を正義の尊重へと促すべき恥(aidōs)の意識が変質してしまったからである。アガメムノンの躊躇いの原因は、自然に反する行為とそれに伴う神々の復讐への怖れではなく、彼が明言するようにアカイア人の非難、つまりは他者に誹られることへの怖れである。その上、その民衆が偽善にまみれ欲望に憑かれた存在と化しているとしたら、民主制がその理念から遥かに遠く離れてしまったことは明白であろう。[28] ヘカベは言葉に対する不信も表明する。「言葉(logos)が事実(pragma)にまさるということが人間にあってはなりませぬ。いいや、秀れた行為には秀れた言葉が、悪行にはうつろな言葉が伴い、不正をうまい言葉が言いくるめることはあってはならぬ」(1188ff.)。ここには、ソフィスト、そして彼らを生みだしたアテナイ民主制に対するエウリピデスの苦い思いが反映されていることは間違いない。では、この作品におけるエウリピデスの解決策は如何なるものなのか。娘ポリュクセネと息子ポリュドロスを相次いで失い悲嘆にくれ復讐の念に狂うヘカベには、伝統的な神々の掟の尊重を説き彼女の罪を赦すアガメムノンの言葉もまったく説得力をもたないであろう。そればかりか、苦しみは彼女の高貴な性格(ēthos)をすらも変えてしまう。今や彼女は、まったく新しい法(nomos)、一切の友情と信頼の欠如した孤独な人間に仕えるべき法に縋るしかないのである。[29]「わが子よ、わが子よ、/ああ、これが悲嘆の初め、/まがつ神がたった今教えた/狂おしい歌の調べ〔法〕(nomos)」(681ff.)。

この新しい法が如何なるものであるかは、オイディプスが去った後のテーバイ王の跡目争いに取材した『フェニキアの女たち』の中でエテオクレスによって説明される。彼こそは、ソポクレスの『アンティゴネー』で描かれたクレオン、断固たる意志で国家の法を守ることを自らの務めと心得ているあのクレオンと同類の人間である。「さあこうなっては、戦火よきたれ。剣をとれ。馬をつなげ。戦車で野を満たせ。おれはこ奴にわが主権(tyrannis)をわたしはせぬぞ。もしも、正義を破ること(adikia)が必要ならば、主権のために破るのが最も立派な不正だ。その他のことでは、神を畏れねばならぬ」(521ff.)。ここには、国家理性のためには道徳を無視し、秩序維持のためには躊躇うことなく暴力を行使することを説いたマキャベリとも見紛う政治家が立っている。エウリピデスは、当時のアテナイにこうした政治家の存在を認めていたのであろうが、しかし、勿論これは彼の理想でも処方箋でもない。それは、オイディプスの「神々の定め(anankē)に死すべき人間は従わねばならぬのだ」(1763)という言葉からも明らかである。

おそらくエウリピデスの政治思想は、まさにギリシア世界の終焉を予告するともいえる血とエロティシズムに彩られた世紀末的悲劇『バッコスの信女』に最もよく窺われるであろう。[30] 信仰を嘲笑う若きテーバイ王ペンテウスが、あろうことかディオニュソス信仰に熱狂する母アガウエの手によって八つ裂きにされるというこの深刻な作品には、彼の宗教観が反映されていると一般的に言われている。「神を敬わぬという点で、ペンテウスもお前たちも同類であったわけじゃ。そこで神がペンテウスもお前たちももろともに、一撃に打ちすえられたのじゃ」(1302ff. ——松平千秋訳)というペンテウスの祖父カドモスの言葉は、無神論でも新興宗教でもなく、伝統的な信仰への帰依を説いたものと理解して間違いはない。そして同時にそこには、神々の掟と人間の掟がまだ乖離してはいなかった古の法への回帰という政治的含蓄が込められていることもまた確かである。オストワルドによれば、以下に引用するコロスの合唱の中でエウリピデスは、人為的法を nomos、実践的慣習を nomima と呼んで区別したトゥーキュディデースの例に倣って、法を後者をもって示している。[31] 彼の政治思想を端的に表明した文章であるから敢えて少々長く引用したい。「神の力の顕われは／急がず、されど過たず／人間の心狂いて／我執に迷い／神々を敬わぬものあれば／神意はこれを匡したもう。／ゆるやかに流るるときの歩みをば／巧みに秘して、神々は／不敬の輩を討ちたもう、／古往より守り来れる法(nomos)を越えて／想いを馳せ、事理を探るは正しからず。／神霊の在すを信じ、／幾代を継ぎて法(nomima)となれるは／本然の理(physis)に根ざし／真理もまたここに在りと／思えば費え少なからむ。／……そのゆえに今日また明日と、／その日々に仕合わせあれば、／それをしも真の幸とわれは呼ぶ[32]」(882ff.)。

本節において我々が確認しえたことは、アリストテレスの正義概念へと受け継がれたギリシア本来のそれとは、第一に、自然という存在の秩序にかなっていなければその名に値しないということ。しかしながら、第二に、理性の限界からそれを完全に洞察することは不可能であるために人間はしばしば不正を犯し、従って偶然に襲う神々の復讐という形でそれを贖わねばならないこと、第三に、それ故に神々への敬虔な態度と先人の知恵ともいうべき歴史的慣習を守ることこそが、正義にかなった振る舞いへと人間を導く慎慮である、と考えられていたことである。ところで、初期ハイデガーにとってアリストテレスが決定的に重要であったのは、その哲学にはギリシア本来の思考が存続していると彼が考えた故であった。事実、後期ハイデガーは、アリストテレスがプラトンを批判して先祖帰りを行ったように、今度は自ら前ソクラテス期へと赴くことになる。第三節では、ハイデガーがギリシアに見出した多くの概念のうち特に正義を取り上げて検討してみたい。

(1) ヒュー・ロイド＝ジョーンズ、眞方忠道・眞方陽子訳『ゼウスの正義――古代ギリシア精神史』岩波書店、一九八三年、六頁。

（2）同右、四五頁。

（3）従って悪は、「我知らず(akon)」「運命の力によって(kata moiran)」犯される。Cf. Adkins, A. W. H., *Merit and Responsibility : A Study in Greek Value*, Clarendon Press, 1960, Ch. 2 ; Farrar, C., *The Origin of Democratic Thinking : The Invention of Politics in Classical Athens*, Cambridge University Press, 1988, Ch. 2. 勿論、この点はホメロス時代の人間が未だ自己意識に覚醒していなかったという精神史的解釈を踏まえて、主張されている。こうした解釈については、cf. Snell, B., *The Discovery of the Mind : The Greek Origins of European Thought*, tred. by Rosenmeyer, T. G., Basil Blackwell, 1953, Ch. 1, 2 ; Vernant, J-P. et Vidal-Naquet, P., *op. cit.*, ch. 3. スネルもヴェルナンも共に、後述されるようにギリシア悲劇は自己意識の覚醒がもたらした葛藤の芸術的反映であると考える点で一致している。他方で、こうした解釈はヘーゲルの歴史哲学から過度に影響されていると批判するものとして、cf. Gill, Ch., *op. cit.*

（4）Nestle, W., *Vom Mythos zum Logos : Die Selbstentfaltung des griechischen Denkens von Homer bis auf die Sophistik und Sokrates*, Zweite Auflage, Alfred Kröner, 1942, S. 34f. ハーヴェロックは、本来ギリシアにおいては法とは慣習法であり、従って法(nomos)と慣習・習慣(ēthos)は殆ど同義で用いられていたことを指摘している。Cf. Havelocke, E. A., *The Greek Concept of Justice : From Its Shadow in Homer to Its Substance in Plato*, Harvard University Press, 1978, p. 24. また、グランによれば、本来テミスと呼ばれた法は家父長制的家族内部の掟を、ディーケーと呼ばれた法はこれら氏族相互の関係を律する掟であった。前者が民主的、感情的であったのに対して後者は貴族的であり、比較的合理的であった。ヘシオドスにおいて既にディーケーが優位に立っているが、それでもテミスはディーケーと絡まりながらギリシア世界の最後まで存続したのである。Cf. Guérin, P., L'idée de justice dans la conception de l'Univers chez les premiers philosophes grecs : *De Thalès à Héraclite*, Félix Alcan, 1934, ch. préliminaire.

(5) Ostwald, M., *From Popular Sovereignty to the Sovereignty of Law : Law, Society, and Politics in Fifth-Century Athens*, University of California Press, 1986, p. 86.

(6) Havelocke, E., *op. cit.*, p. 194ff.

(7) 「叙情詩の時代にギリシアにポリスが成立し、古い封建的共同生活に代わって法によって秩序づけられた共同体ができあがる。個人意識と国家秩序が同時代に発生しているということは、驚くに値しない。というのも、市民であるということと家臣団に属しているということとは、同じではないからである。法が、人間を結びつける新しい絆である」(Snell, B., *op. cit.*, p. 69)。勿論、商品経済の一定の発展に伴う貧富の格差の拡大という要因も重要であるが、ここでは純粋に精神史的な説明に限定する。

(8) Cf. Havelocke, E., *op. cit.*, ch. 14 ; Vlastos, G., Solonian Justice, *Classical Philology*, No. 41, 1946 ; ditto, Equality and Justice in Early Greek Cosmologies, *Classical Philology*, No. 42, 1947. なお、哲学の誕生とポリスの成立の関係については、本書第二章参照。

(9) 「ソロンはビエーを正当性の枠の中におくために、従来のように伝統と慣習にではなく、明確な理念であるディーケーに依拠させた。このとき真の意味における〝政治(ポリテイア)〟が始まったといえるであろう」(仲手川良雄『古代ギリシアにおける自由と正義——思想・心性のあり方から国制・政治の構造へ』創文社、一九九八年、六五頁)。

(10) クレイステネスの改革以降、法や布告を示す語として従来の thesmos に代わって nomos が統一的に用いられるようになる。Cf. Ostwald, M., *op. cit.*, p. 88. 但し、アドキンスは、五世紀になっても以下のような点でまだ徳や正義に関する伝統的な考え方が存続していたと主張する。第一に、恥と道徳的意識との関係、つまり道徳は良心のように完全に内面化されてはいない。第二に、勇敢という戦士の徳が重要視されている。第三に、美と徳の関係、つまり徳は美しい行為として現れる。Cf. Adkins, A. W. H., *op. cit.*, p. 154ff.

(11)「それは、古いものと新しいもの、留まろうとするものと前に進もうとするもの、実践と理論、本能と理性、共同体と個人の間の闘争〔の時代〕であった。そしてとりわけソフィストが若者の心を捉えたところでは、それは老人と若者、父と子の間の世代間闘争であった。……この闘争の一方の陣営——彼らはまさしくギリシア的な芸術である当時の韻文芸術、就中悲劇の領域で活躍したのであるが——へと、今や目を転じなければならない」(Nestle, W., *op. cit.*, S. 448)。悲劇にはアテナイ民主制擁護という明確な政治的意図が含まれていたと主張するものとして、cf. Zak, W. F., *op. cit.*, p. 27 ; Wohl, V., *Intimate Commerce : Exchange, Gender, and Subjectivity in Greek Tragedy*, University of Texas Press, 1998, p. xxvi.

(12)「我々の目に映るアイスキュロスは、哲学者ではなく彼の国民に対する最も偉大な教育者である。彼は国民の最も高貴な特性を体現しており、彼らの世界や神々の姿、その倫理、その思慮深く犠牲的な市民精神を高めることを欲した。だが、彼はまた人間の自己中心的性格や傲慢が増大する危険を眼にして、常にそれらに警告を発した。彼は、古きギリシア人の生活の知恵を担った最後の偉大な人間である」(Nestle, W., *op. cit.*, S. 180)。

(13)「ソフィストの批判に対抗してソポクレスは、彼自身が個人的に心酔していただけではなく、ポリスの安寧もその維持に懸かっていると彼の考えた宗教と習俗の擁護へと赴いた。宗教を攻撃する者は国家の基礎を揺るがし、それを危機に陥れるのである。ただ、この詩人はこうした擁護をソフィスト流の議論で示すのではなく、詩人として古の神話の奥底をえぐり取り、それを芸術的形象をもって眼前に描き出す道をとったのである」(*ibid.*, S. 451)。

(14) 「エウリピデスは、ソポクレスのように宗教の絶対性を信じてはいなかったが、習俗のそれには信頼を寄せていた。彼がソクラテスと分かちもっていたように思われるこの信頼こそが、彼が神々を非難する時に暗黙の内に背後に秘められていたものである。しかし、国民の実定的な宗教は、彼にとっては如何なる現実的な真理内容ももってはいず、人為(nomos)の所産でしかなかった」(*ibid.*, S. 499)。

(15) 本書第二章参照。

(16) Zelenak, M. X., *Gender and Politics in Greek Tragedy*, Peter Lang, 1998, p. 49ff. 著者はまた、アイスキュロスの作品の背景には貴族の法廷(アレオパゴス)に対する民会(エクレーシア)並びに諮問委員会(ブーレー)の勝利という政治的事件があることを、指摘している(p. 70ff.)。なお、この研究は、近年盛んなフェミニズムの立場から書かれた悲劇分析である。著者によれば、元来ディオニュソスを祭る儀式から発展した悲劇には、却って女性を神秘的な力を秘めた存在として崇拝する逆差別(gender hybris)とも言うべき側面があった。従って「ギリシア悲劇において女性の登場人物は、男性的精神に対する〝根源的他者〟として中心的役割を演じることが要求された」(p. 21)のであるが、しかしながら「女性的なものは、政治的にも芸術的にも発明されたカテゴリーであった」(p. 24)。政治的な発明とは、前四五一年にペリクレスによって制定された市民権法によって、市民とは「市民の娘と結婚した市民の息子」に限ると規定されたことを指している。同様に、同一性に基づく秩序(男性的なもの)によって排除された混沌(差異の許容)としての女性的なものに視点を据えて、アイスキュロスの『テーバイに向かう七将』を分析したサクソンハウスの卓抜な研究も参照。Saxonhause, A. W., *Fear of Diversity : The Birth of Political Science in Ancient Greek Thought*,

The University of Chicago Press, 1992, p. 54ff.

(17) Zak, W. F., *op. cit.*, p. 83ff. オレステスを護るアポロンに向けた復讐の女神たちの非難とはこうである。「予言者でおいでながら、社の炉辺を、／われからと自身の招いた／罪の穢れに、奥殿をお染ませなさった、／神々の掟 (nomoi theōn) に背き、人間を大切になさり、／生まれの古い、慣習の定め (moiras phthisas) を破って」(168ff. ――呉茂一訳)。同様に、大詰めの法廷の場で女神アテナイに対して彼女たちが放つ呪詛の言葉。「何ていうことだ、／新しい神々ったら、／昔からの掟て定め (palaios nomos) を、よくも／私の手からもぎ取って、足蹴にかけたな」(778f.)。

(18) Farrar, C., *op. cit.*, p. 38.

(19) Meier, Ch., *The Greek Discovery of Politics*, tred. by McLintock, D., Harvard University Press, 1990, p. 129.

(20) *Ibid.*, p. 138.

(21) 神々の復讐は偶然 (tuchē) という形で襲来する。傲慢の故に偶然の椿事に右往左往するという主題は、『アイアス』により直接的に描かれている。以下の論文では、個々の作品の分析を通して、偶然の可能性を弁えてそれに備えることこそが政治であると、主張している。Cf. Davis, M., Politics and Madness, in Euben, J. P. (ed.), *op. cit.*

(22) アンティゴネーとクレオンを対立させることなく、両者とも固定的な法に頑なに従おうとする点で同様であるとみなす解釈もある。Cf. Nussbaum, M. C., *op. cit.*, p. 61 ; Zak, W. F., *op. cit.*, p. 126f. ヌスバウムによれば、両者を止揚するヘーゲル的解釈は所詮は哲学者の机上の空論であり、複雑な現実の中で他者との関係性を築く上では有効ではない (p. 67ff.)。孰れの研究も女性的なものと男性的なものという二項対立を越えようとする立場である。同じ観点から、逆にアンティゴネーは女性的なものの象徴というよりも、両性を兼ね備えた存在と見なす解釈もある。Cf. Lane, W. J. and Lane, A. M., The Politics of Antigone, in Euben, J. P. (ed.), *op. cit.*

(23)「こうして、理性による人間の勝利を讃える宣言はまた、理性の限界とその侵犯、そしてそこに生じる葛藤の凝縮された記録でもあることが明らかになる。我々の価値の体系が豊かになるにつれてそこに調和を見出すことが困難になることが、そこでは暗示されている。価値や神性にまともに直面するほどに、この世では確実に葛藤が近づいて来るのである。諸価値の統一を求めれば〔生の〕貧困という、諸価値の豊かさを求めれば不調和という代償を払うことになる。実際、〝死すべき存在の生にあっては偉大な事柄は災厄なくしては起こらない〟(613-14)というのが、〝書かれざる掟〟(613)であるように見える。まさに適切にもこの箇所で合唱団は、こう語るのである。〝この怪しい前兆に眼を凝らしながら、私は〔幸福と不幸の〕両者に思いを致すのだ〟」(Nussbaum, M., *op. cit.*, p. 75)。次節で論じるように、この合唱歌はハイデガーにとって重要な意味をもっているが、ザクは彼の解釈に反対して、この歌はポリスという土壌を喪失して(apolis)居場所がなくなり(aporos)——「〔理性ある人間は〕何事が差し迫ろうと術策なしでは(aporos)向かっていかない」(360)——根無し草になる恐怖を語っていると指摘している。Cf. Zak, W. F., *op. cit.*, p. 126f. and p. 206ff.

(24)「〔悲劇の主題である〕慎慮(phronēsis)は、まだソクラテス的な無知の知ではない(それが無自覚的ではあれその後継者であるとしても)。しかし、この知は自らにつきまとう呪いに用心をして、常に自らの必然的限界を意識しているように注意している。ソポクレスの描くオイディプスが我が眼を刳るのも、余りにも知ろうとしてテイレシアスの予言に込められた忠告を理解するのが遅すぎたためである」(Aubenque, P., *op. cit.*, p. 164)。フェミニズムの立場から悲劇を解読するサクソンハウスによれば、オイディプスの理性とは抽象化する能力であり、それ故にそれは感性的多様性を抑圧して過度の統一性を持ち込む点で、自然を逸脱することになる。Cf. Saxonhause, A. W., The Tyranny of Reason in the World of the Polis, *American Political Science Review*, vol. 82 No. 4, December 1988. また、この悲劇にいわばアテナイ近代における〝啓蒙の弁証法〟を見る解釈として、cf. Rocco, Ch., *Tragedy and Enlightenment : Athenian Political Thought and the Dilemmas of Modernity*, University of California Press, 1997, Ch. 2.

(25)　ハイデガーは、この詩にギリシア人の許における〝存在と見せかけの間の戦い (Kampf) の詩的刻印〟を認める。勿論、ハイデガーの場合、この戦いは二項対立ではなく両義的なものである。何故ならば、「現れ (Erscheinen) としての存在そのものには見せかけ (Schein) が属している」(Heidegger, M., *Einführung in die Metaphysik*, Gesamtausgabe Bd. 40, S. 116) からであり、「存在と見せかけとは相互に属し合っており (zusammengehören)、相互に属し合うものとして相互に他を伴っており (beieinander)、相互に他を伴うことで常に両者の交代が起こる。それ故に間断なき両者の絡まり合いがあり、そこから迷誤と両者のとり違いが生じる」(S. 117) からである。こうした独特の考え方から、ハイデガーは引用箇所についても極めて特異なドイツ語訳を与えている (S. 115f.)。ザクは、そこに〝このポストモダーンの哲学者の西洋の知的伝統の起源への回帰〟を認めて、その解釈を批判している。Cf. Zak, W. F., *op. cit.*, p. 202ff. なお、次節で触れられるハイデガーの存在概念の両義性について差し当たっては、前掲『美と政治』序章及び第四章参照。

(26)　このペシミズムは、『コロノスのオイディプス』における次の有名な台詞では一層深まっている。「この世に生を享けないのが、／すべてにまして、いちばんよいこと、／生まれたからには、来たところ、／そこへ速やかに赴くのが、／次にいちばんよいことだ」(1224ff. ——高津春繁訳)。この作品にはまた、ニーチェを歓喜させたオイディプスの次の台詞も含まれている。「おれは掟の前では潔白だ、知らずしてこの仕儀に陥ったのだ」(548)。啓蒙が進み、神々と人間の距離が縮小した結果、ソポクレスの悲劇では不幸は神々の復讐によるものなのか、英雄自身の性格に由来するものなのかが判別困難になるという点については、cf. Schwartz, J. D., Human Action and Political Action in Oedipus Tyrannos, in Euben, J. P. (ed.), *op. cit.*

(27) 作者は、冒頭でヒッポリュトスの無神論的傾向を匂わせてはいる。「暗闇で霊験あらたかな神様などは、私は大嫌いなのだ」(104 ―― 松平千秋訳)。しかし、妻との関係を疑う父に対してこう訴える彼の心は真実である。「ああ、私は、自分が父上のみか世間の眼にも、悪人(kakos)として映る(phainomai dokō)かと思うと、胸は張り裂けるばかり、男泣きに泣きとう存じます」(1070f.)。他方、我が子の言葉を信じることができない父テセウスも、こう嘆く。「ああ、交わる友の心を読み、真実の(alēthēs)友と偽りの(pseudēs)友とを見分けるしるしを、人間がもてたらばよかろうに。また人間がみな二種の声をもち、一は誠実の(dikaios)、他は場当たりのと、使い分けられるものならば……」(925ff.)。そして両者はついには神々に対する呪詛の言葉まで口走るのである。「テセウス：神が俺の分別をすっかり狂わせてしまっておられたのじゃ。ヒッポリュトス：ああ、人間の呪いが、神にもかけられたらよいのに」(1414ff.)。しかしながら、最終的なエウリピデスの主張は、以下のコロスの合唱に込められていると考えるべきであろう。「神の想いに胸浸されるとき、／憂いは消える。／けれど、密やかに全能の知を想う心も／人の世の定めなき営みをまのあたり見ては、／そぞろにゆらぐ。／人の世の移り変わりの激しさは、／今日はかく、明日はかくと、／止まる暇もない。／願わくは、神のめぐみによって、／泡沫の幸を喜び、／ものを思わぬ心を得たい、／願わしく思うは、あまりに深く理を探ることなく、／さりとてまた、あらぬ迷信にも染まぬよう。／とらわれぬ心をもって、なるがままに従い、／明日の日のもたらすものを素直にうけて、／喜びのうちに、世を送りたい」(1102ff.)。抑も、偽り(pseudos)という語が人間の心のあり方にも用いられるようになったのは、ポリスの成立期と時期を同じくしていた(Nestle, W., *op. cit.*, S. 67ff.)。そして悲劇が書かれた頃のギリシア世界ではグラウコンが喝破したように、偽善は真実にも優る状況であった。悲劇作家達は、こうした風潮に抗してルソー的な透明なコミュニケーションの回復を訴えたのである。例えば、ヴォールはこのような問題意識から、内面の善が外部に現れたものとしての美(kalokagathia)の理念に関してソポクレスの『トラキスの女たち』を題材にして見事な分析を施している。Cf. Wohl, V., *op. cit.*, Part 1. 因みに、pseudos という言葉についてもハイデガーは特異な考えを述べている。彼の存在論の要諦である、存在の開示〔真理〕(alētheia)と存在の隠蔽〔忘却〕(lēthē)の両義性という立場から、彼は虚偽(pseudos)と真理(alētheia)の両義性こそが本来の意味であり、従って pseudos を現代的な虚偽の意味に解してはならないと主張する。pseudos とは存在が隠蔽された状態を形容しているが、それは真理と対立するものではないのである。Cf. Heidegger, M., *Parmenides*, Bd. 54, S. 30ff.

(28)　『ヒッポリュトス』ではパンドラによって二つの恥(aidōs)が区別されているが、しかし両者を見分けることの困難も指摘されている。「恥じらいに二種あって、一方は正しい恥じらい、けれど他方は、世の人の煩いともなるわるいものです。もしこのふたいろの恥じらいをはっきり区別ができるのならば、同じ名前で呼ばれようはずもないのです」(385ff.)。

(29)　ヌスバウムの卓越した解釈を見よ。Cf. Nussbaum, B. C., *op. cit.*, Ch. 13. その時、ヘカベは人間から野獣へと転落してしまう。何故ならば、孤独に生きるのは神々でないとしたら野獣であるからである。ヌスバウムの理解するエウリピデスのメッセージ(そしてそれは、この大著に託した彼女自身のそれでもあるのだが)とは、以下のようなものである。「エウリピデスは、政治的動物としての我々の自己創造は取り返しのきかないものではないことを我々に示している。法(nomos)によって、そして法の中に存在する政治的なるものは、我々を包摂することも止めうるのだ。人間は、社会的存在として野獣と神の中間に吊り下がっている。それ故に人間は、それら自足的な存在とは異なり、〔世界に〕開かれた傷つきやすいものであり、その最も根本的な関心において関係性の下に置かれているという性格を持つものとして定義される。しかし、もし人間が自然界を構成する不変の物質ではなく、他者を信頼し他者と関わる性質をもった存在であるとしても……人間はまた極めて容易にそうであることを止めてしまうものでもあるのだ。（プラトンのように）天上へと上昇して神の如き自足へと向かうか、或いは転落して犬の如き自足へと向かうか、いずれにしても。……我々は信頼を失うことによって犬にも神にもなりうる——時に孤独な観想の人生を送ることによって、また時に自己を変えようともせず偶然の流れに身を委ねることによって」(p. 416f.)。

(30) ポストモダーンの概念を用いて、この作品には脱構築の手法が看取されると主張する論者もいる。Cf. Zelenak, M. X., *op. cit.*, ch. 10.

(31) Ostwald, M., *op. cit.*, p. 106f.

(32) 但し、エウリピデスは、反動的、急進的な復古を考えていたわけではない。例えば、オストワルドは、「生を知性を通して把握する企てとそれを直接的経験を通して為そうとする企ての間の緊張」(ibid., p. 287)が、『バッコスの信女』におけるエウリピデスの宗教観の核心に横たわっていることを指摘し、そこから派生する政治思想を以下のように要約している。「人間の行動に限界を設ける nomoi が如何にして暗黙のうちに信念と実践を示しているか、また nomimon が如何にして信念と崇拝の対象としての神性に関わっているかを、この作品は表している。そうであるとすれば、〝知恵(sophon)〟とは知的宗教と伝統的宗教の間の葛藤を次の方法で解決しようとするであろう。即ち、両宗教の融合によって同時にソフィストがアテナイ市民に提示した nomos と physis の間の緊張も宗教的に解消することによって」(ibid., p. 289)。

三

ハイデガーは二〇世紀にあって自然概念、それも明らかにギリシア的な意味での自然(physis)を中心にして思索した希有な哲学者である。人間に優位する存在という彼の思想は、或る種の自然法的発想を受け継いでいるとさえ言えるかもしれない。[1] しかしながら、問題はハイデガーの自然概念の特異性である。まさにケーレの最中に書かれた『根拠の本質について』では、ギリシア的コスモスについて以下のようにその特質が描かれている。「一、〔ギリシア的な〕世界(Welt)とは、存在物そのものというよりは、存在物の如何に存在するか(*Wie des Seins*)である。二、この如何に存在するかは、全体としての存在物(das Seiende *im Ganzen*)を規定している。それは、根本において各存在物が如何に存在するか一般の可能性をその限界と尺度(Grenze und Maß)として規定している。三、この全体として如何にあるかは、或る仕方で〔人間と世界との間の〕交渉として先行している(*vorgängig*)。四、〔従って〕この交渉として先行している全体として如何に存在するかは、それ自体人間という現存在に対して相対的である。それ故に世界は、たとえそれが人間も含めてあらゆる存在物を全体として包摂しているとしても、人間という現存在に所属しているのである」[2]。最後の条りなどは一見すると人間中心主義を、或いはケーレ以前の現存在中心主義と呼ばれる立場を表明しているように思われるが、勿論そうではない。全体としての存在物相互が織りなす自然の秩序は、人間がその全体を洞察することが不可能である以上、その都度特定の存在物相互の秩序として現れるということを、ハイデガーは言いたいのである。『根拠の本質について』では、所謂形而上学が成立した結果として存在物の如何に(Wie)ではなく、その何(Was)、つまり本質によって世界を規定することがギリシア的コスモスの喪失をもたらしたことが考察されている。だが、果たしてこのようないわばアド・ホックな存在の秩序によって正義が担保されるのであろうか。

しかし、抑も西洋形而上学に伝統的な普遍的且つ不変的な本質や根拠といった概念そのものを解体すること、或いは脱構築することこそが一貫した問題であるハイデガーにとって、正義概念の解体も必須の作業であるはずである。ニーチェは、遠近法主義の立場から真の世界と見せかけの世界という形而上学的区別を廃棄してしまった。道徳的真理を標榜する正義もまたその根拠を奪われて、もはや普遍的な妥当性を主張しえなくなる。「ニーチェにとって〝正義(Gerechtigkeit)〟という語は、〝法学的な〟意味も〝道徳的な〟意味ももってはいない。寧ろそれは、比喩(homoiosis)によって、即ち混沌にすぎない全体としての〝存在物〟、つまり存在物そのものに〔人間的生との〕等価物を持ち込むことによって遂行され成就される事柄を指している。全体としての存在物を思考すること、つまりその真理において、存在物における真理において思考すること——これは形而上学である。〝正義〟とはここでは真理の本質に対して、即ち西洋形而上学の終わりに臨んで真理の本質が把握されるべき仕方に対して与えられた形而上学的名称である」(3)。ところが、人間はアルキメデスの点に立てないが故に必然的にその認識は地平に拘束され、けっして全体としての存在物を把握することができないとすれば、真理も正義も捏造されたものとして以外にはありえない。シュールマンによれば、ニーチェにとってもハイデガーにとっても正義の名による強制は、〃規格化(standardization)〃或いは〃規範化(normalization)〃に等しい。[4] 真理即ち存在の現前は常にその不在を伴っているが故に真理は虚偽との両義性の下に置かれているように、正義もまた不正と両義的な関係の下にあるのである。何故ならば、正義はギリシア以来それを支えると考えられてきた自然という存在物の現前の秩序、即ち存在の秩序から切り離されてしまうために、そこには常に存在の不在、隠蔽がつきまとうからである。アナクシマンドロスの箴言を独特に解釈した論文の中でハイデガーは、古代ギリシアにおける正義(dikē)、不正(adikia)、罰(tisis)といった概念を断じて擬人的に表象してはならないと戒めた上で、[5] dikē を連関(Fuge)、adikia を非連関(Unfuge)と訳して両者の相即性を主張する。正義即ち連関とは、全体としての存在物相互の織りなす秩序を指しているが、そこに現前する存在は、同時に或る特定の存在物の姿で現れるが故に、換言すれば全体ではなくその部分を示すに止まるが故に、結局は隠蔽されている。従って正義はまた、不正即ち非連関でもある。つまり正義と不正は両義的な関係の下にあるのである。「箴言が明らかに語っているように、現前するものは adikia の中に、換言すれば連関の外にある。にもかかわらずこのことは、それがもはや現前していないということを意味しえない。しかし、この箴言はまた、現前するものはその都度偶然に(gelegentlich)、或いは逆に何らかのその本質に従って、連関の外にあるということを単に語っているわけではない。この箴言の真意とは、現前するものはそのように現前するものとして連関の外にあるということである。現前することそのものに、連関と連関の外にあること〔非連関〕の両者が属していなければならないのである[6]」。要するに、ハイデガーは、正義とはその都度の偶然的な存在物の存在相互の秩序(存在の秩序)であると規定した上で、その秩序は同時に存在を隠蔽する不正な秩序でもあると主張している。これは、正義の基底に自然を据えたギリシア本来の正義概念とはおよそ相容れない考え方である。正義は存在の秩序という基礎を奪われてしまうのである。にもかかわらずハイデガーは、自らの正義概念をギリシア的正義から導き出して来る。果たしてそのような力技は可能なのか。以下では、ギリシア人の世界観を構成する幾つかの概念を彼が如何に解釈するのかを見てみたい。

『ヒューマニズム書簡』では、ヘラクレイトスのごく短い断片一一九「性格(ēthos)がその人に憑いた神霊(daimōn)である[7]」を素材にして、エートス概念が解釈されている。ハイデガーによれば、エートスとは性格でも慣習でもなく、元来は滞在地とか居住地、つまり「人間が住む開けた領域[8]」を意味している。それ故にこの断片の意味するところは次のようになる。「人間は、人間である限りにおいて神の近くに住む[9]」。では、「神の近くに住む」とは如何なる意味か。開けた領域とは存在が現前する場、明け透きの場を指している。従って彼がアリストテレスの伝えるヘラクレイトスにまつわる挿話を手引きにして説くように、存在はパン焼きの竈の傍らといったありふれた日常的世界の中に現れるのである。「神々はここに現前している(anwesen)[10]」。

別章において触れたように[11]、同じく『ヒューマニズム書簡』の中でハイデガーは法(nomos)の概念を取り上げて、それを語源である配分する(nemein)という意味にまで遡って検討を加え、存在を現前させるもの——無論のこと、そこに強制の契機も当為の意識も働いてはいないのであるが——と解する。「配分する(Zuweisen)とは、ギリシア語では nemein と言う。ノモスとは、単なる法(Gesetz)ではなく、より根源的には存在の贈与の中に孕まれている配分(Zuweisung)の謂いである」[12]。つまり法(nomos)とは、個々の具体的な存在物において覆蔵されていたその存在が現前する運動を示す概念である[13]。

次に、一九四三年度夏学期講義『西洋的思索の起源　ヘラクレイトス』における尺度・ルール(to metron)に関する考察を取り上げよう。対象であるヘラクレイトスの断片三〇は、一般に森羅万象の秩序(kosmos)はその構成元素である火が規則正しく或いは矩を越えずに(metra)燃えることに依存していることを説いた文章として理解されている[14]。つまりそれは、自然に孕まれたロゴスへの信頼を語っているのである。だが、ハイデガーはこうした常識的な解釈を厳しく斥ける。「ギリシア語のテキストのどこに〝規則正しく(nach Maßen)〟と書いてあるのか」[15]。ここでもまた、ト・メトロンとは存在が現れる場を意味しており、重要なことにはその結果、コスモスは秩序だった世界という意味を失ってしまう。コスモスとは諸存在物の存在が現前した領域に与えられる呼称なのである。「メトロンの根本的な意味つまりその本質とは、広がり(die Weite)、開かれていること(das Offene)、自らを延ばし広げる明け透き(Lichtung)である。……起源的な意味での顕彰〔名誉〕(Zier)、換言すれば明け透かせる連関(lichtende Fügung)としてのピュシスは、広がりに火をつけて、それを明るくする。この広がりの開示の中ではじめて、現れるもの(Erscheinendes)は他から見られ(Aussehen)且つ自ら装いつつ(Sichausnehmen)、〔他のそれらと〕連関した広がりを形作るのである」[16]。しかしながら、ト・メトロンは存在が現れる場であると同時にそれを隠蔽する場でもある。従ってピュシスもまた、存在の現前と不在の両義的戯れそのものであり、断じて普遍的且つ不変的な秩序ではありえないのである。「メトラとは、〔存在が〕現れ且つ自らを秘匿する(aufgehenden und sich verschließenden)広がりという根源的な意味での広がり(Maße)であり、その内部ではじめて人間は〔世界を見回す〕視(Sicht)が可能になり、またそれに対して自らを開くことで存在物がその都度(je)そのようなものとして現れてくる広がり(Maße)を、つまり〝領域(Spann-Weite)〟を見ることができるのである」[17]。

以上の検討を踏まえて、もう一度ソポクレスの『アンティゴネー』でコロスが歌う人間頌歌に戻ることにしよう。前節で指摘したように、この歌は一般的には理性を持つが故に偉大な人間は、同時に理性を持つが故に悲惨な存在でもあることを述べて、傲慢を慎み神々とポリスの掟に忠実であることを諭していると理解されている。しかし、『形而上学入門』におけるハイデガーの解釈はここでも独特である。第一章で考察した視点とは異なり、ここでは正義という問題からこの作品を見てみよう[18]。ハイデガーは、冒頭の人間の規定「不思議なもの(ta deina)」を敢えて「無気味なもの(das Unheimliche)」と訳した上で、人間が無気味である所以を三点挙げている。第一に、人間は存在を覆蔵された状態から現前させるために暴力を行使する(gewalt-tätig)存在であるからである。しかし、そこで行使される暴力とは差し当たっては物理的暴力ではなく、存在論的暴力、彼が知(Wissen)としての技術(technē)と呼ぶものである。[19] 第二に、人間に対抗する全体としての存在物つまり自然(physis)が、人間に対して制圧的なもの(das Überwältigende)として現れてくるからである。[20] ここでハイデガーは、一見唐突に「この制圧的なものとしての無気味なもの(das deinon)は正義(dikē)という根本的な語の中で現れてくる」[21]と述べる。しかし、すぐに続けて彼が以下のように述べるのを確認するならば、疑問は氷解するはずである。「この語を我々は〔承認された〕権限(Fug)と訳す。ここでは権限とは、何よりも先ず連関(Fuge)や構造(Gefüge)の意味で理解されている。次いで権限は、命令(Fügung)、指示(Weisung)として制圧的なものに支配を許す。最後に権限は、秩序付ける構造(das fügende Gefüge)として〔他を〕秩序付け且つ自己を秩序化することを強制する」[22]。第三に、とりわけ人間が「最も無気味なもの(to deinotaton)」であるのは、この同様に無気味な自然・正義と闘争する存在であるからである。「最も無気味なものの根本的特徴は、この二重の意味で無気味なもの(das deinon)の相互連関(Wechselbezug)に存する。知る者は権限の直中へと進み入り、存在を存在物の中へと(〝裂け目(Riß)〟へと)もぎ取るのだ(reißt)。しかし、にもかかわらずけっして制圧的なものを意のままにすることはできない。こうして知るものは、権限(Fug)とそこからの逸脱(Unfug)の間へと、邪悪なものと高貴なものの間へと投げ入れられる」[23]。

この文章を正しく理解するためには、ハイデガー哲学の全体を、とりわけその闘争(polemos)という概念について知っておく必要がある。[24] 三〇年代になってから好んで用いられるようになる闘争(Streit, Kampf)という言葉は、ギリシア語の polemos を彼が訳したものである。しかし、この語は文字通りの闘争という意味で理解されてはならない。実際、彼は闘争を意味する語として相互対向(Gegeneinander)(『芸術作品の起源』)、相互振動(Gegenschwung)(『哲学への寄与』)、そして『形而上学入門』では相互措定(Auseinandersetzung)、或いは上に引用したように相互連関といった多様な表現を採用しているのである。そこに含意されているのは、要するに存在の開示と隠蔽の両義的な関係、彼に特徴的な語を使用するならば戯れ(Spiel)である。この思想が彼の初期から一貫して抱懐されていたものであることは間違いないが、明示的に語られ始めるのはおそらく一九二九年の『形而上学とは何か』における「存在と無とは互いに他に属している(zusammengehören)」という文章や、同年の『根拠の本質について』に見られる「〔存在の〕隆起(Überschwung)と退去(Entzug)相互の超越論的遊戯(Einspielen)」といった特異な言い回しからであろう。その後この存在と無の間の闘争は、存在の不覆蔵態と覆蔵態の間へ、大地と世界の間へと拡張されていくが、この両者の間に〝裂け目(Riß)〟を作り出し、そこに存在が現れる場を措定するのが人間であるという点が重要である。ここに今度は存在と人間との間の闘争が始まる。存在は、ただ人間を通してのみ(敢えて認識を通してと言わないのであるが)現れるのであるから、人間は無気味なもの、暴力を行使するものとして存在の開示と隠蔽の間に割って入り、そこに裂け目を設けるのである。

暴力を行使して裂け目を作り出すとは、一体どういう事態なのか。具体的にはそれは、『芸術作品の起源』で彼が説いているように、技術(technē)を用いて存在の現れ、即ち真理(Wahrheit, alētheia)の場としての作品(Werk)を作ることである。作品には芸術作品はもとより、国家(ポリス)という政治的な空間も含まれている。作品は、真理が隠蔽された、換言すれば存在忘却に陥っている日常的世界に亀裂を走らせ、そこに非日常的な、従って無気味なものを現出させる。作品とは、日常的世界の外部(apolis)ではあるが、文字通り出口(poros)のないどこでもない場所(aporos)である。そこに、存在は現成する。そこでは芸術家は、そして政治家は両義的な存在である。日常的世界の側から見れば、彼は秩序を蹂躙する邪悪な者である。非日常的世界の側から見れば、無意味な秩序など一顧だにしない彼は高貴な者である。しかし、正確には彼は邪悪且つ高貴な両義的存在なのである。何れにしても作品の樹立は、日常的な秩序だった世界が解体し崩壊するという意味では破局の到来である。「制圧的な全体としての存在物〔自然、正義〕と人間という暴力を行使する現存在とが相対峙する状態(Gegenwendigkeit)には、出口も場所も喪失した状態へと墜落する可能性が作用している。破滅(Verderb)である。破滅とそこに至る可能性は、しかしながら、暴力を行使するものが具体的な暴力活動を成就できず失敗したから生じるわけではなく、寧ろこの破滅は、制圧的なものと暴力を行使することとが相対峙していることの中に根本的に支配し待ちかまえている。存在という制圧的なものに暴力を行使しても、存在が現成する(west)ものとして、つまり自然(physis)として現れる支配者として支配しているからには、その前に潰えるしかないのである[28]」。

果たしてこれこそが、ハイデガーが起源としてのギリシアから引き出した政治思想であろうか。暴力を行使して既存の秩序を破壊することによって現代のポリスを蘇らせる夢を、彼はナチズムに託したのであろうか。重大な留保を付した上でならば、答えは然りである。では、如何なる留保か。まず、存在の現れ・現前・不覆蔵態と存在の隠蔽・不在・覆蔵態の両義的戯れというハイデガー哲学の根本思想を確認しなければならない。その上で、本節で見てきたように存在、自然、正義が等置されているからには、正義もまた不正と両義的な関係にあるはずである。ハイデガーにとって、正義とは現前した存在物相互の連関である。しかし、存在物の存在はその都度偶然にそれに対峙している人間との関係で相対的であり、従ってそこに成立する秩序はあくまでもアド・ホックなものである。同時に全体としての存在物である存在(普遍)は、特定の意味を帯びた存在物(特殊)として現れるが故に、そこでは存在は隠蔽されている。つまり存在の秩序という条件を満たしていないからには、それは不正であると言わざるをえない。こうして存在/不在の両義性に対応して、正/不正の両義性が承認されなければならないのである。このように考えるならば、ハイデガーの正義概念が如何にギリシアのそれのみならず、およそ西洋に伝統的な正義概念から懸け離れているかは、容易に理解されるであろう。ハイデガー的正義とは、断じて普遍的且つ不変的なものではありえない。伝統的な正義は、それが普遍的且つ不変的であるために個物に同一性を強制し、その結果存在を隠蔽してしまうのである。それ故に、それは解体され、脱構築されねばならない。寧ろ解体こそが正義なのである。(29)

次に、この点に関連して、この存在と正義を根本的に規定している両義性或いは戯れの前には人間の暴力は無力であるという点に、一層注意すべきである。確かに三〇年代前半の著作や講演、わけても『形而上学入門』には戦闘的な言辞が満ち溢れている。しかし、暴力とはいいながら、それは知であり、世界に対する断固とした態度であり、つまりは存在論的暴力であることを忘れてはならない。

それは物理的暴力ではなく、畢竟意志の発動ではないのである。一連のニーチェ講義においてニーチェ哲学が最後の形而上学であるとハイデガーが断定した根拠は、それが主体的意志の発動を求める主意主義であることに求められている。その証拠の一つとして彼は、ニーチェの正義概念を取り上げている。[30]正義とは自ら新しい価値を定立しようとする力への意志の所産である。[31]つまり正義は、既存の善悪の彼岸で新たな価値に基づいて構成された秩序なのである。「力への意志という、何物にも拘束されない完全な主観性の形而上学の中で、真理は〝正義〟として現成する（west）」。[32]ハイデガーの見るところ、結局ニーチェは超人の手になる正義の秩序を構想することで自らが開始した形而上学批判の企てを裏切ってしまったのである。しかし、彼自身は、あくまでも両義性の立場を貫こうとする。彼は、主体的に新たな正義の秩序を築くために既存の秩序を物理的に破壊しようとはしない。人間には、存在の命運、即ち存在の現前と不在の戯れの前で放下の態度を持することしか許されてはいない。そこに我々は、ワイマール体制を破壊して第三帝国を復興しようとする積極的な保守革命家を見出すことができるであろうか。

しかしながら、依然として疑問は残る。従来からケーレ以降のハイデガーに対しては、こうした静寂主義的態度が認められてきた。後期ハイデガーの非政治性は、現実のナチズムに幻滅し、ニーチェやヘルダーリンに学ぶことを通して、積極的に政治に関与した時期の決断主義的政治思想を清算した結果である、と。しかし、我々は、両義性の観念は初期から一貫した彼の根本思想であると考える。その意味では彼の思想にケーレなるものはない。では、あの時期彼が政治に寄せた期待は、一体如何

なる思想的根拠に基づいていたのであろうか。ハイデガー問題はまだ解決されていないのである。(33)

(1) この点については、本書第一章参照。

(2) Heidegger, M., *Vom Wesen des Grundes*, Bd. 9, S. 143. 世界内存在という規定が、世界からの超越と世界への内在という両義的なあり方であることを強調するロザーレスは、この〝如何に存在するか〟がその都度のあり方 (die jeweilige Art) を意味しており、〝現存在に対して相対的である〟とはそれがその都度 (jeweils) 規定されることである点に注意を促している。Cf. Rosales, A., *Transzendenz und Differenz : Ein Beitrag zum Problem der ontologischen Differenz beim frühen Heidegger*, Martinus Nijhoff, 1970, S. 23.

(3) Heidegger, M., *Nietzsche*, Erster Band, Bd. 6/1, S. 574.

(4) Schürmann, R., *Heidegger on Being and Acting : From Principles to Anarchy*, tred. by Gros, Ch.-M., Indiana University Press, 1990, p. 193.

(5) Heidegger, M., *Der Sprache des Anaximander*, Bd. 5, S. 332.

(6) *Ibid.*, S. 354. ――傍点、小野。或いは「無思慮に語られる〝事物の不正 (Ungerechtigkeit)〟とは、その都度現前するものの本質を〔存在の〕滞留において非連関として考えることから説明された。非連関とは、その都度の〔全体としての存在物として存在する〕ものを、恒常的なものという意味での滞留として頑なに主張するところに存する」(S. 356)。因みに、滞留 (die Weile) とは存在が忘却され覆蔵されていることを言う。存在の現前／不在という両義性については、前掲拙著『美と政治』序章参照。なお、問題にされているアナクシマンドロスの箴言は、以下のものである。「(アナクシマンドロスは言った。)存在する諸事物の元のもの (archē) は、無限なるもの (to apeiron) である。……存在する諸事物にとってそれから生成

(genesis)がなされる源、その当のものへと、消滅(phthora)もまた必然に従って(kata to chreon)なされる。なぜなら、それらの諸事物は、交互に時の定めに従って、不正(adikia)に対する罰(dikē)を受け、償い(tisis)をするからである」(内山勝利編訳『ソクラテス以前哲学者断片集』第一分冊、岩波書店、一九九六年、一八一頁)。但し、ハイデガーが取り上げているのは、この断片の「存在する諸事物にとって」以下の文章である。『アナクシマンドロスの箴言』という論文全体の主旨は、次の点にある。即ち、必然性(to chreon)とは強制や当為といった観念と何ら関係はなく、本来それは存在の現前を意味しており、従って「adikia に対する dike と tisis を受ける」とは、連関／非連関、換言すれば、現前(存在)／非現前(不在)という両義的関係を示している。なお、参考までに付言するならば、デリダは逆にハイデガーが無視した箴言の前半部分を取り上げ、とりわけ無限(to apeiron)の概念に注目して、この両義性を一層徹底化する立場を表明していることは周知のところであるが(Derrida, J., la différance, dans *Marges de la philosophie*, Les édition de Minuit, 1972)、興味深いことに彼の恩師であるヴェルナンもまた、アナクシマンドロスの宇宙論における無限の概念の重要性を指摘して、その政治的意味をいわば記号論的に考察しているのである。「無限(l'apeiron)は、それ以外のあらゆる要素と異なって、個々の現実、個別のもの(un idion)ではなく、すべての現実に共通する基底、共通なもの(le koinon)を表象する」(Vernant, J.-P., *Mythe et pensée chez les Grecs I*, François Maspero, 1971, p. 203)。従ってそれは特殊な各要素を媒介する中間項或いは中心(to meson)としての役割を演じるのである。「それ故に無限(l'apeiron)に力(le cratos)を付与することは、この力から共通なもの(un chunon)を作り出し、それを中心に据えることである」(p. 204)。このことは政治的には如何なる意味を有するのか。それは、あらゆる要素が共通なものを創出して、それに基づいて統治すること、即ち民主制を意味するのである。「無限による統治は、ヘシオドスの描くゼウスの行使する支配権にも、哲学者の考える水や空気に与えた宇宙を統べる力のような王制(un monarchia)にもたとえることはできない。無限が主権者であるのは、共通な法がすべての個人に同じ正義(dikē)を課するようなものなのである」(p. 204)。卓抜な見解というべきであるが、これと対照してハイデガーの解釈の特異さは際立っていると言うべきであろう。

(7) 前掲『ソクラテス以前哲学者断片集』第一分冊、三四三頁。

(8) Heidegger, M., *Brief über den »Humanismus«*, Bd. 9, S. 354.

(9) *Ibid.*, S. 354f.

(10) *Ibid.*, S. 355. なお、これに関連してハイデガーは、エートスの学即ち倫理学について、以下のように述べている。「ところで、エートス(ēthos)という語の根本的な意味に即して言うならば、倫理学とは人間の滞在地を思考する学である。そうであるとすれば、存在の真理を実存する存在としての人間の原初的要素として扱う思考は、それ自体根源的な倫理学である」(*ibid.*, S. 356)。つまり倫理学とは、善悪や正不正について考察する学ではなく、存在忘却を前にして存在の現前に向かおうとする実践的態度そのものなのである。それ故に、観想的態度を排して存在を思考するハイデガーの存在論は倫理学でもある。或る論者は、ハイデガーのエートス概念に対するニーチェのそれの影響を指摘している。『善悪の彼岸』第一八六・一八七節において彼は、従来の倫理学が企て来た道徳の合理主義的基礎づけを嘲笑して、次のように喝破する。「要するに、もろもろの道徳とても情念の符号(Zeichensprache der Affekte)にすぎないのだ」(信田正三訳)。ニーチェは道徳の基礎づけを放棄して、真の道徳をルサンチマンから解放された、それ故に自我の牢獄から脱出して世界との交流の中で成長するエートスに求めようとしたのである。ところで「アリストテレスにとって徳とは習慣に基づいており、逆に習慣は卓越したエートスを背景にして可能な習慣に根ざしている。……道徳についてのニーチェの議論は、これと同じ光の下で眺めうるのである」(Smith, G. B., *Nietzsche, Heidegger, and the Transition to Postmodernity*, The University of Chicago Press, 1996, p. 147.)。他方、ハイデガーのエートスに関する思想は、これら両思想家の影響を蒙っているとと考えられる。「ハイデガーがアリストテレスに負っているところは莫大なものであるが、これまで正しく評価されてこなかった。彼がアリストテレスとニーチェの何れにより多く負っているかを決定するのは、困難である。アリストテレスとニーチェの間で二者択一を迫るマッキンタイアーに逆らって私は確信しているのであるが、ハイデガーは両者を綜合する道を発見したのである」(p. 192)。

(11)　本書第一章参照。

(12)　Heidegger, M., *Brief über den »Humanismus«*, S. 361. 同様に、分け前や運命という意味をもち、ソロンの改革思想の要諦であり悲劇の成立にとっても重要な位置を占めている moira の概念については、『モイラ(パルメニデス、断片Ⅷ、34-41)』において考察されているが、基本的に同じ主旨である。対象とされているのは、断片八の以下の一節である。「まことにあるもののほかには何ものも／現にありもせずこれからもあることはないだろう。運命(moira)があるものを縛めて／それを完全にして不動のものたらしめているのであるから」(前掲『ソクラテス以前哲学者断片集』第二分冊、八九頁)。この論文では、ハイデガーの後期思想の影が濃厚であり、パルメニデスの言うあるもの〔存在物〕(eon)とあること〔存在〕(einai)の関係が、所謂〝二つ折れ(Zwiefalt)〟の言葉で説明されている。〝二つ折れ〟とは、存在論的差異の観念を放棄した第三期のハイデガーが好んで使用した言葉で、存在と存在物の区別を積極的に否定するという意図が込められている。何故ならば、両者の区別を残している限りは存在が存在物から切り離された特権的な位置を占めることになり、ひいては存在神学に陥ってしまうからである。こうした思想を背景にして、モイラについてはこう説明されている。「パルメニデスがモイラと呼ぶものは、〔存在を〕贈与しつつ〔各存在物に〕割り当て、そのことによって二つ折れを延べ開く分配(Zuteilung)である。……モイラとは、存在物(eon)〔が存在する〕という意味での〝存在〟の命運〔贈与〕(Geschick)である」(Heidegger, M., *Moira (Parmenides VIII, 34-41)*, Bd. 7, S. 256)。

(13) 初期ハイデガーがアリストテレスの解釈を通して獲得した運動(kinēsis)という重要な概念については、別稿を期したい。

(14) 「この秩序だった世界(コスモス)、万人に同一のものとしてあるこの世界は、神々のどなたが造ったのでもないし、人間のだれかが造ったのでもない。それは、いつも生きている火として、いつでもあったし、現にあり、またありつづけるであろう——定量だけ(metra)燃え、定量だけ消えながら」(前掲『ソクラテス以前哲学者断片集』第一分冊、三一七頁)。

(15) Heidegger, M., *Heraklit*: 1. Der Anfang des Abendländischen Denkens, Bd. 55, S. 169.

(16) *Ibid.*, S. 170. 顕彰〔名誉〕(Zier)とは、「この秩序だった世界(kosmos)」に対して、その語源である秩序立てる、装飾する、顕彰する(kosmeō)に注目してハイデガーが当てた語である。「コスモスとは Zier である。この語はまた〝名誉(Ehre)〟、〝際立つこと(Auszeichnung)〟をも意味する。ギリシア的に考えるとそれは、光の中に現れること、名声や光輝に開かれた場所に立つことを意味している」(S. 163f.)。

(17) *Ibid.*, S. 171.

(18) 本書第一章及び拙著『二十世紀の政治思想』(岩波書店、一九九六年)、第二章参照。これらは何れも、存在を現前させる存在論的暴力、そしてハイデガーの解釈するポリスの意味という問題からこの著作を検討している。

(19)　Heidegger, M., *Einführung in die Metaphysik*, Bd. 40, S. 168.
(20)　*Ibid.*, S. 159.
(21)　*Ibid.*, S. 169.
(22)　*Ibid.*, S. 169. 従って「dikē を〝正義〟と訳して、それを法律的－道徳的に理解するならば、この語の形而上学的な根本内容を見失ってしまう。dikē を規範（Norm）の意味で理解しても、同様である」（S. 169）。
(23)　*Ibid.*, S. 169f.
(24)　この点について差し当たっては、前掲拙著『美と政治』第四章参照。
(25)　Heidegger, M., *Was ist Metaphysik ?*, Bd. 9, S. 120. この箇所でハイデガーは、ヘーゲルとの相違を次のように説明している。「〔存在と無が両義的であるのは〕両者が無規定性と無媒介性という点で一致するからではなく、存在それ自体が有限であり、無へと投げ込まれ存立している現存在の超越においてのみ現れるからである」（S. 120）。
(26)　Heidegger, M., *Vom Wesen des Grundes*, Bd. 9, S. 167.
(27)　言うまでもなく、ハイデガーは認識論的な問題構制を忌避するからである。三〇年代になると、彼の著作からは超越論的という言葉も姿を消す。ただ、『形而上学入門』ではパルメニデスの有名な「思惟〔認識〕（noein）と存在（einai）とは同じである」という断片が取り上げられ、以下のように解釈されている。「正義（dikē）は制圧的な権限である。技術（technē）は知が暴力を行使することである。両者の連関（Wechselbezug）が無気味なものの生起である。／今や我々はこう主張する。即ち、パルメニデスの箴言の語る noein（知覚 Vernehmung）と einai（存在 Sein）の共属性とは、両者〔正義と技術〕の相互連関以外の何物でもないのである」（Heidegger, M., *Einführung in die Metaphysik*, S. 174）。

(28) *Ibid.*, S. 171. 或いは以下の記述。「人間が遂に最も無気味なものになるのは、すべての道が出口を塞がれ、故郷とのあらゆるつながりを喪失して、錯乱(atē)、破滅、災厄が人間を襲う時である」(S. 161)。

(29) 本書第二章で挙げた具体的な例(第一節注(6))に倣って、ここでも拙い例示を試みよう。或る個物は、その上にソクラテスが横たわり、その傍らに脱ぎ捨てたサンダルが置いてあるならば、「これは寝椅子である」ということになる。この状況の下では、ソクラテスという人間、寝椅子、サンダルの三つの存在物は一定の連関、秩序を構成している。そしてその連関は、各存在物の本質にかなった普遍的且つ不変的な秩序である。つまりそれは正義の秩序であり、従って寝椅子を食卓代わりにして哲学者であるべきソクラテスが飽食に明け暮れるとすれば、それは不正な振る舞いである。ハイデガーは、この秩序には何ら根拠のないことを示そうと企てる。それが寝椅子であり、彼が哲学者であるのは、その都度偶然にそうであるにすぎない。今ここで、それは寝椅子という存在物であることによってその存在を示し、彼は哲学者であることによって現前しているとしても、そしてそれ故に確かにそこに一つの連関が、正義の秩序が成立しているとしても、そのためにそれも彼もその全体性が見失われているとすれば、その連関は非連関であり、その秩序は不正な秩序であると言わざるをえないであろう。

(30) 著作『ニーチェ』における形而上学の概念規定は、次の通りである。「ニーチェの思考は、プラトン以来の西洋のすべての思考に従った形而上学である。……形而上学とは、全体としての存在物の真理である。真理は、存在物が何であるか(本質 essentia、存在物性 Seiendheit)、それがあるということ、それが全体として如何にあるか、これらをイデア(idea)、概念(perceptio)、表象、意識の不覆蔵なものの中へともたらす」(Heidegger, M., *Nietzsche II*, Gesamtausgabe Bd. 6. 2, S. 231)。しかしながら、すぐに続けて彼が断っているように、存在の両義性に鑑みてそれは不可能なのである。「だが、不覆蔵なものは、まさに存在物の存在に即して変容する。真理がその本質においてそうした不覆蔵態として、開蔵として規定されるとしても、真理はそれを孕んだ存在物から規定されるのであり、こうして規定された存在に従ってその本質はその都度の形象を刻印されている。それ故に真理は、その固有の存在において歴史的である」(S. 231)。

(31)「力への意志は、その最も内奥の本質に従って、自ら措定する可能性の諸条件を遠近法的に考慮することである。力への意志はそれ自体価値を措定する者である」(*ibid.*, S. 244)。

(32) *Ibid.*, S. 292.

(33) 両義性或いは戯れが、ハイデガーの一貫した中心的観念であったと考える立場から彼の政治思想を考察した優れた研究を、二冊紹介しておきたい。両義性の観念が解釈学的循環の洞察から発していることを重視するクリストファー・フィンスク (Fynsk, Ch., *Heidegger: Thought and Historicity*, Cornell University Press, 1986) は、『形而上学入門』に一見顕著なハイデガーの暴力的な政治思想は、にもかかわらず主意主義的ではない点を、二〇年代の著作にまで遡って強調する。「〔『形而上学とは何か』において〕ハイデガーが、現存在は無化 (Nichtung) の運動の内部で自らの存在の全体性に魅入られながら超越することを主張しているとしても、それは現存在がそれ自身に関心を寄せつつ、その本質 (what is) には疑問を呈するための条件なのである。……だが、この超越は、人間の〝意志〟を恣にすることではない。……ハイデガーが『存在と時間』の中で論じているように、不安は常に我々にまとわりついているが、通常は抑えられている。そして我々が不安に開かれたからといって、それは我々の力によるものではないのだ。不安は大胆な現存在において最も堅固である、とハイデガーは言うのであるが——総長就任演説では、彼はこの大胆さへと聴衆を覚醒させようとしている——しかしこの大胆さは、現存在が存在に開かれているという〝偉大さ〟から、それ故に無化からのみ生まれる。我々は、自分の意志で無の現前へと入っていけるわけでもなければ、無とのこの出会いを充分に統御し我がものにできるわけでもないのである」(p. 123)。また、人間の主体的行為の可能性の前に設けられたこの限界は、国家の問題にも同様に妥当する。「この重大な限界は、国家(polis)の限界でもある。歴史が生起する時にはいつでも、そして民族が言語の可能性に賭けて〔作品を〕創造しようと企てる時にはいつでも、この限界が立ちふさがる。人間の行為に自立的な基礎はない。基礎は創造的な実践の各形式の中に投げ与えられるのである」(p. 128f.)。もっともそのフィンスクといえども、総長就任演説『ドイツ大学の自己主張』においてハイデガーが、意志を放棄して存在に自らを開こうとする態度としての覚悟性(Entschlossenheit)と主体的な意志決定である恣意(Willkür)とを意識的に混同して用いていることを指摘している(p. 117)。何故にハイデガーはこのような逸脱を敢えて犯したのか。残念ながらフィンスクは、それは妥協の産物であるというにとどまっていて、説得的な解答を与えてはくれない。「『ドイツ大学の自己主張』におけるハイデガーのレトリックが如何に攻撃的であろうとも、彼の議論は彼の哲学的思考の線に厳密に(完全ではないとしても)沿っている。……ハイデガーが自らの基本的考えを貫徹できなかったのは、哲学的な妥協(それはまた政治的妥協の一部でもある)によるのである」(p. 109)。次に、ハイデガー哲学の基本的問題意識は、如何にして同一性の暴力を回避しつつ共同性を創出するのかにあり、それ故にポストモダニズムの問題意識に直結するという立場を明確にするグレゴリー・フリードの研究を見よう(Fried, G., *Heidegger's Polemos : From Being to Politics*, Yale University Press, 2000)。この研究はまさにポレモスに焦点を絞った極めて啓発的なハイデガー論であるが、著者によるとポレモスとは現存在と存在との関係性を指示しており、所謂ケーレとはポレモスにおいて共属する現存在と存在の間の両方向性を意味している(p. 16)。つまり人間に対して存在が現象として現れ且つ隠れる事態が、ポレモス(闘争)なのである。ここでは、この立場から著者がハイデガーの正義概念に関して述べているところだけを紹介する。正義(dikē)とは「現存在が他の現存在と共同存在であるための存在論的条件である」(p. 137)。国家(polis)は、この正義によって担保された「ポレモス的な〔論争的な〕(polemical)真理の現れる場である」(p. 139)。国家の中で人間もまたポレモス的な存在であって、国家に対して友好的であり且つ敵対的である。この点をフリードは、『アンティゴネー』の人間頌歌における〝栄える国の民(hypsipolis)〟と〝国を滅ぼす民(apolis)〟の対照に関するハイデガーの解釈(『形而上学入門』『パルメニデス』)に着目して説明する。彼は、hypsipolis を「高く屹立する場所(Hochüberragend der Stätte)」、apolis を「場所を喪失する(verlustig der Stätte)」と訳しているのであるが、その上で両者は両義的な関係に置かれている。「ハイデガーにとって場所を喪失すること(apolis)は、断じて非政治的であることではない。現存在が高く屹立する場所にいながら場所を喪失していること(hypsipolis apolis)は、政治における決定的な契機を指し示している。即ち、そこでは現存在は、存在の不覆蔵態の場所であり現存在の慣れ親しんだ場所でもあるこの住処と対峙し(confront)、それを鍛え直す(reforge)ために、現存在が日常的に存在するこの場(Da)を越える(transgress)とともにそこへと回帰する(return)のである」(p. 140)。存在の現れる場所である国家(polis)を越える時、それは不正をなすことであり、国家へと回帰する時、それは正義に従うことである。従って「正義とポレモスは等根源的である」(p. 142)。「場所を喪失した(apolis)現存在が、日常的な世界内存在に対して無気味なもの(das Unheimliche)を突きつけるという暴力を敢えてふるうのは、現存在がその存在と本来的に出会う場であるポリスを守るためである。そうした現存在が本来的に非道徳的であるのは、その暴力が慣習的な習俗を凌駕し(hypsipolis)、それを越えて、そのことによって習俗を再生或いは破壊する結果、新しい配分(dispensation)を準備することを目的としているのだ」(p. 144)。実に卓越した解釈であるが、フリードはハイデガーがにもかかわらず特定の正義を選択し、特定の国家体制の実現を期待したという点については、彼に残る起源への郷愁によって説明する。この点は、以下で見ることにしたい。

初期の傑作論文「プラトンのパルマケイアー」から始まって、デリダの発想の原点には一方にハイデガーと並んでいつも古代ギリシアがあるように見える。彼は、ハイデガーを手引きにして古典ギリシア語に独特の解釈を施すことで、独自の哲学を紡ぎ出しているとさえ言えるかもしれない。『友情の政治』の中でギリシア的な友情(philia)概念をハイデガーの『ヘラクレイトス』における好意(Gunst)という概念を手がかりにして脱構築していく作業などは、その鮮やかな例であるが、ここでは『アポリア』における aporia の語の解釈を取り上げてみたい。この著作でも確認されているように、既にデリダは初期の「ウーシアとグランメー」において時間論の関連でアリストテレスのアポリア概念にハイデガーが浴びせた批判に言及しているのであるが、[1] アポリアそのものを本格的に考察することを目指す本書においても彼の解釈が念頭にあったことは間違いない。アポリア概念をやはり困惑や困難の意味をもつギリシア語の aporia に立ち戻って検討した結果、デリダはこの語が通過不可能であるという意味の aporos と関係があることを指摘する。[2] この連関からデリダがアポリアに付した意味は、次の通りである。「私は隘路を破壊しよう、或いはそこから脱出しようと企てるのではなく、別の仕方で、別の、おそらくもっと粘り強い思考に即して(selon)、アポリアの周囲を巡ることを試みる」[3]。この文章と、存在が忘却されたニヒリズムという閉塞状況から外部へと脱出することを戒める『存在の問いへ』のハイデガーの思想との類似性は見まごうべくもない[4]。そしてデリダは言及していないが、前節で触れたように『形而上学入門』の中で彼は、『アンティゴネー』の人間頌歌に見出される aporos の語に注目しているという事実が存在する。「重要な語は pantoporos aporos である。poros の語は、……を通り抜けること、……へと越えて行くこと、つまり道(Bahn)を意味する。〔pantoporos の語の意味するのは〕人間は至る所に自ら道をつけ、あらゆる存在物の領域、制圧的なものの領域を前にしてもたじろがないが、しかし〔aporos の語が意味するように〕まさにそこで彼は外部へと放り出されるのだ。このことによってはじめてこの最も無気味なもの〔人間〕の無気味さが完全に明らかになるのである」[5]。ハイデガーは、この矛盾した表現に人間の両義性の意味を認める。そしてデリダのアポリアにもまた、同じ意味が込められている。彼は、この言葉を自らの脱構築概念にまつわる困難、即ち規範の欠如した状態で決断する困難に堪え忍ぶことを示すために用いている。「責任と決断の条件として、アポリアに堪え忍ぶこと、しかし受動的ではなく堪え忍ぶこと。二律背反ではなくアポリアである。二律背反という語は或る程度までしか妥当しない。なぜならば、二律背反が妥当するのは、法(ノモス)の秩序の内部で同様に命令的な複数の法の間の矛盾と対立が問題とされる場合であるからである」[6]。

　ここで、よく知られた『法の力』を見てみよう。法と正義を峻別した上で、アポリアに堪え忍びつつ法の無根拠性を明らかにする正義の必要性を主張するこの書においてデリダは、脱構築の暴力を説明するにあたってハイデガーの暴力概念に言及している。「支配(Walten)とか暴力(Gewalt)という語は、ハイデガーの幾つかのテキスト〔とりわけ『ヘラクレイトス』――デリダは『友情の政治』の中でこの著作を本格的且つ詳細に分析している〕の中で決定的な役割を演じている。ここではこれらの語を単純に力(force)や暴力(violence)と訳してはならず、ハイデガーが執拗に示そうとしている別の文脈の下で考えなければならない。即ち、ヘラクレイトスにとってDikēの意味する正義、権利、裁判、罰、復讐等は、抑もEris(葛藤、闘争Streit、不和、或いはpolemosつまり戦いKampf)を、要するにadikiaつまり不正のことである、と主張する文脈である」(7)。ギリシア的なものを理解する際にデリダがハイデガーに決定的に負っていることは、もはや明らかである。否、それどころかデリダ哲学の本質的な部分にまで彼の影響は及んでいる。それは、デリダが明示的に認めている脱構築や差延といった観念にとどまらず(8)、両義性或いは戯れという観念までも含んでいるのである。そうであるからといって、我々はデリダはハイデガーのエピゴーネンにすぎないと主張したい訳ではない。本章において我々が提示したかったのは、政治的なるものをめぐる西洋の思考が如何に古代ギリシアに規定されているのかという点である。ハイデガーのようにそれを脱構築的に摂取した場合は勿論、その深い影響下にあるデリダにおいてすら、古代ギリシアは政治哲学の起源として燦然と輝く存在ではないのか。

だがしかし、ここに最後の疑問が残されている。デリダとハイデガーの思想がこれほどまでに近いとすれば、何故にデリダはあのように執拗にハイデガーを批判し続けるのか。存在の両義性という思想がけっして所謂ケーレ以降のものではなく、彼の哲学の本質として一貫しているとすれば、デリダが彼に認める現前の神話はもはや雲散霧消するはずである。そればかりか、ハイデガーが存在の両義性の前で堪え忍びつつ神のようなものの到来を待ち望むように、デリダもまたメシア的な瞬間をこいねがうとしたら……。優れたハイデガー研究者であるクレルは、そのデリダ論の中でこう書いている。「〔両者の喪(mourning)をめぐる思想の類似性〕にもかかわらず、ハイデガーのアウグスティヌスとデリダのそれを、或いはフロイトのアウグスティヌスとニーチェのそれを一つの像へと収斂させようと願うのは、馬鹿げている。何故アウグスティヌスは誰にでも同じ姿で現れねばならないのか。何故デリダをハイデガーへと解消し、ハイデガーの精神をハイデガーに憑かれた者(revenant)としてのデリダに投影しようと望むのか。たとえデリダ自身が、二人を分かつのはただスタイル〔文体〕の問題だけだと主張しているとしても」[9]。そうなのである。ハイデガーとデリダの相違は何よりも両者の叙述のスタイルにある。ハイデガーのあの難解な概念の羅列で埋め尽くされた文章と、デリダのイメージに訴える度合いが高いが故に論理的に理解するのに困難を覚える文章の違い。そしてそこに由来する両者の思想を囲繞する雰囲気の違い。おそらくその原因は起源の問題に帰着する。ハイデガーにとってギリシアが起源としての位置を占めているのは、既にギリシア人が存在をめぐる両義性を洞察していたからである。その意味では、ギリシア的な存在の秩序を換骨奪胎的に受け継ぐことでそこに起源を見出してきた伝統的な政治哲学とは決定的に異なる。しかし、ギリシアにあるべき根源的なもの、元初的なものを発見するという点では、ハイデガーは依然として伝統の圏内に留まっていると言える。

そして彼が如何に意志の放棄を強調したとしても、そこにはどうしても規範の観念が、当為の意識が生まれざるをえない。「本来的に歴史的なものは、それに続くすべての歴史に先行し、その前提になっている。このようにすべての歴史に先行し、それを規定しているものを、我々は起源的なもの（das Anfängliche）と呼ぶ。超越的なものは過去に取り残されているわけではなく、来るべきものの前提になっているが故に、常に繰り返しひとつの時代にことさらに贈り届けられるのである」[10]。他方、デリダにはそうした意味での起源への郷愁を認めることはもはや不可能であるように思われる。ハイデガーの導きがあるとはいえ、彼にとってギリシア的なものは自己の思考を鍛錬するために自由に操る道具でしかない。典範となるべきものはどこにもないのである。西洋政治哲学は遂に起源の呪縛から解放されようとしているのであろうか[11]。

（1）アリストテレスは『自然学』の中で、時間に備わる存在でも不在でもある特性をアポリアと呼んでいるが、『存在と時間』においてハイデガーはアリストテレスがこのアポリアを粘り強く考えなかった点を批判している。デリダはこの点を評価するのである。Cf. Derrida, J., *Apories : Mourir — s'attendre aux* 〈*limites de la vérité*〉, Galilée, 1996, p. 33.

（2）*Ibid.*, p. 25.

（3）*Ibid.*, p. 32.

（4）一九五五年に発表された『存在の問いへ』は、ニヒリズムの克服を説くエルンスト・ユンガーの『線を越えて（*Über die Linie*）』（一九五〇年）への応答として、元々は『〝線〟について（*Über »Die Linie«*）』の題をもっていた。この論文でハイデガーは、線を越えてニヒリズムの蔓延する世界から外部へと脱出する可能性を否定し、ニヒリズムを堪え忍ぶこと(Verwindung)を主張する。「如何なる場合も、ニヒリズムが完成した領域を示していると考えられている線は、人間の前にそれを越えることが可能なものとして横たわっているわけではない。しかし、その時には線を越える(trans lineam)可能性、線を横切る可能性もまた潰えるのである」(Heidegger, M., *Zur Seinsfrage*, Gesamtausgabe Bd. 9, S. 412)。ユンガーやシュミットといった外部への脱出に賭ける決断主義者たちとハイデガーとの相違については、本書第二章並びに拙稿「ハイデガーと西洋近代――技術の両義性」(千葉眞編『講座政治学第2巻　政治思想史』三嶺書房、近刊、所収)参照。

(5) Heidegger, M., *Einführung in die Metaphysik*, S. 181. 因みに、pantoporos aporos の語を含む前後の文章は、呉茂一訳では以下のようになっている。「(人間は)万事を巧みにこなし、／何事がさし迫ろうと術策なしでは、向かっていかない。／ただ求め得ないのは、死を逃れる道」

(6) Derrida, J., *Apories*, p. 37.

(7) Derrida, J., *Force de loi : Le 〈Fondement mystique de l'autorité〉*, Galilée, 1994, p. 19ff.

(8) ジャック・デリダ、高橋允昭訳『ポジシオン』青土社、一九九二年、参照。

(9) Krell, D. F., *The Purest of Bastards : Works of Mourning, Art, and Affirmation in the Thought of Jacques Derrida*, The Pennsylvania State University Press, 2000, p. 198.

(10) Heidegger, M., *Parmenides*, Gesamtausgabe Bd. 54, S. 1f.

(11) ハイデガーをポストモダニズムの先駆者として明確に承認するカプートは、にもかかわらずハイデガーに残る古代ギリシアへの郷愁に異議をとなえている。ケーレとは彼のギリシア回帰の謂いなのである。

「ハイデガーが近代に背を向け、初期ギリシアの神話的時代を特権視したことこそが、彼の思想における転回 (Kehre) の中心にある重要な側面なのである」(Caputo, J. D., *Demythologizing Heidegger*, Indiana University Press, 1993, p. 10)。カプートによれば、彼の政治的関与の原因も起源への郷愁から発する理想国家の建設という動機に求められる。同様にハイデガーとデリダの距離を最小限に見積もるフリードは、ハイデガーの政治的関与を彼が自らの立場を裏切って主意主義に陥ってしまった点に全面的に求めるデリダに反対している。「次の点でデリダは正しい。即ち、ドイツ民族と存在の歴史の中でそれが果たす役割に価値を認めることを欲したハイデガーは、総長就任演説及び『形而上学入門』において〝精神〟へと回帰してしまう。精神は、ナチの生物学的人種主義者の唱えるドイツの特別な任務と彼のそれを区別する手段である。体制を支持する他の演説を見ても、形而上学的主意主義へと傾くにつれて彼の国家社会主義への関与は深まっていったという見解は補強される。しかし、これだけがハイデガーの関与を読み解く唯一の説明であろうか。もっと他の要因があったのではないのか。ポレモスを読み解くという私の作業に照らすならば、ナチ・エピソードを形而上学への〝先祖帰り〟によって説明することには納得できないのだ」(Fried, G., *op. cit.*, p. 222)。こう述べてフリードは、三〇年代前半のハイデガーの闘争概念といえども形而上学的であるとは言えないことを縷々説明した上で、彼自身の見解を披瀝している。「ハイデガーのポレモスは、それが生じる息づかいと歩調の点でデリダの脱構築と異なる、と言うことができるであろう。ハイデガーにとって西洋の歴史は、ギリシア人の思考においてその始まりが決定的に記されてしまった。この歴史はニヒリズムという形で頂点を迎え、その時に別の始まりという救済の可能性が生まれる。しかし、西洋の歴史が形而上学であることを受け入れながらも、デリダは最初の始まりと第二の始まりの間のポレモスに孕まれた偉大な解釈学的循環を破壊してしまう。端的に言って、ギリシア人は歴史の軌道の純粋な起源でも何でもないのである。確かに西洋の歴史そのものは痕跡(trace)である。しかし、それはハイデガーのような決定的な出発点をもった痕跡ではない。ここで私は、次の点を認めることでデリダに同意しよう。即ち、ギリシア人の中にありもしない思考の起源を求めるハイデガーの〝郷愁〟が、彼をして伝統をいわば性起の救済に開かれたものと考えるようにしむけたのである。だが、この意味ではハイデガーのナチズムは、主意主義よりも狂信的なロマン主義により多く負っているのである」(p. 226)。こう述べた後でフリードは、このロマン主義の先祖をお馴染みのドイツ・ロマン主義の系譜に見ていくのであるが、我々としてはこの点には一定の留保を付した上で(ファシズムに与したハイデガーの政治思想を常套の如くロマン主義の後継者と見なしてよいかどうかは、慎重な検討を要する問題であろう)、フリードの説明は概ね納得のいくものと思われる。

あとがき

本書は、現在私が取り組んでいる初期ハイデガーの政治思想研究の一部と京都大学法学部における政治思想史講義のためのノートを組み合わせたところに生まれた。従来から私は、西洋政治思想史の講義においてはかなりの時間を古代ギリシアの精神史的考察に割くのを常としてきた。西洋の政治哲学にとって古代ギリシアは、文字通り起源としての位置を一貫して占めてきたからである。他方、『存在と時間』に至るまでの初期ハイデガーの研究には、当然のことながらその過程で三〇年代以降の彼の思想にも一定の目配りをすることが要求される。三〇年代になって明示的にギリシアへのある種の郷愁を語ることが多くなったハイデガーの著作を勉強しながら、私はそこに見られる独特の、いわば脱構築的な解釈に触れることによって、改めて二〇世紀という時代の精神構造の特異さに驚かざるをえなかった。古典文献学や精神史の知見が明らかにするギリシア的生の正統的解釈と、ハイデガーが見出したと信じたギリシア的生とを、幾つかの重要な観念に即して対照させることによって、西洋政治思想史における二千数百年に及ぶ持続性と二〇世紀に生じた断絶とを浮き彫りにしたいというのが、本書を編んだ意図である。遅々として進まぬ初期ハイデガー研究を脇に置いてまでこのような余滴ともいうべき書を公にすることには、私自身内心忸怩たるものがあるが、以上のような意図を読者に伝えることができれば以て瞑すべしであろう。

勿論、同時に本書は、不十分ではあれ現時点での私のハイデガー研究の成果を問うものでもある。私のハイデガー解釈は、哲学固有の側面においても政治思想においてもケーレを否定して、その一貫性を類書にもまして強調する点に特徴があると思っている。私の解釈は、後期の著作からハイデガー哲学の本質を解明したシュールマンの研究から圧倒的な影響を受けた結果であって、実を言えばハイデガー哲学そのものに脱構築的解釈を施しているのではないかという疑念を私自身払拭できないでいるのだが、他方では、初期の著作や講義録を丹念に辿る作業を通して私はこの点に関して一層確信を深めつつもある。しかし、彼の立場は本質的には不変であったという主張は、彼の政治的関与とその後の政治的静寂主義への転換を如何に説明するのかという難問を背負うことを意味する。かつて主張されたような決断から放下へという見易いケーレが存在しないことは歴然としているにしても、一貫しつつも前期にはまだ残存していた主観性の痕跡が後期になると一掃されるという、今日多くの論者が採用している解釈に対しては、私はまだ態度を決めかねている。本書でもその辺りについては微妙な言い回しをしているし、誤魔化していると考える読者もいることと思う。今後の研究課題として御容赦いただきたい。

本書に収めた論文を書きながら、私は日本の精神史や政治思想史における起源という問題に改めて向き合わざるをえなかった。深い考えもなく西洋政治思想史を専攻した私は、その後日本政治思想史を選択しなかったことをしきりに悔やんだ。西洋思想を理解する自己の能力の欠如を嘆きつつ、日本の思想・哲学であったならば自分自身の切実な問題意識により直接的に響いてくるのではないかと思ったこともしばしばであったたし、何よりも原典を読むときに論理で理解するのではなく肌で感じられるのではないか、そしてそれこそが思想を真に理解するということではないか、と考えたのである。ここには、起源という問題が顔をのぞかせている。一度は遠ざけていた解釈学的循環の問題が、再び私に甦りつつある。起源とは、日々のものの考え方や感じ方の背景をなす歴史的感性、敢えて教養という言葉を使ってもよいが、そうしたものの基軸である。起源が否定され教養が失われれば、自らの依って立つ基盤が崩壊するのみならず、起源を異にする文化を理解することすら不可能になる。西洋の文物に対する明治期の知識人の驚くべき理解力は、たとえ漢学という本来は起源を外部にもつものであれ、その後堅固に日本に根付いた教養が彼らに備わっていたからであろう。自らも起源から由来する基盤を有してこそ、他者との健全で生産的な地平の融合も可能になることは当然である。日本においては起源を云々することに伴う危険を十分に承知しながらも、それを継承するにしろ脱構築的に解釈するにしろ、何らかの基軸となるべきものを探求する必要性を考えないわけにはいかないのである。

序章を除いて、本書を構成する各章はいずれも既発表のものである。本書を編むにあたって第二章に大幅に加筆したほかは、殆ど手を入れなかった。一書に編むことを予想せずに折に触れて書かれた論文であるため、重複が多く叙述がくどくなっていることはお詫び申し上げねばならない。各章の元のタイトルと初出は、以下の通りである。

第一章　自然概念に関する一考察
『京都大学法学部創立百周年記念論文集』第一巻「基礎法学・政治学」(有斐閣、一九九九年)
第二章　政治概念に関する一考察
『法學論叢』一四六巻五・六号(二〇〇〇年三月)
第三章　市民概念に関する一考察
『立命館法学』第二七四号(二〇〇一年三月)
第四章　存在の秩序と正義——政治哲学の起源に関する一考察
『政治思想研究』第二号(二〇〇二年五月)

本書もまた岩波書店の坂本政謙氏に編集の労をとっていただいた。氏のお世話になるのは、翻訳も含めてこれで四冊目である。いずれも、氏のお勧めと励ましがなければ陽の目を見ることがなかったはずである。その意味で、この一〇年ばかりの私の研究は氏との共同作業であると言っても過言ではない。深甚な謝意を表する次第である。

二〇〇二年五月

小野紀明

■岩波オンデマンドブックス■

政治哲学の起源　ハイデガー研究の視角から

2002年7月23日　第1刷発行
2016年8月16日　オンデマンド版発行

著　者　小野紀明《おののりあき》

発行者　岡本　厚

発行所　株式会社　岩波書店
〒101-8002　東京都千代田区一ツ橋2-5-5
電話案内　03-5210-4000
http://www.iwanami.co.jp/

印刷／製本・法令印刷

ISBN 978-4-00-730466-8　　Printed in Japan